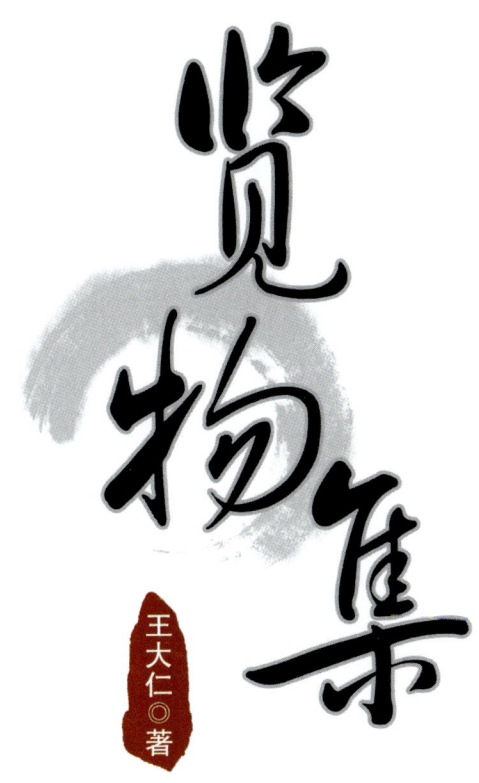

览物集

王大仁 著

图书在版编目(CIP)数据

览物集 / 王大仁著. —银川：宁夏人民出版社，2015.11

ISBN 978-7-227-06229-5

Ⅰ.①览… Ⅱ.①王… Ⅲ.①社会科学—文集 Ⅳ.①C53

中国版本图书馆 CIP 数据核字(2015)第 322652 号

览物集　　　　　　　　　　　　　　　王大仁　著

责任编辑　杨旭东
封面设计　沈家菡
责任印制　肖　艳

黄河出版传媒集团
宁夏人民出版社　出版发行

出 版 人　王杨宝
地　　址　宁夏银川市北京东路 139 号出版大厦（750001）
网　　址　http://www.yrpubm.com
网上书店　http://www.hh-book.com
电子信箱　renminshe@yrpubm.com
邮购电话　0951-5052104
经　　销　全国新华书店
印刷装订　宁夏精捷彩色印务有限公司
印刷委托书号　（宁）0000198

开　本　880mm×1230mm　1/32
印　张　13.5
字　数　330 千字
版　次　2016 年 1 月第 1 版
印　次　2016 年 1 月第 1 次印刷
书　号　ISBN 978-7-227-06229-5/C·151

定　价　40.00 元

版权所有　侵权必究

代序

寻源晓理　序志命篇
——读《览物集》

王贤知

　　《览物集》是王大仁教授近年来从既往之《芸斋絮语》《门外杂谈》《杏坛文录》《文酌卮言》和《习读偶得》五部专著中遴选而成的论文专集。内容涉及文艺学、教育学、民族宗教等多领域中的许多理论与实践问题。作者以辩证唯物主义认识论和方法论，对上述学科进行理论探讨和实际研究并取得了具有很好学术价值和实用价值的科研成果。

　　这部宝贵的"科学总结"，其可贵之处，则在于读者不仅能从著作篇章的简释中可以窥其绚丽如绮、佳句似珠的威凤一羽、文豹之斑，同时还可以从作者对研究对象的"细贴精微，罕可伦偶"的理论阐述中明辨哲理、寻径探源。它以饱满的激情和诚挚的襟胸于平凡琐细的繁务茫海中，明察秋毫，洞幽烛微，点化评析，萃于一编。其作，执言不孤，情生非俗；而所持之论，虽非尽为至理，却能给人以凝重深邃、新颖明快的心灵滋养。

　　试观其作，便可得出读者自己的独特感受和应有判断。

　　比如《芸斋絮语》，是作者于风云变幻、潮流四起、流派纷呈的特殊时期，从对在文艺创作、文艺评论、美学思想、现实主义等问题上混乱的文艺思潮所进行的哲学思辨和理论表述中便可看出，作者的明确思想及其所具有的前瞻意识。它指出：文艺学理论，应该具有中华民族的鲜明的民族特色，它应改变过往尘封而又沉渣泛起的那种全盘西化和昔日全面苏化的理论模式、基本构架和表达方式；应立足于变化了的社会现实，植根于中华民族的丰厚沃土，着意于纵横双向关系的实际考察，从而构建自己的科学的具有优秀文化传统的文艺学理论大厦。特别是对人们视线之外的灵感问题和特殊群体在文学艺术活动中的思维方式的理论思考，具有重要的现实意义，应引起文艺家和人们的极大关注。

又如《门外杂谈》，作者从宏观视角把握民族工作的整体思路和架构格局，以战略的高度，从民族工作的实际出发，针对当时存在的若干问题中阻碍改革开放的两个主要问题，提出了"打破旧常规，建立新格局""树立新观念，拿出新招法"的锐意主张，以迎接新的历史时期对民族工作的新挑战。指出民族工作者应采取积极、主动的应对政策和策略（即战略思想）：从城市民族工作的框架构想到"构论格局"，从"新义内涵""经济意识"到"民族文化""干部培养"以及民族纠纷的处理方略等诸多实际和理论问题做出了战略思考和理论阐释。这些索藏腹笥、群居子立、益人心智的理论主张，必将对当前和今后的民族工作者的实际工作具有一定的指导意义。

再如《杏坛文录》，在这组系列文章中，作者首先对教育特别是少数民族教育"母机"之"母机"的教师进修院校（教育学院）就提高教学人才的素质和能力提出个人见解：院校面临的急切问题是解决学员（中小学教师）的"教与学""学与教"的"双法"难题，大胆地提出教学改革的宏观设想，及其完成此项任务的（微观）策略战术，指出，进修院校在完成学员的学历达标的历史任务之后，要及时转向今后的继续教育（终身教育）中去，并对如何进行继续教育制定了具体步骤和达标要求。其次，对教育管理如何创造良好的治学（教学与科研）环境进行了理论阐述和实践启示。再次，在语文教学，特别是在中学高年级和大学文史科中的古文（文言文）教学方法上，首次倡导并提出了"三格构式"的理论原则和践行策略，指出，只有构建一个跨越三个层次、进入三种境界、达到一个目的的"三格立体构架"的教学方式，才能实现豁然贯通、明理畅达、自为而至的理想境地。着重指出：对学生学习能力的培养，乃是教育工作的关键所在。

《文酌卮言》系作者早年关于写作研究的部分科研成果。它从文艺理论批评的高度，对垂范于世的经典之作进行了鞭辟入里、精赅中肯的剖析和评论，这部专集自可成为目前极为少见的"一座"博收精审、剔抉精义的初涉文海的人的"架海"津梁。

至于《习读偶得》，则是作者随遇而制的感喻之作，多为素常见闻阅览、教研教学过程中，对所遇问题提出的见解和主张，名为随笔实涉学术，短则数百，长则逾千。虽为兴制，然及宏旨，可供学人涉学深入的参考之篇。

值得提出的是作者在其五十余年的繁冗杂务中，苦心孤诣，表微举尺，于意匠经营中，序志命篇（实际上也是从实践中获得了灵感）。这种藏锋匿采、不事张扬的治学态度和科研成果，远与象牙塔中学院派的那种"博采汇通，力索悟入"通雅淹博的学者宏论，在理论的偏重上是有着极大的不同的。河南程子之所谓"蕴辉之玉"与"莹澈水晶"将堪予孰归，则权由读者自己的判断了。正因如此，我想，此部汇集，或许对那些从事实际工作的广大读者，会有些许启发和帮助的。

另外，在本书的理论阐述上，或可偶遇似曾相识者，但当读者在凝神俯察之后，便会发现其实是"别有一番风景"的。

览物集

目录 CONTENTS

代序　寻源晓理　序志命篇
　　——读《览物集》 ………………………… 王贤知 001

芸斋絮语

一部具有民族特色的文艺学基础理论著作
　　——评《文学导论》 …………………………………… 003
文学创作中的灵感 ………………………………………… 008
略论艺术灵感的形成 ……………………………………… 024
文学"两个规律"之我见
　　——规律指何而言 ……………………………………… 028
浅论马克思美学思想的几个问题
　　——读《巴黎手稿》 …………………………………… 032
试谈文艺批评的标准 ……………………………………… 039
谈谈文学作品中的"典型环境"
　　——读恩格斯的《致玛加丽塔·哈克奈斯》 ………… 045

对文学活动中特殊群体（聋哑人、盲人）思维方式的

  理论思考 …………………………………………… 051

为什么要学点古典文学 ………………………………… 056

由来意气合 直取性情真

  ——马金普书法艺术 ……………………………… 062

从石慧儒到刘秀梅

  ——石派艺术风格 ………………………………… 066

青毡自守 苍润独秀

  ——刘子清先生 …………………………………… 070

青松秀骨 毫端蕴秀

  ——穆子荆先生 …………………………………… 073

泼墨丰彩 鹰爪如钩

  ——梁崎先生绘画艺术 …………………………… 076

纤毫苏子义 卷透易安泉

  ——致清音先生 …………………………………… 079

生活真实与艺术美 ……………………………………… 081

民族意识与艺术的民族化 ……………………………… 083

御笔幽玄禅世界 探微妙语道流源

  ——读宛子廉先生《雍和宫匾额楹联碑刻诠释》… 085

清风时时有 放眼阅世真

  ——论马献廷先生《阅世诗文》的现实意义 …… 088

天然万象新 平易见真淳

  ——读诗品议 ……………………………………… 092

石涛论山水 ……………………………………………… 095

致阎先生 ·· 096
老柏摇新翠　幽花分外香
　　——谈另一种"非遗"的传承 ······················ 097

门外杂谈

当前民族工作需要解决的两个问题
　　——对城市民族工作的一点思考 ················· 103
略谈民族工作的"三维"构架 ························· 109
赋予"对口支援"以新的内涵 ························· 112
民族工作与经济意识 ·································· 115
"三步一位"
　　——处理民族纠纷的一种有益的尝试 ············· 117
略论爱国主义教育模式 ································ 122
探索爱国主义教育模式　建设社会主义精神文明 ······ 127
培养少数民族干部应注意的几个问题 ·················· 130
天津清真大寺 ··· 132
佛教净地荐福庵 ······································· 135
以出世精神　做入世事业
　　——妙贤法师的慈悲功德 ·························· 137
荐福观音寺三宗宝 ···································· 140
慈悲济世　利乐众生
　　——妙贤法师的慈悲功德 ·························· 142
天津圆通寺重建缘起碑记 ····························· 150

圆通寺碑记 ………………………………… 152
《慈心》创刊寄语 ………………………… 154
致妙贤会长 ………………………………… 155

杏坛文录

师资培训改革刍议 ………………………… 159
教师进修院校教学改革应注意的两个问题 … 172
教师进修院校与继续教育 ………………… 177
沉静与反思 ………………………………… 181
浅论启发式教学 …………………………… 183
教与学的辩证法 …………………………… 188
对一个教学口号的哲学思考 ……………… 190
试谈文言文中的语句教学 ………………… 192
对当前文言文教学的一点建议 …………… 196
古文教学"三格" ………………………… 200
要创造一个培养人才的良好环境
　　——教学行政管理点滴 ……………… 205
致《老年报》编辑 ………………………… 210
致毓红先生 ………………………………… 211
欢呼博爱义举 ……………………………… 213
致曹文娟 …………………………………… 214
东风好作阳和使　逢草逢花报发生
　　——回忆父母教我们做人的点滴小事 … 215

良师益友　重教楷模

　　——回忆刘毓忱先生 ……………………………… 220

文酌卮言

引　言 ……………………………………………… 227

抹去云边一半月　林疏放过遥山出

　　——谈"开门见山" …………………………… 229

万影皆因月　千声各为秋

　　——谈"缘起" ………………………………… 234

山晓月初下　江鸣潮欲来

　　——谈"环境渲染法" ………………………… 240

隔窗知夜雨　芭蕉先有声

　　——谈"由此及彼式"开头 …………………… 244

知君此去足佳句　路出桐溪千万山

　　——谈"交代人物式"开头 …………………… 249

纵谈今古事　吐论多英音

　　——谈"议论式"开篇 ………………………… 257

转轴拨弦三两声　未成曲调先有情

　　——谈"抒情式"开头 ………………………… 262

何缘海棠开尽白　桃花欲落却红深

　　——谈"揭示主旨式"开头 …………………… 268

弹筝奋逸响　新声妙入神

　　——谈"说明情况式"开头 …………………… 274

九峰密锁疑无路　五洞潜通别有天
　　——谈"波澜骤起式"开头 ………………………… 281

暗水流花径　春星带草堂
　　——谈"暗式"过渡 ……………………………………… 287

羽毛须独立　黑白本分明
　　——谈"明式"过渡 ……………………………………… 292

凭雪辨踪迹　游子或可寻
　　——谈"有迹"照应 ……………………………………… 297

千淘万漉虽辛苦　吹尽狂沙始得金
　　——谈"篇末点题式"结尾 ………………………… 304

千车万马九衢上　回首看山无一人
　　——谈"意尽言止式"自然结尾 …………………… 309

出师一表真名世　千载谁堪伯仲间
　　——谈"议论、抒情式"结尾 ……………………… 314

正是江南好风景　落花时节又逢君
　　——谈"人物描写式"结尾 ………………………… 320

曲终人不见　江上数峰青
　　——谈"援引诗文式"结尾 ………………………… 325

落时犹自舞　扫后更闻香
　　——谈"首尾呼应式"结尾 ………………………… 330

百川终归海　叶茂须培根
　　——谈"归纳总结式"结尾 ………………………… 335

劝君行为多努力　还有险峰在上头
　　——谈提出"希望、鼓励与号召式"结尾 ……… 341

青山霁后云犹在　此时无声胜有声
　　——谈"余味无穷式"结尾 ····· 347
浮天水送无穷树　带雨云埋一半山
　　——谈"景物描写式"结尾 ····· 353
跋 ····· 358

习读偶得

谈"风度" ····· 361
谈"读" ····· 363
谈"三余" ····· 365
谈"听课" ····· 366
谈"翻译" ····· 368
谈"属对"
　　——一种有趣的教学方式 ····· 370
谈"教法" ····· 372
辨"勤奋"与"勤勉"及其他 ····· 375
谈复句中的"相对"与"相反" ····· 378
"惟弈秋之为听"的"为"字有意义吗? ····· 381
"祇"字何意也 ····· 384
谈《羌村三首》的艺术特点
　　——读诗心解 ····· 386
《醉花阴》浅析
　　——学词点滴之一 ····· 389

从《醉花阴》的艺术特色看李清照对词学发展的重要贡献
　　——学词点滴之二 ·················· 393

读《菩萨蛮·大柏地》
　　——学词点滴之三 ·················· 398

读《清平乐·会昌》
　　——学词点滴之四 ·················· 400

读列宁《马克思主义的三个来源和三个组成部分》········ 404

函丈宗风尽纳简　目治心受业宏深
　　——敬复函丈书（两封）··············· 407

山野养生园小记并序 ······················ 411

后记 ······························ 415

兰云斋絮语

一部具有民族特色的文艺学基础理论著作
——评《文学导论》

由南开大学中文系张怀瑾教授主编、天津教育出版社出版的高校文科教材《文学导论》面世了。这部以结构恢宏、内容新颖、视野开阔、体系独特而见长的文科教材，读后给人以求新、开放、拓展、突破之感，令人耳目一新。

《文学导论》（以下简称《导论》）以"三论"统领全书，建构骨架，对构成文学基本原理的多种因素进行了精要的分析和深入的探讨。它一改旧观，不再是简单地对文学基本原理进行哲学演绎，而是以文学的特殊规律来阐发它所固有的独特性，进而揭示其内在规律。在内容上，《导论》把以往《文学概论》的教学经验，作为自己的逻辑起点，对古今中外文学现象和新时期的某些文学创作实践作了系统的阐述，同时，尽量摆脱那些"左"的影响。在体系上，扩大了研究对象的视野。

作为研究对象，它没有停留在单纯的文学作品上，而是把文学艺术自诞生以来的文学活动的全部过程尽囊括于完整的理论体系之中。编著者将文学活动的全过程视为一个庞大的系统工程，并将其有机地划分成三个阶段、三个层次，即作品的产生及思维过程（创作论）、文学作品本身的种种构成因素及其自身的特殊规律（作品论）和人们的实践、检验过程（实践论）。这种以文学实践来完善文学现象的生产与消费的全部过程，是其他教材所不曾有过的创举。

《导论》从作品论入手，依次剖析创作、实践等文学活动过程，是符合人们认识事物运动规律的。从具体到抽象，从个别到一般，由感性到理性，由简单到复杂，由现象到本质……从而，形成了"实践——创作——再实践"的完整运动过程。这样的体例安排，使读者，特别是青年学生对比较枯燥、抽象的理论观点易于把握。

从《导论》的体系上，可以清楚地看到编著者十分注意从纵向和横向两个方面的结合上，对文学原理进行研究。

从纵向关系考察，文学的繁荣需要历史的积淀，只有这样，才能有深厚的物质基础；文学理论的繁荣，同样需要历史的积淀。中国古代文论是一个取之不尽的理论之源。它以丰厚的艺术直觉和感受，丰富了中国的文艺理论宝库，在妙语联珠的叙述之中，引发人们的深邃的思考和艺术的想象。《导论》则着意于对这份遗产中美学范畴的继承。它以文学的精神气质这个潜在深层的理论问题，充实了它的实际内容：

文学的精神气质，由以下几个方面构成：(1) 情志，(2) 意象，(3) 气势。所谓情志，在编者看来，它是与文学作品的主题，既有关联，又有区别的内在意蕴因素。它指出，主题包含着的思想和感情是外露的，是可以意识到的；而情志则是内蕴的，存在于作品的更深层，"只能借助艺术思维的末梢去触及，透过形象系统的细致剖析，才能确切地加以把握"[1]。所谓意象是说作家感觉到的某种物象的艺术加工和改造，是某种物象的升华。而气势则是作品的艺术个性所形成的一种高亢昂扬的独特体势，所谓"行神如空，行见如虹"就是劲健体势的生动描述。

编著者同时把古人之所谓神韵、韵味、意境等在文学形象

---

[1] 见《文学导论》第115页。

系列中所显现出来的另一内在藉蕴,即韵外之致、味外之旨、情景含蓄、物景深邃等等这些文学作品中的潜层结构,统归之为精神风貌,成为文学气质中的另一支脉,无疑对人们理解作品的弦外之音、味外之旨有着重要的现实意义。

不仅如此,《导论》还把古人品文中之风骨和俊秀两个相互对立的蕴藏于作品形象系统中的美学范畴,并归于文学作品的精神品格。从美学角度来考察文学作品的美学价值,从而形成自己的审美观念(类型):壮美与优美。这样,就把文学作品在鉴赏过程中的审美视角延伸到一个更为内在的层次,把审美水平提高到一个新的更高的境界。这种以深入浅出的方式,具体、扼要的表述,把中国古文论中的部分精华纳入教材中的做法,在此之前,尚属罕见。这样的内容,无疑在对读者和青年学生审美能力的培养、提高上,在对中国斑驳陆离、片羽吉光、文彩斐然的古代文论艺苑的认识上,特别是在提高他们的民族自尊心、自豪感,继承和发扬我国优秀文艺理论的传统,构建科学的具有自己民族特色的文学理论大厦方面,会发挥良好的教育作用。

西方文论非常注意逻辑思维,注重理论体系与构架的设计与安排。《导论》不仅借鉴了西方文学理论的这一优长,而且更汲取了我国古代文论的构架方式,从而形成了自己的特有的民族风格。它的作品论、创作论、实践论,实质上是《文心雕龙》之"文之枢纽""论文序笔""剖情析采""崇替褒贬"四大专论的延长和发展。在此之中,有着明显的承传关系。这样的结构、这样的内容乃至简古的语言表达方式等等,从教材的气质和风貌上,就显示了自己的特色。

从横向联系考察,则表现为多侧面、多视角、多层次的内容上的扩展。《导论》在坚持辩证唯物主义和历史唯物主义的前提下,注意引进古代西方文学思想和中外现代科学方法以及相关学科的科研成果以拓宽自己的视角。从形象思维的依据，如潜意识、灵感的存在依据，到人们欣赏过程中共鸣的生理机制以及创作、欣赏过程中的心理特征等等，都从生理学和心理学角度给以恰当的阐释；解答了许多经常遇到而得不到回答的重要问题，丰富了文艺理论的内容，从而给人以更新的启迪。这是各门学科相互渗透、相互补充的一种有益的尝试。充分利用这些研究成果，会对文学现象本身做出多侧面、多视角、多层次的考察，会使学生和读者在理解文学基本原理的同时，追赶上时代前进的步伐，并引起人们的思考。

《导论》注意在论述基本原理的时候，适当联系社会现实对我们提出的挑战，注意对新问题、新趋势、新课题的研究。比如在"文学体裁"中的小说分类部分，便引进了微型小说、通俗小说、推理小说、科幻小说等新类型和"新时期小说的发展倾向及其成就"；对许多优秀之作，在内容和表现形式上，予以一定评价；等等。

尽管各章内容在论述上深浅程度不一，着眼点高低有异；但是，通览全书，确乎给人以求新、明快的感觉。笔者以为，倘要求新，当在已有所知而又知之不足处，在层次、范围上有所突破、有所推进、有所扩展；对无所知者，则要有所发现、有所开掘、有所前进；而不是脱离了研究对象去故弄玄虚、标新立异。《导论》做到了这点。

当然，正如人无完人，金无足赤，《导论》也有不尽如人意之处。比如：在文学气质这章中，由于编者对文学气质的偏重，因此，在安排上并没有把气质、风貌、品格三个美学范畴同放在一个层次上加以考察，在具体论述中又未作出主次、详略的区分，因而，显得有些失衡。实质上，气质并不能兼容其他两个意蕴的内涵。在揭示它们三者之间的关系以及各自的潜层内涵的规定性上，尚未看出更多的差异。

文学的精神气质、品格、风貌作为东方文论中的独特的思维方式，它具有很大的虚拟性和高层次的审美价值。把这种相对独立的内在意蕴，囿于文学作品内容的框架之中，便很难客观地、真实地反映它的本来面目，也难以作出合于规律的科学判断。因此，笔者以为，如果把它从文学作品内容的构成因素部分抽出，独立成体（系），或安排在文学鉴赏之中，或许更能体现它的艺术审美价值。

另外，在文学的基本知识方面，有些地方过于简略，似有适当补充的必要。

瑕不掩玉，更何况，我以为"瑕"者，未必是瑕。因此，《导论》不仅是各类大专院校《文学概论》课的很好教材，同时，还可作为文艺理论研究工作者的重要参考资料。

（原载《天津教育学院学报（社会科学版）》1989年第一期）

文学创作中的灵感

人们对文学创作过程中的灵感问题，历来众说纷纭。近十几年来，对这个极为敏感的问题又重新展开了讨论。为了弄清这个既带有普遍意义，又确实存在着的实际问题，笔者想谈一谈个人的一点肤浅的体会。

一

早在公元前5世纪，古希腊的唯心主义哲学家德谟克利特和柏拉图对此问题，就提出过他们的看法。柏拉图认为：诗人的灵感，是诗神的附着，是诗人"失去理智而陷入迷狂"凭借"神力"的"驱遣"而进行的"创造"。（《伊安篇》，见《柏拉图对话集》）

柏拉图的这种"灵感说"一直成为后来鼓吹天才论和唯心主义创作论的理论根据和精神支柱，它的影响甚大。

之后，对19世纪各种文学流派有着重要影响的奥地利的精神病理学家弗洛伊德，把这种灵感说又作了进一步的发挥。他认为，艺术创作是被压制了的个人欲望（如生存、享受、性要求等等）的一种特殊形式的宣泄；而灵感产生的基础则是所谓"潜意识"或"无意识"。他把艺术家的艺术创作，看成是一种毫无意识、毫无明确目的的任意而为。由于他的这种类似梦呓的理论的指导，使得他对很多文学名著作了非常奇怪而不

可理解的胡乱分析。（参看《艺术世界》1981年第二期《梦幻与艺术》一文和《文艺理论研究》1981年第三期）

这样一来，艺术家的灵感，便被他们抹上一层迷离恍惚的神秘色彩。

伟大的德国古典哲学和美学家黑格尔，由于正确地运用了辩证法，他在艺术领域的许多基本问题上作出了正确的判断，提出了许多卓越的见解。但是终因为他的客观唯心主义的哲学思想的限制，又使他在根本的原则问题上首足倒置了。他认为，艺术的最后根源在于理念，艺术美是理念在感性形象中的显现。因而，在艺术及其灵感问题的种种解释上，仍囿于唯心主义的窠臼之中。从柏拉图到黑格尔，这种执谬的文艺观点，正是他们唯心主义哲学思想在文艺理论上的具体表现。

马克思主义认为，人类社会中的一切精神活动的产物，包括艺术、哲学、社会科学等一切部门在内，都不是某种超自然、超现实的"神"或所谓"绝对精神"的赐予，而是客观存在的自然界和社会现实的反映。列宁说："物、世界、环境是不依赖于我们而存在的。我们的感觉、我们的意识只是外部世界的映象。不言而喻，没有被反映者，就不会能有反映，被反映者是不依赖于反映者而存在的。"（见《列宁选集》第二卷第65页）

作为人类社会中精神活动产物之一的灵感，当然也毫无例外的是人们在社会实践和艺术活动中所产生的一种精神现象。这种精神现象，自从人类出现了意识和思维以后便开始产生了。远古时代的人们为了生存，必须从事各种各样的创造性的劳动。在那种极其艰苦、极其笨重的劳动过程中，由于某种巨大的困厄和障碍，使得他们因其劳动不能顺利地进行而苦恼（冥思苦想）的时候，突然间的某种刺激，使之迸发出了一种奇异的感发力量，在这种力量的诱发下，困难、障碍被克服了。这种感发的力量,便是初民们在原始劳动中所获得的人类最初的(科学)灵感(比如,石器的发现、钻木取火等等)。

随着社会的不断发展,人们所从事的活动也逐渐扩大,因而,灵感也随着各种不同的实际活动而得到了丰富和扩展。比如,原始文学的产生,便是人类早期精神劳动中(即文学创作活动)灵感爆发的表现。"吭唷"文学,即得灵感于人们"前呼邪许"的"劝力"之举(见《淮南子·道应训》),《弹歌》中"断竹、续竹、飞土、逐宍(肉)"之作(见《吴越春秋·勾践阴谋外传》),是得灵感于初民们的渔猎生活现实等等。

这种初民的灵感,乃至后来自然科学中的重大发现的灵感,诸如,阿基米德定律的发现以及像恩格斯所指出的产生"拉斐尔的绘画,托尔瓦德森的雕刻以及帕格尼尼的音乐"的那种"凭着魔力似的"艺术灵感等等,这一切,无可辩驳地说明:人类的灵感,就是人们在社会生活发展到一定阶段上精神活动中的产物,是客观世界影响、作用于人们头脑的结果。

既然灵感是存在于一切精神生产过程中的一种精神现象,那么,我们就有必要将表现于一般精神活动中的灵感与文学创作过程中的灵感加以区别。只有这样,才能更清楚地看到后者所具有的特殊规律性。

二

灵感,这个令人神往的课题,历来吸引着古今中外的各种文艺理论家们的极大兴趣,同时,出现过许许多多富有创见性的有益的论断,尽管有时带有这样或那样的唯心主义倾向,然而这些具有深刻意义的理论阐述,对我们今天认识灵感的意义仍具有现实意义。

究竟什么是文学创作过程中的灵感,它的表现形式是怎样的呢？

　　郭沫若先生在他的《我的作诗的经过》一文中有这样的阐述："《凤凰涅槃》那首长诗是在一天之中分成两个时期写出来的。上半天在学校的课堂里听讲的时候，突然有诗意袭来，便在抄本上东鳞西爪地写出那首诗的前半。在晚上行将就寝的时候，诗的后半的意趣又袭来了，伏在枕上用铅笔只是火速地写，全身都有点作寒作冷，连牙关都在作战。就那样把首奇怪的诗也写了出来……但由精神病学的立场上看来，那明白地是表现着一种神经性的发作。那种发作大约也就是所谓'灵感'吧？""……那种发作时时来袭击我。一来袭击，我便和扶着乩笔的人一样，写起诗来，有时连写也写不赢。"

　　冈察洛夫曾如此描述过他遇到灵感时的情景："起初是写得没精打采，笨头笨脑，枯燥无味，我自己都常常没兴趣写了，直到眼前突然闪光，照亮我要走的路……那时我工作得生气勃勃，精神抖擞，手都几乎来不及写了，这样一直到再次碰壁。"（见《迟做总比不做好》，《古典文艺理论译丛》第一册第147页）

　　可见，创造性的冲动是如此专横，而"孕育在艺术家心中的作品是一种自然力，它以自然本身固有的狂暴力量和机敏狡猾地去实现它的目的"（荣格语）。他们的这种共同的感觉和体会，正是对文艺创作灵感之具体而生动的表述。

　　据此，我们似乎可以得到这样的认识：所谓灵感，是人类社会精神活动的产物。文学创作过程中的灵感则是作家、艺术家在社会实践和艺术活动中所产生的一种特殊的精神现象，是形象思维过程中一种浅意识的活动形式，是精神心理学上所说的神经性发作，是作家、艺术家在创作活动中的一种心理（活动）状态。

　　灵感，作为人们的高级思维活动，它是非常活跃、丰富而又复杂的。陆机在《文赋》中曾经生动地描绘了这种复杂的精神现象。他说："若夫应感之会，通塞之纪。来不可遏，去不可止。藏若影灭，行犹响起。方天机之骏利，夫何纷而不理。理风发于胸臆，言泉流于唇齿。纷葳蕤以馺遝，唯毫素之所拟。文徽徽以溢目，音泠泠而盈耳。"这是何等奇妙的描绘啊！文思激荡，灵感临至。来不可遏，去不可止。浮想联翩，急起从之。泉流齿唇，理发胸臆。佳句纵横，一泻千里。不思而得，若有神济。

刘勰也曾从作家创作心理的变化中具体论述了灵感产生的过程。他说："若夫善弈之文，则术有恒数，按部整伍，以待情会，因时顺机，动不失正。数逢其极，机入其巧，则义味腾跃而生，辞气丛杂而至。视之则锦绘，听之则丝簧，味之则甘腴，佩之则芬芳：断章之功，于斯盛矣。"（《总术》）他把灵感称之为"情会"，只有当"情会"出现的时候，作家的思路才会机敏，义味才会腾跃，辞气才会"丛杂而至"。

正由于这种似乎神奇的幻觉，致使人们对它产生了种种"不可知"的揣测和误解。柏拉图的"神附"之说，弗洛伊德的"无意识"自为之说，就是种种"不可知"揣测和误解之一二。实际上，他们对这种复杂精神现象所作的唯心主义的玄妙之谈，既不符合千百年来人们在文学创作活动中的基本事实（经验），也不符合灵感本身的客观规律。

三

那么，何以解释这种复杂而特殊的精神现象呢？

其实，从生理学角度看，这种心理状态，不过是人们种种生活体验、知识信息在头脑里不断储存、积累过程中的一种突发性的变化。当然，它要伴随着强烈的感情冲动；在信息的积累过程中，某种诱导兴奋的激发（事物），使得原来暂时处于抵制状态的大脑皮质细胞，突然地爆发了联结性的裂变，产生了优势兴奋中心，它使得原来头脑中积存的一些毫不相关的，若隐若现的，游离状态的"信息单元"贯通一气，形成一个完整的灵活腾跃的思维通路，而这种优势兴奋中心便是触发灵感的生理机质。正如郭沫若在《论诗三札·二致宗白华》的信中所形容的那样："我想诗人的心譬如一湾清澄的海水，没有风的时候，便静止着如像一张明镜，宇宙万汇的印象都涵映在里面。这风便是所谓直觉、灵感，这起了的波浪便是高涨的情调。"这里，前者是基础，后者便是灵感。前者的储备、积累之重要是显而易见的，后者之偶然的出现则是前者发展的必然结果。

刘勰说："积学以储宝，酌理以富才，研阅以穷照，驯致以绎辞。"（《文心雕龙·神思》）吕本中说："悟入必自功夫中来，非侥幸而得也。"（《谈文》，见《台华丛谈》卷五·第23页）这就是说，灵感只有在作家的艺术思维达到高度活跃的阶段才可能产生。这是因为，作家将素常积累、贮存于头脑中异常丰富的感性印象，在积极、活跃的艺术思维过程中进行了详尽的分析（比如，对事物的内在联系和特征的剖析等等），而这些内在生活素材遇到偶然的触发，便激起作家创作的灵感腾跃。

灵感的这种偶然性、突发性和创造性的紧密结合，便构成它本身的客观规律，因而，也就使得这种复杂而特殊的精神现象呈现出十分玄妙的景象来。

一般说来，灵感的腾跃，必须在一定的客体信息的引发下才有可能。据说，果戈里就是在听笑话这个偶然的机遇中爆发了他写作《钦差大臣》的灵感；托尔斯泰之写《复活》，正是在苦思一部中篇小说而且不得之时，偶然间一个短篇小说的构思，便引起了他写作的灵感；福娄拜因偶然看到一则妇女自杀的消息而激发创作《包法利夫人》的灵感；等等。这些事实，都是似出偶然实则必然的明证。所以，微生物学家巴斯德说："机遇只偏爱那种有准备的头脑。"这话是非常正确的。

中国古文论中之所谓"默识于心，闭目如在目前，放笔如在笔底"（李渔语）"馨澄心以凝思，眇众虑而为言，笼天地于形内，挫万物于笔端。"（陆机：《文赋》）云云，就是胸有积累、凭借灵感爆发而至的结果。东坡的所谓"急起从之，振笔直遂，以追其所见"者，亦此意。（见《文与可画筼筜谷偃竹记》）只要具有这种灵感的强烈作用，著作家就会把"烂熟于心"的内容，振笔直逐，一挥而就。

四

那么，灵感究竟来自何方呢？

钟嵘在《诗品》里有这样一段颇有见地的论述："若乃春风春鸟，秋月秋蝉，夏云暑雨，冬月祁寒，斯四候之感诸诗者也。嘉会寄诗以亲，离群托诗以怨。至于楚臣去境，汉妾辞宫；或骨横朔野，魂逐飞蓬；或负戈外戍，杀气雄边；或塞客衣单，孀闺泪尽；或士有解佩出朝，一去忘返；女有杨蛾入宠，再盼倾国。凡斯种种，感荡心灵，非陈诗何以展其义，非长歌何以骋其情？"尽管在他的全部论述中不免有某种不尽妥当之处，然而，在客观现实是激发人们感情变化乃至产生创作灵感的基础这一点上，确实是提示出了问题的真谛。因为他明白地指出，人们感情的变异、心灵的激荡，都是由生活环境、人身遭遇而影响的结果。

所谓"气之动物，物之感人，故摇荡性情，形诸舞咏"说得更明白，好的诗歌的创作，是不能脱离诗人们创作环境、心情和激情的。他们的这种种条件的产生,首先是来自于对自然界和社会生活的客观现实的体验和感发。只有这样,才能产生"寄诗以亲,托诗以怨"的诗作,才能创作出真正感人的诗歌。

郭沫若说:"潮退后的一些微波,或甚至是死寂,有些人是特别的喜欢,但我始终是感觉着只有在最高潮的时候的生命感是最够味的。""最高潮"是什么意思?就是作家的激情。这种激情从何而来呢?他说:这种像火一样的激情是来自当时"五四运动"的"发动","个人的郁积,民族的郁积"的现实,正是由于这种社会环境,所以(在)"民七民八之交,将近三四个月的时间差不多每天都有诗兴来猛袭,我抓着也就把它们写在纸上"。(同上)从某种意义来说,创造力是一种异己的东西,是人们所不可阻挡的"神力"。

上述情况,足以说明"具有模特意义"的现实,乃是汲取诗人"自己材料和灵感"的源泉。(见车尔尼雪夫斯基《美学和文学评论》第503页)如果,作家在创作中,失去了这个源泉,那么,他的创作便成了无本之木、无源之水,势必枯竭。那种如同钟嵘所说的"文章殆同书钞"之作,"遂乃句无虚语,语无虚字,拘挛补纳,蠹文已甚"之弊,就是失却了源泉的结果。当然也就无从有灵感产生了。

创作冲动从艺术家得到滋养,艺术家又从生活中得到滋养,因此"它就像一棵树,从它赖以汲取养料的土壤中得到滋养一样",我们要把创作过程和灵感的爆发,看成是一种扎根于人们心中和生活的东西去寻求去滋养。

可见,社会生活、社会实践乃至作家的艺术活动是产生作家激情和灵感的源泉,是产生作品的基础。就灵感说,它则是构成产生灵感诸因素的物质基础。没有客观的现实生活,决不会产生作为灵感主体的作家的主观思想(经验积累);没有外界的客观条件,就不会有作家为客体的诱因存在。因此,主、客观条件是客观存在的物质世界,都是客观自在之物作用于我们头脑的结果。所以,我们可以这样说,客观物质世界是构成灵感产生的诸因素的物质基础。

五

研究了灵感的意义、灵感的产生及灵感的源泉之后,我们再来探讨一下灵感本身的构成因素,这就显得水到渠成了。

灵感构成因素是:主体方面,就作家说,作家的主观条件(经验积累)是产生灵感的内在依据;客体方面,作为物质世界的客观条件(客观的信息引发)是灵感产生的外界原因。

如前文所述,作家任何主观思想的确立,无疑都是客观存在、社会生活反映的结果。任何一个作者,在纷纭复杂的社会生活中,都有摄取他所要表现的人物和主题。这种主观思想就是我们所说 的形成稍后产生灵感的内在依据。真正的艺术家,都有一种自然的和似乎不可遏止的推动力;有一种直接的需要,非把自己的情感、思想,立即表现为艺术形象不可的冲击力量。

作家们往往把长期积累的大量的生活内容和摄取的种种原始材料,孕育在他们创作的强烈欲望之中,而当外部的偶然的刺激出现时,这种欲望就变成冲动,于是灵感就产生了。在这里,生活和愿望是重要的。没有这种愿望和生活,便失去了产生灵感的依据。因为,灵感是作为"人"的作家的一种特殊的精神活动。

白居易的感物而发,"事物牵于外,情理动于内""感于事则必动于情,然后兴于嗟叹,发于吟咏,而形于诗歌",的创作主张,说的也就是这个道理。白氏之所以能写出许多寓意深刻,针砭时弊的讽喻诗作,首先在于他内心所寓"为民而作"的思想和那为表达这种思想而贮积于胸的种种内容（形象），因而，当他路遇卖炭老人，目睹官人之肆虐无情，立即触发了他久蓄心中的话语，于是流出了他的讽喻之诗。郭沫若之"五四"时期的"个人郁积""民族郁积"不就是作家主观上的贮积和愿望吗？

正是作家们在广泛的社会生活中摄取大量的感性材料和由此激发起的强烈要表达的主观愿望之后，某种偶然的激发，便使这种形象借助于敏锐的灵感而生动地表现出来。如果，缺少了这个重要的内在依据，那么灵感的产生便成为空话。正如人们所熟知的"单靠心血来潮并不济事，香槟酒产生不出诗来，例如马蒙特（法国作家），他坐在地窖里面对着6000瓶香槟酒，可是没有丝毫的诗意冲上他脑来。""最大的天才尽管朝朝暮暮躺在青草地上，让微风吹来，眼望天空，温柔的灵感也始终不光顾他。"（见黑格尔《美学》），因为，他缺少重要的依据。

因此，我们说，腹中无物，搜索枯肠，为写作而寻找灵感的作家、艺术家是断然写不出任何一部有价值的作品来的，不管他的才能有多大，也绝不会找到能够使他产生"灵感"的机缘。这是因为它缺少必要的和重要的内在因缘。所以，如果人们以为单凭感官和外部条件的刺激，就可以激发灵感，写出动人的作品来的想法，是天真的奇想。

同样，如果缺少一定的外界因素作为条件，那么，作家的灵感也是不会产生的。这正像任何事物发展要有它内部因素和外部原因一样，内因是根据，外因是条件。在这里，客观外界条件是必要的。鲁迅的第一篇小说《狂人日记》之所以能以独特的形象、犀利的笔锋，向封建宗法制度进行无情的控诉和坚决的挑战，除了他具有丰富的社会经历，大量的生活积累和对中国历史和现状的深入研究、清醒分析，多年来孕育着某些形象并企图把它表达出来等等，这些主观内因之外，那个"偶然"的触动，则是具有决定意义的东西。他说："偶阅《通鉴》，乃悟中国尚是食人民族，因成此篇。此种发现，关系甚大，而知者尚寥寥也。"（见《鲁迅全集·书信》九卷第285页）

由于他"偶阅《通鉴》"，兼之那位精神失常、担心被人杀害的表兄弟的偶然事件的激发，使他顿悟到中国民族的"最大"特点，原来是从"仁义道德"几个字后面，歪歪斜斜地写着"吃人"两字。这一发现非同小可，立即触动了作家写成此篇的灵感。这就明显地告诉人们，这种偶然的机缘，触动、激发、诱导了他，促使他产生了急于成章的强烈愿望和冲动。鲁迅说"此种发现，关系甚大"，值得深思，可以想见，如果无此机缘，那也就无此灵感，无此灵感，自然就不会有此名篇了。可见，这种诱导作家写作的机缘是多么重要啊呀！

六

灵感是人们辛勤劳动的结晶。上述灵感境地的取得绝不是什么"神"附、天予；而是作家在长期的生活实践、艺术磨炼中所获得的成果。生活是第一位的，同时作家的艰苦的艺术磨炼和辛勤劳动也是非常重要的。作家们在不断的艺术探索中，逐步地掌握了艺术规律，活跃、丰富并提高了他们的艺术思维和创作能力，从而增强了作家的敏锐眼光，一旦有所"遇"，立即有所"感"。

我们说李白是诗仙，这是因为，"白也诗无敌，飘然思不群。"（《春日忆李白》）"敏捷诗千首，飘零酒一杯。"（《不见》·近无李白消息）"李白斗酒诗百篇，长安市上酒家眠。"（《饮中八仙歌》）；我们说杜甫是诗圣，这是因为，"读书破万卷，下笔如有神。"（《奉赠韦左丞丈二十二韵》）；我们说张旭是"草圣"，这是因为，"张旭三杯草圣传……挥毫落纸如云烟。"（《饮中八仙歌》）；等等。这种如同皎然所说，"观其气象，有似等闲，不思而得"的气势，"意静神王，佳句纵横，若不可遏"的奇功和那情趣自然、不见雕痕、宛如神助的艺境等等，这一切成就的取得，如果没有作家、艺术家长期的艺术训练和艰苦的劳动磨炼，那是不可思议的。如果不是这样，他们便不会从"酒"这个机缘上获得如此敏锐的灵感，也不会产生"敏捷诗千首"、挥毫如云烟的如此敏捷的文思，更不会得到"下笔如有神"的技艺。

可见，艺术思维熟练的程度，决定着作家、艺术家灵感的敏锐程度，同时，它还标志着他们艺术成就的高低程度。从这点说，艺术家的灵感的敏锐与否，乃是衡量他艺术成熟与否的标尺。任何一位"大家"的成就的取得，都不是轻而易举的事情。杜甫艰苦卓绝的艺术创作的一生，便是我们研究艺术家成长乃至成熟过程的很好的典范。他在幼年时期，就作了很好的物质准备和充分的艺术储备。"往昔十四五，出游翰墨场。斯文崔魏徒，以我似班扬。七龄思即壮，开口咏凤凰。九龄书大字，有作成一囊。"（《壮游》）。他一方面广览多读，"读书破万卷"；另一方面，"李邕求识面，王翰愿卜邻"，向他的前辈先生求教（《奉赠韦左丞丈二十二韵》），受到各方面的锤炼和熏陶。当他已久负盛名成为一代诗圣的时候，仍然是"陶冶性灵在底物，新诗改罢自长吟。孰知二谢将能事，颇学阴何苦用心。"（《解闷十二首》）。阴铿、何逊的诗固然无甚可取，但他们那种雕章镂句的功力，却实有可学。所以，杜甫以阴、何二人为榜样，继续苦心经营，即使到了晚年，还仍然慨叹自己的诗拙："病减诗仍拙，吟多意有余。莫看江总老，犹被尚时鱼。"（《复愁十二首》）。可见，这位名垂千古的大师，在文学创作上对自己要求是何等的严格。

鲁迅说:"天才并不是自生自长在深林荒野里的怪物,是由可以使天才生长的民众产生、长育出来的,所以没有这种民众,就没有天才。"(《未有天才之前》见《鲁迅全集》卷一第275页)。我们不妨把"民众"理解得广泛一些,那就是广泛的社会生活和艰苦的实践磨炼。

正是由于杜甫终生刻苦用心、惨淡经营,才使他成为我国文学史上的一位伟大的"天才",才使他能够从平凡的机缘中得到敏锐的灵感,从而达到"'指挥'解事迥天地,训练'强兵'动鬼神"这种超人的艺术境地。

那种把天才与灵感释之为"天然""与生俱来"的观点之所以错误,就在于它歪曲和否认了产生这些东西的本源。

七

现在来谈一下唤起灵感的机缘问题。

所谓机缘(或称机遇),如上文所述,就是指那些触发人们灵感产生的客观事件。由于客观世界是异常复杂的,人们对于客观事物的认识和感受也具有很大的差异,因而也就使得灵感的机缘出现繁复纷纭的复杂性了。

列宁说:"当我们的感官受到来自外部的某些对象的刺激时,'现象'就产生。当某种障碍物使得我们明明知道是存在着的对象不可能对我们的感官发生作用时,'现象'就消失。"(《唯物主义和经验批判主义》,见《列宁选集》卷二)这清楚地说明,当外界刺激我们感官的"对象"与我们头脑中所形成的"映象"(即"现象")相一致并产生某种效果的时候,我们已经认识了它,感受了它。于是,激发灵感的机缘也就出现。当"某种障碍物"的影响,使外界的"对象"不能在我们感官——头脑中得到应有的反映时,这种应被人们所感知的"机缘"便随之消失。

这样说来,似乎给灵感的机缘罩上了一层淡淡的迷雾。不是的,这正是马克思主义的基本观点。神密主义的不可知论"不承认在感觉的界限之外,有任何'确实可靠'的东西存在"(同前书)。而我们却恰恰相反,一方面,我们承认某些事件并没有被一些人所认识和感受;另一方面,我们必须承认那些事件是"不以人的主观意志为转移的"(《哲学笔记》),人们感觉到界限以外的客观事实。

那么,什么原因使得某些事实成为一些人感觉界限之外的东西了呢?一个很重要的原因就是列宁所指出的"是因为意志把自己和认识分隔开来"的缘故(见《哲学笔记》)。无疑,这种人的意志,便成为人们制约、限制、摄取"机缘"的"障碍物"。

根据这样的理解,于是我们似可导出如下的结论:第一,作为产生灵感的"机缘"客观存在于物质世界(即客观性);第二,人们在认识它时具有一定的主观选择性(即主观性)。不承认"机缘"的客观性,必然导致主观唯心主义的"神附"论;不承认人们在认识它时所具有的主观选择性,又必然陷入机械唯物论的认识论。

我们说,一些事物之所以被人们认识,一经发现,便成为产生灵感的机缘,这正是客观自在之物作用于人们感官的结果。然而,又由于人们在认识事物上的种种主观因素的制约,如思想、意志、选择、限制等,把某些事物变成了认识界限之外的东西,这正是障碍物影响的结果。说穿了,这个障碍物就是作家的主观思想即上文所述的产生灵感的"内在原因"。

从艺术创作的实践来看,"一个感受力比较敏锐的人,一个有'艺术家气质'的人,当他在周围的现实世界中,看到了某一事物的最初事实时，他就会发生强烈的感动。他虽然还没有能够在理论上解释这种事实的思考能力，可是他却看见了，这里有一种值得注意的特别的东西，他就热心而好奇地注视着这个事实，把它摄取到自己的心灵中来，开头把它作为一个单独的形象，加以孕育，后来就使它和其他同类的事实与现象结合起来，而最后，终于创造了典型。"（杜勃罗留波夫《黑暗的王国》）

可见，人们的心理意识一旦形成，就具有了相对的独立性，脑细胞上刻印的种种极其繁复、若即若离的印记便会不断地被加以扩展、深化；我们说，这种印记越广泛、越深刻，那灵感的爆发就越迅速，偶然机遇的诱发就来得越容易。

然而，艺术创作是复杂的，作家的思想也是复杂的。他们往往根据自己的社会经历、政治态度乃至生活环境的不同而寻找着、摄取着能"特别打动他的一瞬间"的机缘。

张旭见公孙大娘之剑术，乃悟写字之道理，狂走蛟龙，草书乃成。杜甫见"黑白太分明"的花鸭，而悟自身洁白、身遭妒忌之境遇；见病马之被弃而感自遭摒弃之苦痛，于微物之中，见诸深义，故有"物微意不浅，感动一沉吟"之悲叹。而与杜甫同时生活于安史之乱世的王维却从避世桃园的兰田幽景中找到了产生作诗灵感的机缘。别墅中"荆溪白石出，天寒红叶稀。山路元无雨，空翠湿人衣。"（《蓝田烟雨图》）那种画境诗情、映发成趣的美景成了他"晚年唯好道，万事不关心"的事佛、谈玄的胜地。这种在文学创作过程中唤起灵感的机遇的差别，正是由于他们"莫不禀以性灵，迁乎爱嗜，机见殊门，赏悟纷杂"的结果。

马克思在《一八四四年经济学哲学手稿》中说："人的感觉，感觉的人性，都只是由于它的对象的存在，由于人化的世界，才产生出来的。五官感觉的形成是以往全部世界历史的产物。囿于粗陋的实际需要的感觉只有具有有限的意义。对于一个忍饥挨饿的人说来，并不存在人的食物形式而只有作为食物的抽象存在；食物同样也可能具有最粗糙的形式，而且不能说这种饮食与动物饮食有什么不同。忧心忡忡的穷人甚至对最美丽的景色都没有什么感觉；贩卖矿物的商人只看到矿物的商业价值，而看不到矿物的美和特性；他没有矿物学的感觉。"（见《马克思恩格斯全集》第42卷第126页）

可见，作家主观思想这种产生灵感的内在因缘，对它的机缘的选择有着多么重要的决定意义！

从以上所述可见，灵感在文学创作活动中，具有何等重要的作用啊！然而，我们绝不能因此而盲目、过高地看重它的这种作用。如果把它提高到不适当的地位，那就势必忽略了作家在创作过程中的异常艰苦的劳动。我们之所以对它进行深入的理解和剖析，目的在于用马克思主义的反映论给这个客观存在的事物以正确的认识，而绝不是相反。我们从来不片面地追求所谓灵感的爆发，而是主张作家要深入实际，作艰苦的努力，以求得文学艺术的更大繁荣。这点是需要说明的。

（初稿于 1981 年 8 月。
本文第五、七部分发表于《枫叶》2012 年第四期）

略论艺术灵感的形成

灵感是人类社会精神活动的产物。文学创作过程中的灵感则是作家、艺术家在社会实践和艺术活动中所产生的一种特殊的精神现象,是形象思维过程中一种潜意识的活动方式。

作家在创作过程中主观思想的确立,无疑是客观存在、社会生活反映的结果。任何一个作者,在纷纭复杂的社会生活中,都有摄取他所要表现的人物和主题。这种主观思想就是我们所说的产生灵感的内在依据。真正的艺术家,都有一种自然的和似乎不可遏止的推动力;有一种直接的需要,非把自己的情感、思想,立即表现为艺术形象不可的冲击力量。

白居易的感物而发,"事物牵于外,情理动于内""大凡人之感于事,则必动于情,然后兴于嗟叹,发于吟咏,而形于歌诗"的文学主张,说的就是这个道理。正是由于作家在广泛的社会生活中摄取大量的感性材料,并由此激发出强烈要求表达的主观愿望之后,某种偶然的刺激,便使这种形象借助于敏锐的灵感而生动地表现出来。

灵感的产生不过是人们种种生活体验、知识信息在头脑里不断储存、积累过程中的一种突发性的变化。它往往伴随着强烈的感情冲动。在信息的积累过程中,某种诱导兴奋因素的激发,使得原来暂时处于抑制的潜意识状态的大脑皮质细胞突然爆发了联结性的裂变,产生了优势兴奋中心,使得原来头脑中积存的一些毫不相关的、若隐若现的、游离状态的"信息单元"贯通一气，形成了一个完整的、灵活腾跃的思维通路，达到显意识状态，这便是灵感。而这种优势兴奋中心便是触发灵感的生理机质。"张长史见公孙大娘舞剑，顿悟笔法。如张者，专意此事，未尝少忘胸中，故能遇事有得，遂造神妙。使他人观舞剑，有何干涉？""悟入必自功夫中来，非侥幸而得也。"①正是对于这种现象深刻而生动的阐述。这就是说，灵感只有在作家的艺术思维达到高度活跃的阶段才可能产生。可见，生活储备和艺术积累，对灵感的形成有着何等重要的作用。

刘勰曾从作家创作心理的变化具体描绘了灵感的产生过程。他说："若夫善弈之文，则术有恒数，按部整伍，以待情会，因时顺机，动不失正。数逢其极，机入其巧，则义味腾跃而生，辞气丛杂而至。视之则锦绘，听之则丝簧，味之则甘腴，佩之则芬芳，断章之功，于斯盛矣。"②

当偶然的客体信息的引发"情会"出现的时候，作家的思路才会机敏，义味才会腾跃，辞气才会"丛杂而至"。鲁迅的《狂人日记》之所以能以独特的形象，犀利的笔锋，向封建宗法制度进行无情的控诉和坚决的挑战，那个"偶然"的触动，则是它具有决定意义的东西。他说："偶阅《通鉴》，乃悟中国人尚是食人民族，因成此篇。此种发现，关系甚大，而知者尚寥寥也。"③果戈里就是在听笑话这个偶然的机遇中爆发了他写《钦差大臣》的灵感；托尔斯泰正是在苦思一部中篇小说而不得之时，偶然间一个短篇小说的构思，引起了他写作《复活》的灵感；福楼拜因偶然看到一则妇女自杀的消息而激发写

---

① 吕本中：《谈文》，见《台华丛谈》卷五，第23页。
② 刘勰：《文心雕龙·总术》。
③ 鲁迅：《鲁迅全集·书信》卷九，第285页。

作《包法利夫人》的灵感,等等。这些事实,都是似出偶然,实则必然的明证。所以,爱因斯坦说:"机遇只偏爱那种有准备的头脑。"可见,这种诱导作家写作的机缘是多么重要啊!所谓"默识于心,闭目如在眼前,放笔如在笔底。"(李渔语)"罄澄心以凝思,眇众虑而为言,笼天地于形内,挫万物于笔端。"(陆机:《文赋》)就是在胸有积累的前提下,凭借灵感爆发而至的结果。只要具有这种灵感的强烈作用,作家就会把"烂熟于心"的内容,振笔直逐,一挥而就。

上述情况,足以说明具有特定意义的现实生活,乃是诗人汲取"自己材料和灵感"的源泉。①作家一旦失去了这个源泉,他的创作便成了无本之木、无源之水,也就失去了创作的灵感。

唤起灵感必须要有适当的机缘。所谓机缘,或称机遇,就是指的那些触发作家产生灵感的客观事件。客观世界是异常复杂的,因而也就使得灵感的机缘出现繁复纷纭的复杂性了。

列宁说:"当我们的感官受到来自外部的某些对象的刺激时,'现象'就产生;当某种障碍物使得我们明明知道是存在着的对象不可能对我们的感官发生作用时,'现象'就消失。"②

机遇之成为机遇,必须由两个条件促成:第一是客观性,首先作为产生灵感"机缘"的客体必须存在;第二是主观性,必须注意人们在感受机缘时具有一定的主观选择性。只有二者紧密地结合起来,机遇才会出现。艺术创作经验表明:"一个感受力比较敏锐的人,一个有'艺术家气质'的人,当他在周围的现实世界中,看到了某一事物的最初事实时,他就会发生强烈的感动。他虽然还没有能够解释这种事实的理论思考能力,可是他却看见了,这里有一种值得注意的特别的东西,他

---

① 车尔尼雪夫斯基:《美学和文学评论》第503页。
② 列宁:《唯物主义和经验批判主义》,见《列宁选集》第二卷。

就热心而好奇地注视着这个事实,把它摄取到自己的心灵中来,开头把它作为一个单独的形象,加以孕育,后来就使它和其他同类的事实与现象结合起来,而最后,终于创造了典型。"[1]可见,人们的心理意识一旦形成,就具有了相对的独立性。脑细胞上刻印的种种极其繁复、若即若离的印记,便会不断加以扩展、深化,为偶然突发、飞跃聚集力量。这种印记越广泛、越深刻,灵感的爆发就越迅速,艺术家往往根据自己的社会经历、政治态度乃至生活环境的不同而寻找着、扑捉着能"特别打动他的一瞬间"的灵感突然来临的机缘。

张旭之于舞剑,成就了草书,杜甫之于"花鸭""病马",感发了"黑白太分明""物微意不浅,感动一沉吟"的人生之叹;王维则于安史之乱的蓝田幽景中,找到了"荆溪白石出,天寒红叶稀。山路元无雨,空翠湿人衣"的灵感机缘。(《蓝田烟雨图》)

文学创作过程中唤起灵感的机遇千差万别,总的来说:"莫不禀以生灵,迁乎爱嗜,机见殊门,赏悟纷杂"[2]。然而,我们不能因此而盲目地、过高地看重这种机缘的作用。把它强调到不恰当的地位,一切都要乞灵于灵感,那就必然忽略作家在创作过程中的艰苦的劳动。我们对它进行深入的剖析,目的在于运用马克思主义的反映论给以正确的认识。我们不能片面地追求灵感的突然爆发,而是把注意力集中在深入生活,进行艰苦的劳动,灵感的来临也就自然在望了。

(原载《枫叶》2012年第四期)

---

[1] 杜勃罗留波夫:《黑暗的王国》。
[2] 萧子显:《南齐书·文学传论》。

文学"两个规律"之我见
——规律指何而言

按照马克思主义的理解,所谓规律就是事物内部(或内在)的本质的联系,事物发展过程的必然趋势。

就文学艺术本身(整体)而言,它的规律就是文学内部诸因素之间不断变革、不断运动发展的必然趋势。它整个发展的轨迹表明,起决定作用的是它自身的内在的本质关系及其联结。就一般发展规律而言,文学艺术的发展规律是一种特殊规律,具有它自身的特殊性。具体说来,从《文心雕龙》之"文之枢纽""论文序笔""剖情析采""崇替褒贬"四大专论到现代人之所谓"创作论""作品论""鉴赏论"以及对构成文学基本原理多种因素,诸如"文资""文情"(指文章内容)"文序""文色""文声""文彩""文体""文病"(指文章表现形式的因素)"文境""文势""文品"(指内容形式之溶合)进行系列的分析和深入探讨等等都是对文学艺术本身特殊规律的研究。上述内容便构成文学发展的自身所独有的规律。因此,在我看来,就其实质来说,文学艺术本身除了决定事物本质的内部联系(即毛泽东同志所说的"内在规律"或"内部规律")之外并没有另一规律同时存在。

然而,事情是复杂的。一事物与他事物常常有着千丝万缕的联系,不同质的事物因其联系的特殊方式和发展的特殊情况而具有不同的规律;因此,文学艺术与其他门类以及社会生活、政治状况等等在一定条件下（或称一定基础上）便构成多种矛盾的统一体（统一体）。这些同一体的内部因素之间的关系及其联结以及各自的横向关系及其联结等等自有它们各自的特殊规律和一般规律。当然，这些纵向的和横向的联结、关系等等包含着本质的或非本质的因素。但是，它们的这些规律都是其自身的（统一体中）内在规律，而不是相反。情况如表所示：

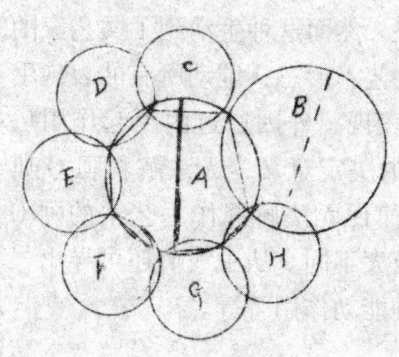

说明：
①我们把⊙A当作文学艺术；⊙B当作文学之外的政治及社会生活；⊙C……当作哲学、法律等等。
②⊙A内的实线视为文学艺术的内在规律；与⊙A相交的诸⊙交集内的实线，视为它们各自与文艺所形成的统一体中的内在规律。
③⊙B中的虚线，视为政治及社会生活中的内在规律；以此类推。

外部联系不容低估

我们承认文学艺术作为整体，其（内部）规律只有一个，然而决不意味着否定文学艺术之外的客观因素。

马克思主义告诉我们：矛盾的复杂性还在于，事物存在着内部矛盾和外部矛盾。某一确定事物自身所包括的诸要素之间的对立统一是内部矛盾；这一事物同其他事物的对立统一是外部矛盾。事物的运动、变化和发展主要由事物的内部矛盾引起的，同时又受外部矛盾的影响，前者是内因，后者是外因。毛泽东同志说："唯物辩证法认为外因是变化的条件，内因是变化的根据，外因通过内因而起作用。"必须在肯定内因是根据的前提下，看到外因对于事物发展变化的重大作用。

文学是主客体统一的产物。客观条件诸如政治背景、社会生活以及其他多种意识形态等等，对于作为文学艺术这个主体有着重大影响；只有当二者产生相互联系、相互依存，达到统一的时候，才能产生伟大的文学之作。生活是文艺的源泉，无辛亥革命前后的社会背景，决无阿Q这一典型的出现。社会生活、政治背景等等是客观条件，但是这种社会生活可以通过意识形态中的多种意态作出反映。然而这种生活到了文艺家的手中，它要通过文学这种特殊的艺术形态，调动所有的表现手段（内部规律）来予以充分的表现（外因通过内因起作用）；不承认外部因素在一定条件下的决定意义，无法解释阿Q典型塑造的基因，不承认内部规律便无法解释作为艺术的阿Q典型与作为政治的政治宣言的极大不同。从中我们还可导出二者的交互作用以及主体对客体的能动作用等等。

两个规律的提法值得商榷

文学的主客观两个方面的因素是客观存在，谁也否认不了的。我们承认作为文学自身以外又与之密切相关的诸如社会生活、政治、经济、哲学、宗教、法律等等外部因素及其相互关系，是为了更好地、更充分地发挥文学艺术的特殊的社会功能和效益，绝不是再片面地强调所谓"反映论"（机械的）。过去我们过于机械地强调认识论、反映论，把认识论、反映论庸俗化，忽视甚至抹杀了文学自身的特殊的艺术规律，导致文学本身的巨大能动性和独立品格的丧失，这是应该汲取教训的。但是，我们承认作为文学自身的艺术规律（内在）是为了更好地推动文学艺术向高层次发展，创造出愈加精美的艺术珍品，充分发挥其应有的艺术价值，繁荣社会主义艺术百花园，而绝不是借强调内部规律的特殊性而否认文艺与社会生活、政治诸外部因素的相互作用，使之游离于政治和生活之外，独立于宇宙之间，"自我实现"的纯粹文学"主体"。这样必然导致陷于背离马克思主义文艺理论的"自我表现"的唯心主义轨道上去。

综上所述，我以为内部规律和外部规律的提法是不很确切的，它容易使人陷于迷离恍惚的云雾之中。

如果说有两个规律提法的必要，我则以为它的含义应该是这样的：从哲学意义上说，所谓外部规律是一事物之外（部）的他事物的"内部规律"，简称外部规律。这个"规律"对此物是"内部规律"而对他事物为"外部规律"。

从文学艺术角度说，所谓外部规律，即指文学艺术本身之外部的与之相关的政治、经济诸种联系的各种统一体中的内部规律。显然，这个含义与现在所流行的含义是不完全相同的。

（原载《天津社联学刊》1988年第十一期）

浅论马克思美学思想的几个问题
——读《巴黎手稿》

马克思的《一八四四年经济学哲学手稿》（又称《巴黎手稿》）是他青年时期用哲学观点、方法研究经济学，力图用唯物主义的立场、观点、方法对资本主义的经济、制度进行考察、分析、批判，对共产主义社会进行种种论述的重要著作。在马克思主义学说的形成和发展过程中，《手稿》占有重要地位。从《手稿》内容看，贯穿全书的基本观点是"劳动异化"和"人的本质异化问题"，并由此出发，论及诸如人性、人道主义以及美学中的一些问题。现就其美学思想中的若干问题，谈几点体会。

美是劳动创造的

马克思说："劳动为富人生产了珍品，却为劳动者生产了赤贫。劳动创造了宫殿，却为劳动者创造了贫民窟。劳动创造了美，却使劳动者成为畸型。"马克思在这里提出了美学思想中的一个重要命题，即：劳动创造了美。

美是怎样产生的，美的本质到底是什么，在美学史上曾经是个争论不休的问题。从黑格尔的"美是理念的感性显现"到克罗齐的"美是直觉"；从亚里士多德主张美在于事物的匀称、体积和安排，到车尔尼雪夫斯基认为美是生活，却没有真正解决美的本质问题。只有到了马克思主义形成时期,马克思才在"巴黎手稿"中第一次以社会实践的观点,阐述了这一带有根本性的问题,指出美和人类社会的生产发展、社会的实践活动有着重要的联系。美是社会实践的产物。

恩格斯曾详尽地论证过劳动在人类社会形成过程中的重要作用。他说,劳动"是一切人类活动的第一个基本条件,而且达到这样的程度,以致我们在某种意义上不得不说:劳动创造了人本身。"(见《自然辩证法》第149页)既然劳动造成了"人同其他动物的最后的本质区别",那么,如果我们能够说明在人类社会产生以前,美是不存在的,而只是随着人类社会的产生而产生,那就有充分的理由可以证明:是劳动,是这个创造了人类一切财富的劳动,在创造人类本身的同时,也创造了美。普列汉诺夫曾以大量的事实证实了各种艺术部门同劳动的关系,说明了"简单的音乐作品是怎样从劳动工具与其对象接触时发出的声音中产生出来的",而舞蹈则是"劳动者的动作的单纯的再现"。从而批判了关于艺术起源的种种错误说法。一般说来,对劳动创造了艺术美,是容易理解的,而对于所谓"自然美"产生于劳动说就不太好理解了。

诚然,在人类社会,乃至人类本身产生以前,峻峭的山峦、清澈的小溪、绚丽的朝霞、深邃的苍穹,这些自然物是确实存在着的。然而,它并没有与人类建立一种审美关系,换言之,人类并没有产生美与不美的观念和活动,自然物也并没有成为人们审美的对象。只有当人们胜利完成了社会的构成,在生活实践即劳动中,产生了"审美的公众"和"审美的对象"的时候,美才有可能产生。正如马克思所说:"一件艺术品——任何其他的产品也是如此——创造了一个了解艺术而且能够欣赏美的公众。因此,生产不仅为主体生产对象,而且也为对象生产主体。"

一句话，劳动创造了人类社会，创造了一切财富，创造了人类本身，同时也创造了与人类休戚相关的"美"。

只有音乐才能激起人的音乐感

马克思说："只有音乐才能激起人的音乐感，对于不辨音律的耳朵来说，最美的音乐也毫无意义，音乐对它说来不是对象，因为我的对象只能是我的本质力量之一的确证……"这一段话，生动地说明了美是属于社会实践范畴的。

这个命题深刻地说明了两层意思：

第一，美是客观存在的。音乐美自从人类创造了音乐之日起，它就产生了，但是，只有那些脱离了"粗野的不发达的耳朵"的畜类的"人"才有可能感受它。"对牛弹琴"就是一个生动的比喻。音乐的美感对于动物是毫无意义的。然而，这种美又不是对一切脱离了动物的"人"都能感受得到，欣赏得了的。这又涉及到它的另一层意思。

第二，美又是在实践中产生的。如前所述，"非音乐的耳朵"，动物自然是，人类本身也有这种情况产生。比如，一曲优美的抒情歌、风景诗，对于那些不懂韵律和诗文的门外汉，是毫无用处的。然而，经过长期的艺术实践和艺术熏陶，这种艺术审美活动是可以产生的。换句话说，当人们一旦和欣赏对象建立了一种审美关系，那么，审美活动也就可以开始了，审美感受自然产生。这种关系的确立过程，就是社会实践。用马克思的话来说，人们的社会实践过程（艺术欣赏过程），就是"人的本质力量对象化"的过程。没有这种社会实践，美是不可能产生的。尽管，客观存在美。

人类社会发展史上的一切艺术活动及其审美意识的事实，充分证明，美是同社会的人紧密相关的，是人的本质力量对象化的结果。

人是按照美的规律来塑造物体的

马克思说:"动物只是按照它所属的那个种的尺度和需要来建造,而人却懂得按照任何一个种的尺度来进行生产,并且懂得怎样处处都把内在的尺度运用到对象上去;因此,人也按照美的规律来建造。"

所谓"物种的尺度",即各种物种的不同标准以及它们各自的要求和所能达到的程度。而人的标准、要求和所要达到的程度与其他物种是不同的。因为,任何物种它们的一切活动乃是其本能的表现,而人类却可以按照任何种类的标准、要求和所能达到的范围、程度进行自觉的、自由的劳动,创造人们自己所需要的任何物品。这就是人之不同于动物的本质所在。所谓"内在固有的尺度",即人类所特有的主观的能动的具有无限丰富认识功能的审美标准。正因为如此,人们才可以按照美的规律去建造一切美的物体。为此,马克思曾说过一段非常形象的话。他说:"蜘蛛的活动与织工活动相似,蜜蜂建筑蜂房的本领使人间的许多建筑师感到惭愧。但是,最蹩脚的建筑师从一开始就比最灵巧的蜜蜂高明的地方,是他在用蜂蜡建筑蜂房以前,已经在自己的头脑中把它建成了。劳动过程结束时得到的结果,在这个过程开始时就已经在劳动者的表象中存在着,即已经观念地存在着。劳动者跟蜜蜂不同,不仅是因为他改变了自然所给予的东西的形式,而且还因为它同时在自然所给予的东西中实现了自己的自觉的目的,这个目的作为法则决定着他的行动的方式和性质,并且他应当把自己的意志服从于这个目的。"很显然,这个早在劳动者观念中存在着的劳动成果,即准备实现的自觉的目的,体现了个人的品格、灵魂和生命,同时也体现了他们的才能、智慧和力量。这一切,不正是我们所需要的美吗?人们按照自己的这种美的尺度和规律去建造美的产品,就是人的本质力量的对象化的最核心的体现。

大自然的竹是美的,它修长挺拔,枝叶婆娑,傲霜凌风,刚直不曲,给人们留下了许多美的感受和印象,于是写下了不少赞美它的诗。人们之所以对它有如此的赞美,是因为竹本身的种种特质被人们加以理想和领略了的原故。正是由于人们从它傲霜凌风、刚直不曲而联想到做人的气节、高崇,不畏强暴的品性而然。于是在人们的创作中,也即在劳动的对象创造中表现出人的本质力量。诗人用美好的诗句,画家用画笔、色彩、线条,把现实中自然的竹,按照美的规律把它变成画上之竹了。这个竹则是艺术之竹。

不言而喻,画上之竹是作者理想化了的竹,它比生活"更高、更强烈、更集中、更典型、更理想,因此就更带有普遍性"。画家把他胸中之竹,信笔拨墨,随意点染,溶化了他的美学理想,于是形神兼备的艺术珍品出现了。"举头忽看不似画,低耳静听疑有声。"

清人郑板桥曾说过:"江馆清秋,晨起看竹,烟光、日影、露气,皆浮动于疏枝密叶之间。胸中勃勃,遂有画意。其实胸中之竹,并不是眼中之竹也。因而磨墨、展纸、落笔,倏作变相,手中之竹,又不是胸中之竹也。总之,意在笔先者,定则也;趣在法外者,化机也。独画云乎哉!"画家之由眼中——胸中——手中,这实际就是人们按照美的规律来建造事物过程的形象的表述。

"劳动创造了美",而人们在劳动中又"按照美的规律来建造物体",这就是美产生的辩证法。

"忧心忡忡的穷人甚至对最美的景色都无动于衷"

马克思说:"忧心忡忡的穷人甚至对最美的景色都无动于衷,贩卖矿物的商人只看到矿物的商业价值,而看不到矿物的美和特性;他没有矿物学的感觉。"马克思在考察了人类社会劳动异化和人的本质异化之后,提出这个著名论断的。马克思认为,私有制是劳动异化和人的本质异化的结果,因而忧心忡忡的穷人由于私有制造成的贫困而感受不到景色的美丽;利欲熏心的商人亦由于私有制造成的偏见而看不到矿物的美和特性。

美是客观存在的社会现象,美感是美的反映,一般说来,美能够引起人们的欢快,喜悦的感情,获得美感。但是,由于种种原因,美却不是任何人都能感受到的,尽管,人们在长期的社会活动中获得了"有音乐感的耳朵和能感觉形式美的眼睛",具备了能反映美的客观事物的器官。这是为什么呢?

第一,人的审美认识,绝不是被动地、机械地犹如镜子一样的客观反映,而是能动地、辩证地反映客观事物的一种社会意识,正如高尔基所说,是一种"理性和直觉、理想和感情谐地结合在一起"的复杂认识活动。审美者由于他们的社会地位、政治观点和道德规范、生活条件和文化素养的不同,在审美的感觉和能力上,显现出极大的差异,比如一幅珍贵的达芬奇的油画却得不到普通农民的欣赏,一段优美的京剧唱腔也得不到西方文人的喝彩是一样的。

第二,劳动的异化和某种功利观点的限制是造成审美感觉和审美趣味扭曲的重要根源。由于劳动的异化,人的异化,改变了人们正常的审美过程,使人们的审美感受受到束缚和扭曲。贫穷落后的人们连温饱都求之而不得,焉有兴致去欣赏那美丽的景色呢！因为，美丽的景色丝毫解决不了他那空辘饥肠的折磨，美丽的景色唤不起他那欣赏的兴致，他们所急需的则是食品的充饥——这个人生的最起码的保证。

由于功利主义观念的作祟，贩卖矿物的商人根本看不到作为自然界的一种——矿石的美学价值和它的物理和化学方面的特性。在他们看来，矿物最大的功利莫过于商品的利润，于是矿石则成了他们赚取利润的商品，因而，矿物的一切审美价值全被搁置了，商品学的感觉却在他们的不断活动中日益发达起来。

马克思正是把美放在社会实践中进行考察，既肯定了美的客观性，又指出了美的一定的社会和历史范畴。

（初稿于1983年1月27日。原载《枫叶》2013年第二期）

试谈文艺批评的标准

　　中外文学发展史上的无数事实表明，文学创作和文艺批评是两个互为关联、交互成长的同胞兄弟，没有文学创作的繁荣发展，便不会有文艺批评的发达兴旺。文艺创作水平的云泥高下，直接影响着艺术批评质量的尺璧寸金，而敏锐深刻的文艺批评则往往成为艺术创作的精神激励和航程导向。别林斯基对于果戈里公允而准确的评论，便使其从被攻击、指责、蔑视的极度困境中粲然飚起，骏骥奔腾，一跃而成为俄国伟大的批判现实主义大师；莎士比亚之成为文艺复兴时期英国最伟大的诗人和戏剧巨擘，同样是历代评论家客观分析、高度揄扬和评价推崇的结果。反之，"评论家"的一些不顾事实、心怀叵测、别有用心，或是目光短浅的任意贬损、无情讨伐以至极刑杀戮，文艺创作必然要遭遇到极其相反的诸如查禁、责斥、埋没乃至"毁灭"的悲惨下场。可见，文艺批评之于文学创作的巨大的能动作用是何等重要呵！所以，牢牢把握文艺批评的评价标准是历代评论家所热议论辩的核心问题。其评价标准又将随着历史的变迁、时代的进步，而呈现出不同的时代色彩来。

　　毛泽东同志在著名的《在延安文艺座谈会上的讲话》中就曾明确地提出了文艺批评的标准。他说："文艺批评有两个标准，一个是政治标准，一个是艺术标准。"这个著名论断一经提出，便影响中国文坛数十年。近些年来，有不少人对此提出了种种意见，甚至有人加以否定。这个论断究竟是否合乎实际,是否真有道理,这是应该认真对待的一个严肃问题。我以为,毛泽东同志的这个论断是有着深厚的理论和实践基础的。古往今来,一切文学领域,从来在文学批评标准问题上就是如此,尽管他们并没有明确地提出两个标准。古希腊的柏拉图是西方把对社会影响、思想教育及其效果定为文艺批评重要标准的第一人。他在评论《荷马史诗》时说过:"我们要请荷马和其他诗人不要生气,如果我们勾销去这些段落,这倒不是因为它们是坏诗……而是因为他们愈美,就愈不宜于讲给要自由、宁死不做奴隶的青年人和成年人听。"(《柏拉图文艺对话集》第66页)。诗再美,但内容不符合教育青年的要求也要坚决地删掉。可见,考量思想内容为第一要义是柏拉图评论艺术良莠的重要标准。我国六朝时的钟嵘也曾在《诗品·序》中指出:文学批评如果没有一个相对的标准,"随其嗜欲,商榷不同。淄渑并泛,朱紫相夺,喧议竞起,准的无依",那么,文学事业的发展便成为一句空话。就其实质而言,钟氏之所谓"随其嗜欲""准的无依""校以宾实""诚多未质"的评论主张,就是考量和区分文章内容之粲然华彩与浊物流俗的评判原则。这种精到的见解对我们认识文学批评标准的意义是不无帮助的。文学批评的标准,是衡量一个作家,特别是衡量一部作品成败得失、优秀低劣的重要尺度。真正的文艺批评,就是对文艺作品中艺术与生活、艺术与心灵、艺术生活与作家心灵感受这三者之间关系的深入研究。

任何一部文学作品的构成,必然有内容和形式两个方面的因素。因而在评论作品时,必然需要在这两个方面都要有一个标准。一般说来,用以评价作品思想内容优劣的标准称为思想标准,用以评价作品形式好坏的标准称为艺术标准,二者相辅相成,不可或缺。

客观的现实生活是不会自动跑进文学作品中去的。只有当现实生活与作家的心灵碰撞而迸发出耀眼的火花并在其陶冶、熔化下孕育为"艺术现实"（艺术品）的时候，它的社会客观现实与作家主观心灵交融下的化合物（非混合物）——文学作品——就具有作家的主观随意性或称倾向性。作家的这种主观倾向及其所形成的客观的社会效果，便构成了文学作品的思想内涵。

就评价文学艺术作品的思想标准而言，应该包括以下几方面内容：

一是文学作品是否真实、深刻地反映了现实生活。一般说来，负责任的作家、艺术家，所描写的社会生活往往是较为深刻的，所反映的现实是真实的。它较一般生活更高、更集中、更典型、更理想、更具有普遍性。反之，那种对社会极不负责任的作家、艺术家，他们所描写的社会生活，所反映的现实，则往往是虚假的、表面的、甚至于是歪曲的。因而，表现出来的思想倾向必然是错误的或是腐朽的。这种对文学作品所反映出生活的真实性和深刻性的严格考量，是鉴别其内容高低的重要标尺。

二是思想倾向是否积极、进步。所谓思想倾向是指在整个作品形象体系中，所显示出来的社会意义和作者对这些现象所作的种种评价。只有正确或部分正确地反映了社会生活，揭示了生活的本质或本质的某些方面，表现了一定时代的先进思想和广大人民群众的愿望、要求和情绪的作品，才能对人民有益、对社会生活的发展起促进作用。而对作品中所表现出来的这种生活和作家所持态度的评价，则是思想标准中最重要、最根本的一环。

三是社会意义是否健康、有益。大凡具有正确思想倾向的文艺作品，普遍具有比较强烈的时代精神和良好社会效果。这是指一般文艺作品而言。但是，有些作品，它们的主观思想性却不明显，有的甚至没有任何思想倾向的暗示，山水诗、风景画便是。这类作品，我们就要检查它的社会效果是健康的，还是不健康的，是有益的，还是有害的，或是无益也无害的而分别采取不同态度了。

必须看到，任何思想标准，决不是固定不变的。它是随着历史的发展，社会的变革而不断变化的。因此，从来不存在什么万古不变的真理和形而上学的教条。那种不承认历来就存在着的思想标准的观点和死守教条不变的观点，之所以错误，就在于他们"不善应时改定"（曹植《与杨德祖书》），无视变化了的客观现实，违背了社会科学发展的客观规律。只有随着社会的不断进步而不断修正我们的考量尺度，才是马克思主义的科学态度。

文学批评的艺术标准是根据艺术本身的规律而提出来的，是为了满足人们审美观念和审美要求而确定的，作为衡量文学作品艺术水平高低的标尺。艺术标准是一个综合的概念，包含着许多复杂的因素，大体说来，可以从以下几个方面加以把握：

第一，在艺术形象塑造上，是否鲜明、独特、生动并具有一定的典型性。艺术形象的鲜明、生动、独特并具有一定的典型意义，这是一部好的或比较好的作品的重要标志。千百年流传下来的优秀作品，无不具有这样的特征，《离骚》"三吏""三别"《红楼梦》《水浒传》等等，之所以经久不衰，具有不朽的艺术魅力，就在于塑造了崇高的诗人自我形象，塑造了像贾宝玉、林黛玉、鲁智深、李逵、武松等一系列完美的艺术典型。

第二，在艺术形式上是否具有独特的艺术构思、新颖的艺术风格。一部文艺作品在结构、情节、体裁以及素材的使用等方面，是否具有独特的艺术创造，新颖的艺术风格和较好的审美价值，这是衡量它的艺术水平高低的一项重要指标。一部作品，特别是一部宏大规模的文学创作，如果不是进行精心而巧妙的艺术构思，就不可能构成一部完美的艺术作品。刘熙载在《艺概·文概》中说过："左氏叙事，纷者整之，孤者辅之，板者活之，直者婉之，俗者雅之，枯者腴之；剪裁运化之方，斯为大备。"可见，因人、因物、因材而异的艺术选择和匠心架构，则是一部文学作品的艺术灵魂，在文学创作上占有重要的位置。

第三，文学语言的纤巧而纯熟的运用是鉴别艺术水平卓劣的又一重要标志。语言是构成文学作品的最重要、最基本的物质材料。作为文学艺术载体的语言的粗糙、干巴、枯燥、生涩，就意味着艺术水平的低劣，那么，文学作品的艺术感染力就会被削弱，甚至完全丧失。阿·托尔斯泰曾说："……思想只能表现在唯一的一句话里，应当找到这样的一句话。"又说："艺术家应当利用这唯一的完善的一句话。他应当努力求得这唯一的完善的一句话，求得这金刚石似的语言。"他的这番话，虽然是针对准确语言的运用须费若干苦功而言；然而，从文学作品的艺术水平上来说，艺术语言的提炼和运用，对它又具有何等的意义不是很清楚了吗？

我们应当清醒地看到这样一个客观事实，即在阶级社会中，任何阶级都是把思想标准（政治标准）放在第一位，把艺术标准放在第二位的。这是历史的必然，也是任何社会发展阶段的时代所需，否则，何以解释历史上《荡寇志》的肆行，《水浒传》《红楼梦》的禁毁和"文字狱"的嚣尘呢！

说思想意义重要并把它放在首位，这是就文艺作品对社会产生的影响和效果而言的，但绝不能把它强调到"唯一"的地步。我们的文学批评在一个相当长的时期内，存在着这种"政治"标准唯一的错误倾向。在一些评论文章中，或者用"政治"标准代替艺术分析，或者把艺术标准降低到可有可无的地位，于是只从政治上着眼，把作品中的艺术形象当成某种抽象政治概念的单纯的传声筒。这种倾向，既不利于文学创作活动，又不利于文学批评。

事实上，任何一部文学作品，其内容和形式、政治和艺术、思想性和艺术性，是一个不可分割的辩证的统一体（有机整体），正确的思想内容是要借助完美的艺术形式来表现的。这样，才具有艺术感染力，才能充分发挥它的积极的社会作用。文学史上无数事实说明，任何文学作品，只有当它在艺术上达到完美或较完美的程度，才能把良好的思想内容准确而深刻地表现出来，才能收到良好的艺术效果。否则，无论内容多么正确，多么丰富，多么富有教育意义，由于没有完美的艺术形式来表现它，或艺术形式非常粗劣，那么，它的正确的思想也是无法表达的。可见，艺术标准决不是消极的被动的因素，而是积极的能动的因素。文学批评应当把思想标准和艺术标准有机地结合起来，既要求作品具有正确的思想内容，又要分析文学作品的艺术水平的高低，从而对文学作品作出科学的判断。

文学批评的使命就在于判断一部作品是否确实是对人类精神宝库有所贡献，也就是说，它是否站在应有的艺术水平上，"确实丰富了这个宝库，即是否提供了某种新东西……一句话是否提供了某种能够引起一系列新的艺术观，新的审美感的东西"（沃罗夫斯基语）。因此，批评不能受主观印象的限制，它的任务就是对艺术作品进行客观的分析和评价，并且把它放到人类艺术创造的宝库里去，指出它在其中所占的位置。

（初稿于1982年11月2日。原载《枫叶》2014年第一期）

谈谈文学作品中的"典型环境"
——读恩格斯的《致玛加丽塔·哈克奈斯》

现实主义的创作方法，是马克思主义经典作家十分重视和倡导的艺术传统。在这方面，他们为我们留下了极为丰富而又深刻的宝贵的文艺理论遗产。直到今天，它还在闪烁着不可磨灭的思想光辉。恩格斯关于现实主义的著名论断——"现实主义的意思是，除细节的真实外，还要真实地再现典型环境中的典型人物"——是对19世纪以来欧洲现实主义文学经验所作的理论上的概括和总结。

把真实和典型相联结并纳入现实主义的体系之中，是恩格斯现实主义理论的精髓及核心。在恩格斯看来，真实和典型是构成现实主义的密不可分的两个重要方面，没有真实性和典型性，也就没有现实主义。所以，恩格斯在评论哈克奈斯的《城市姑娘》的时候，除了肯定它的"现实主义的真实性之外"，着重论述了人物的典型化问题。

人物性格的典型化是现实主义创作方法的极其重要的原则。没有人物性格的典型化，固然没有现实主义；然而，如果忽视甚至失却了对产生它的客观依据的着力描写，那它也"不是充分的现实主义的"。原因很清楚，"要真实地再现典型环境中的典型人物"，没有这个作为依据和条件的环境，性格也就无从产生，这是现实主义文学创作中所独有的特殊艺术规律。这里恩格斯之所谓的典型化，绝不是单纯而孤立地进行的人物和性格的形象塑造，而是着重强调把形成这种人物性格的外部条件即社会环境，加以充分、完美地进行典型化处理。

那么，什么是"典型环境"呢？

从恩格斯对《城市姑娘》的批评中，我们可以得到这样的认识：所谓典型环境，就是指叙事性的文学作品中典型人物所处的体现一定历史时期的社会关系本质特点的社会环境；或者说，这种环境即大环境必须符合社会发展的总趋势，真实地体现一定时期的社会矛盾、社会关系的某些本质特征。对人物来说，环境当然包括社会条件、自然条件等等，但最主要的还是决定人物思想性格的具体的、独特的人与人之间关系的小环境。

由于时代的不同，这种决定社会发展趋势的大环境，就有着很大的差异，而作为文学作品中的典型环境的塑造，当然也就有着极大的不同，其标志也会迥异。我国古典小说《水浒传》《红楼梦》，欧洲文艺复兴时期的《唐·吉珂德》《十日谈》《巨人传》等等许多优秀的作品，都从各自不同国度、不同时期、不同侧面完美地塑造了那个时期的典型环境，显示了历史发展的必然趋势和它们所处时代的历史特点。

我们把体现社会发展总趋势和时代斗争的本质特征当做决定典型环境的典型性的基本标志，会不会导致一个时代的作品只能描写一种典型环境呢？这是不会的，因为文学作品中的典型环境，也像典型人物或典型性格一样，是普遍性（共性）和特殊性（个性）的有机统一体。通过特殊反映一般，通过个性反映共性，这是文艺创作的基本规律。这种典型化中的矛盾双方是有条件地存在着而又相斗争而发展的。作家在创作中，总是根据不同的题材和主题，去构思自己作品中处于特定的具体环境中的人物关系和矛盾冲突的。因此，只要作家真正是从丰富多彩的现实生活出发去进行艺术概括，其作品的典型环境必然具有自己的特点，而绝不会与别个作品相互雷同。巴尔扎克描写《巴黎生活场景》的一组作品和描写《外省生活场景》的另一组作品，它们所表现出来的情景是一样的吗？同样，在我国改革开放初期，同是歌颂实现"四化"过程中为社会主义献身精神的作品，《人到中年》和《乔厂长上任》，由于所描写的具体事件、人物关系等情况的不同，其典型环境也就本同而末异了。

必须注意，典型环境如同典型人物一样，既有共性的一面，比如时代精神、历史特点、阶级属性等等；又有个性的一面。文学作品，总是通过对具体的、独特的、个别方面的小环境描绘，去反映时代的大背景的本质和精神特点的，不可能也不必要面面俱到地包容全部的时代特点和时代精神。如果，不把典型环境中的共性和特性很好地结合起来，难免出现恩格斯所反对的"时代精神的单纯的传声筒"或"个性的悲泣声"。

由此可见，典型环境的创造，在现实主义创作方法中占有何等重要的地位。为了强调典型环境所具有的重要意义，在给哈克奈斯的信中，恩格斯批评了《城市姑娘》这部作品。他说："虽然就人物说来，是够典型的；但是环绕着这些人物并促使他们行动的环境，就不是那样典型了。因为在经历了50年之久的革命锻炼的英国伦敦东头的工人，特别是作品中的主人公耐丽被描写成消极的群众，不能够拯救甚至也不会拯救自己，因此，它不是充分的现实主义的。"

我们如何理解恩格斯的上述论判呢？应该看到，任何人物性格都是作为一种社会现象而存在的，而这种性格的产生，又是这种特定环境中长期孕育的必然结果。如果失却了产生这个结果的客观依据和条件，其结果将如何那就不言而喻了。恩格斯曾经说过："人创造环境，同样，环境也创造人。"恩格斯的这段深刻的论述，给我们指出了问题的关键。

那么，《城市姑娘》这部作品中的典型环境应该指何而言呢？在我们看来，它的典型环境，应该是指耐丽的生活环境——伦敦东头，即贫穷落后的贫民区和整个社会的环境——当时英国无产阶级已经走上历史舞台，并成为独立的成熟的政治力量总趋势的有机结合。这种有机结合也就是个性和共性的统一。只要做到这点，那么作者无论描写什么样的人物形象，它必然是典型的。《城市姑娘》的缺点，就在于作者虽然通过耐丽这一平常的故事，反映了伦敦西头和东头资产阶级和无产阶级社会的尖锐对立，并揭露了统治阶级卑劣的本性，但它却把工人写得过分消极，并无一点反抗要求，只能靠"救世军"这类"慈善"机构的施舍来挽救人们的悲惨的命运，因而，违背了当时的社会变革的本质真实。

通过对正面典型人物的描写，是可以直接充分地表现典型环境，而对落后人物的形象描写，同样也完全可以做到充分表现这种社会大环境的。因为，先进和落后总是相比较而存在、相斗争而发展，指出落后的东西，无非是以先进作为标准加以对比；批评落后的东西，则是对先进的褒扬。这样，先进的人物即使没有出场或退居二线，那么，读者也同样会感受到并且从中受到教育。

巴尔扎克就凭借精湛的艺术构思创作了《人间喜剧》中从《高利贷》《高老头》《欧也妮·葛朗台》到《纽沁根银行》等百部优秀作品，不仅为我们展现了1848~1861年贵族阶级日益没落的法国上流社会的真实情景，刻画了众多的艺术典型，而且深刻地揭示出资本主义社会中金钱统治一切的社会本质。正如恩格斯所说：巴尔扎克在经济的细节方面的真实描写，使我们"所学到的东西，也要比从当时所有职业的历史学家、经济学家和统计学家那里学到的全部东西还要多"。因此，它"是现实主义的伟大胜利之一，是老巴尔扎克最重大的特点之一"。

巴尔扎克之所以成为现实主义的艺术大师，其原因就在于他成功地运用了典型化的艺术规律,出色地塑造了典型人物及其使之赖以生存和发展的客观依据——资本主义社会的典型环境,从而揭示了这一时代的本质特征。

巴尔扎克所塑造的典型环境,就其实质来说是特定时期的一种社会环境,这是叙事文学的一般特点。而就抒情文学而言,它所创造的典型环境,一般是指具有某种典型意义的自然环境。抒情诗人所描绘的自然风光,就是引起某种特殊感受的特定环境。这种特定的自然环境,也就是这种文学作品中的典型环境的具体塑造。所谓"即景生情""寓情于景""情景交融"等等,这种通俗而具体的说法,从某种意义上说就是恩格斯所揭示的"环境也创造人"的客观真理的生动表述。

被人誉为秋思之祖的马致远的《天净沙·秋思》,就是这种景物描写典型化的一个突出的代表:"枯藤老树昏鸦,小桥流水人家,古道西风瘦马。夕阳西下,断肠人在天涯。"作者以几个富有代表性的景物,描绘了一幅凄凉萧瑟的画图,创造了一种具有典型意义的艺术境界,烘托出浪迹天涯的游子忧郁悲怆的心情,给人以强烈的艺术感染。画面上,所显示的景象、人物情感等等,不仅具有一般的普遍意义,而且更有强烈的典型意义。正因为如此,所以它才在几百年的时间里不断引起人们丰富的联想,产生情感上的共鸣。这不能不说是典型化艺术处理所产生的奇妙的艺术效果,尽管作者本人并没有意识到这一艺术规律。

总之,要真实地反映社会生活就必须进行高度的艺术概括,把作品中所描写的人物、生活、事件和环境进行典型化的艺术处理,创造出完美的典型形象来。只有这样,才能称得上我们所说的"现实主义"的艺术作品。

然而,在文艺理论的研究中,却有一种最普遍最常见的意见,这就是把关于典型的理论扩大到其他的创作方法领域中去，以为浪漫主义的创作方法，甚至资产阶级没落时期的各种艺术流派，也在那里创造典型。这种意见之所以错误，是因为他们用以解释其典型立论的唯一根据，仍然是恩格斯的现实主义理论体系中的典型环境中的典型性格的著名论断。然而，这种理论依据是无法挽救其错误意见的致命硬伤的。例如，《西游记》中的所谓孙悟空这个"典型"，就是由于作者创造了产生孙悟空反抗性格的典型环境，等等。

我们知道，现实主义的典型化处理乃是现实主义关于选择和概括生活现象、创造艺术形象的创作原则。而浪漫主义形象的塑造，则往往是按照假想的逻辑推断，以奇特的艺术构思来描绘一种离奇的幻化世界，塑造出理想化的超然物外的艺术形象，带有强烈的传奇性和跳跃性的色彩，具有它自身的显著特点，并不具有性格和环境之间的必然逻辑关系。孙悟空的那种超于他人的品格，绝不是他所赖以活动的某种特定环境的产物，更不是生活逻辑发展的必然结果，而是"自天而降"的奇人、奇事、奇境中一种幻化的虚拟世界所具备的鲜明特征。这样，浪漫主义作品中的环境，便失去了在现实主义作品里所具有的那种产生某种典型性格的重要基础和条件，也就是说，失去了人物性格和生活环境的必然联系。如果不弄清楚这个根本区别，就会模糊现实主义和浪漫主义的根本区别。

由此可见，把关于典型理论的扩大化，实际上就是把典型化及其对典型的形象塑造从现实主义的艺术传统中分离出去，这既不符合千百年来艺术实践的经验，也违背了恩格斯所揭示的关于现实主义创作方法的一般原则。

因此，我们认真学习和准确理解恩格斯关于现实主义创作原则的种种论述，对于指导当前的文艺创作和文艺批评，是具有重要的现实意义的。

(载《天津统一战线》2015年第一期)

对文学活动中特殊群体（聋哑人、盲人）思维方式的理论思考

认识、了解特殊教育对象及其社会群体，在文学艺术欣赏过程中的心理过程及其特点，进行深入探讨、研究并有针对性地培养他们的文学欣赏兴趣和能力，进而提高他们的写作水平，将是一件具有广泛社会意义和深远历史意义的事情。

文学艺术是一种以语言为材料（即中介）的想象艺术。而艺术形象的塑造则是艺术家通过想象对其头脑中众多形象的艺术外化。黑格尔在谈到艺术创作的想象时说："属于这种创造活动的首先是对现实及其形象的资禀和敏感，这种资禀和敏感通过常在注意的听觉和视觉，把现实世界的丰富多彩的图形印入心里。此外，这种创造活动还要靠牢固的记忆力，能把这种多样图形的花花世界记住。"

可见，人们在整个艺术创作的过程中，不论是积累材料阶段、构思阶段以及艺术表现阶段，始终离不开想象和自觉的表象运动。这里，表象和知觉是非常重要的，知觉是表象的基础，表象是知觉的升华，二者有着不同的内涵。它们在形象的鲜明性、形象的稳定性以及形象的概括性上有着极大的差异。

所谓表象，就是人们在记忆中所保持的客观事物的形象。表象作为人的大脑反映客观事物的一种形态，它的最大特点就在于直接反映客观事物的形貌，具有形象性，而且它可以保留在人的记忆中。表象通过间接途径而形成，而知觉只能在直接

接触中加以感受。

表象的间接途径往往是通过书面、口头的描述而形成，这种表象照样可以在艺术创作中加以运用，如演员可依据剧本台词塑造剧中人物形象，画家可据之以线条色彩作画，音乐家可据以作曲，雕塑家可据以塑像，诗人可据以咏诗，等等。

"现实的外在形象"（黑格尔语）是通过人们的"看""听""记""摸"而获得，当这一形象一旦成为艺术家头脑中的"表现物"（表象）时，它就顺理成章地成为他们进行艺术构思的原始材料了。可以这样说，艺术家的艺术创作过程，就是他们自觉的表象运动过程，即形象思维过程。

自觉的表象运动是受艺术家抽象思维（逻辑思维）和内部语言指导制约的，表象为内容，语言是载体。因此，人们可以把二者视为表象思维活动互为表里的有机整体。在这个意义上说，自觉表象运动就是一种完全独立的思维活动。这里语言是重要的，（内部语言）"孤立的表象运动"在正常的人类活动中，实际并不存在。这是因为，没有语言这种外壳（材料），形象便失却了依托，也就失去了存在价值；即使是卓别林演的无声电影，也必须穿插大量字幕，观众才能看出形象与形象、镜头与镜头之间的内在关联。同样，头脑中的表象运动也必须依据大量的"字幕"（即言语、概念）才能成为像样的构思，取得像样的创作成果。

而特殊群体的聋哑人、盲人又是怎样进行这种活动呢？

我们似乎可以想象，在聋哑人的思维活动中，一方面可以利用其所经验、体验的异常鲜明、生动的表象资料（即画面）作为它的思维运动的基本材料（从某种意义上说，这是人类思维"初级方式"之一，直观形象思维的延伸和发展，这在儿童三岁以前即已产生），我们把这种思维叫作"直观动作思维"。另一方面，它似乎还要通过一定的内部语言进行某种逻辑判断

(即抽象思维),这种语言符号是通过"手语"和文字来实现的。正如世界各国语言不同而皆可表达同一种思想相类似。

根据实际考察,聋哑人在经过某种文化教育和专门训练之后,其思维方式已由原来的简单的"手势语""画面语",逐步转化为以书面语——文字语言——这个"思维外壳"为载体的(物质材料)表象运动和抽象思维了,而远非"手语"符号所能企及的。这在阅读和写作中,尤其如此。他们虽然没有普通人使用的语言或准确一点称之为"言语",但是,他们思维的依据却是建立在"直观动作"这种手势语言和简单的文字语言(书面语)基础上的思维活动;他们的这种语言同正常人们的语言,同样是作为刺激大脑的活动的一种"符号"而存在。这种符号是以物质活动为依据的。例如,对一首山水诗、一幅风景画乃至一篇抒情散文或小说的理解和感受,完全基于他们素常对自然风物、山川湖海的直接观察和实际感受以及日常生活人际关系中的情感体验而做出的理性判断。

他们的这种"手语"和"文字解析"的综合参与,使得外界信息不断积累并加以完善,便形成了他们日后欣赏和学习文学、艺术的物质条件。舞蹈《千手观音》这部美伦美奂、光彩绝伦的优秀作品,之所以表现得如此完美成功,一方面基于编导的精心设计、细心辅导及老师的"手语"指挥和简单的文字剖析,是至关重要的;另一方面,孩子们对此剧逐步理解和深入感受,使他们"发之以情"且"蹈之以舞",形成"舞乐"结合、天衣无缝的艺术精品,则是表演成功的关键所在。这种由内而外的表象互动及其情思潮涌则完全是由"形象"(画面)的参与和自身理性指导的结果。

正是这种实践活动和生活体验,加之与人交往的肢体语言(手语)和书面语言的介入,便成为他们进行文学体验乃至某些表象运动的物质基础。

盲人朋友与他们似乎是有所不同的。由于盲人（非指半途失明者）一生并无所见，且无视觉的感性认知和体验，那他们的思维活动的内部语言又是如何获得的呢？这些人，虽然无视觉体验，但他们想象空间和听觉感受能力却是异常丰富而强烈的。其语言能力和丰富想象的获得则完全借助于人们的语言表述；他们从对话、评书、广播、曲艺、音乐等等多种叙述文学的听觉艺术感应中而获得。可见，他们内部语言则是通过正常人们的语言中介完成的。我国二胡盲人表演艺术家阿炳的《二泉映月》则是通过他多年的生活积累和"听""问""触""嗅"等多种生理功能，加之心领神会的（脑）综合运用，才得以谱成并演奏出优美而深沉的爱情乐章。曲艺艺人中的演奏员——民间艺人，过去多是失明者，他们技艺的传承，就是通过"口传心授"的教学方式而取得的，他们不仅通过"心想"（想象）和"手摸"（实践）而获得高超技艺，还创作出许多脍炙人口的优美华章，卢成科对梅花调的发展和花派艺术的创造（所做出的杰出贡献），便是世人皆知的艺术典范。

盲文和电脑是现代社会中，盲人感受外部世界的又一重要介体（工具），他们将获得的大量信息，贮存于大脑的信息库中，一旦灵感来临，便碰发出绚丽多彩而又灿烂夺目的辉煌之花来。

盲人朋友的内部语言是把从盲文或他人言语而获得的片断的、支离破碎的印象和认知，经过加工转化为常人的内部语言外壳，从而进行"表象运动"（即与常人无异），于是欣赏开始了，创作成型了。他们虽目无所见，然春光在心。正如诗中所言：

情缘义海深，翳障又何寻。
不见千山秀，心藏万里春。

希腊伟大的盲人诗人荷马，虽目不见物，却创作出永世不衰的诗歌巨制——《伊里亚特》和《奥德赛》，这些都是借助他们自身所独有的内部语言和惊人的记忆，加以想象所创造出的奇迹。身为乐师又有着"流浪行乞"的卖唱生涯以及复杂的亲身经历，丰厚的神话、传说资源和民间沃土滋养的生活积淀，所以才能创造出如此辉煌的惊人之作——《荷马史诗》。

实践表明，生活阅历愈丰富，实践能力愈强，学习欲望愈迫切，他们所获得的内部语言愈富足，想象能力越旺盛，所做出的表象思维和理性判断愈显著，创作欲求愈强烈。

文学创作和文学鉴赏，是整个文学活动过程中的两个阶段，是一个全过程。前者为生产过程，后者为消费过程。二者由"文学作品"这个中间环节，把它们的主体（创作主体——作者）和客体（鉴赏主体——读者）联系起来。

在整个文学活动中，创作、欣赏都需通过形象思维（伴随抽象思维）来体验、来完成。（这是由文学这种"语言艺术"的特质所决定）

语言艺术是一门想象的艺术，想象是人类心理活动的一种特殊方式和过程。而人们的创作和赏鉴过程，自然离不开心理因素及其活动，舍此并没有文学活动的存在。

文学活动（包括创作和鉴赏）既然具有反映生活的广阔性、揭示社会的深刻性、塑造形象的间接性以及语言优美的愉悦性等等特质，所以它必然涉及许多相关门类的学科内容，比如：心理学、生理学、逻辑学、伦理学、社会学、哲学以及美学等相邻学科的必要知识，当然更重要的还要有作为物质基础的生活积淀。然而，作为特殊的鉴赏群体——聋哑人、盲人，自不必有如此过高的标准要求。但必须的想象、联想以及表象思维和抽象判断能力，还是必要的条件。

（初稿于1990年2月21日。载《枫叶》2013年第三期）

为什么要学点古典文学

　　文学艺术是社会意识形态之一，属于上层建筑范畴，是反映社会生活的。社会主义文学，自然是社会主义时代的政治、经济的客观反映。毫无疑问，它必须具有独特的生活气息和时代精神。但它又不是割断历史的，这就决定它还必须具有对古代一切优秀文化遗产的相对（批判）继承性。正如列宁所说："无产阶级文化并不是从天上掉下来的……无产阶级文化应当是人类在资本主义社会，地主社会和官僚社会压迫下，创造出来的全部知识合乎规律的发展。"（《青年团的任务》）因此，客观地、科学地对待古代文学遗产并批判地加以继承，乃是丰富、发展和繁荣社会主义文学艺术的重要前提。

　　中华民族，具有光辉灿烂的文化传统并创造了丰富多彩的文学瑰宝。在势如瀚海的古典文学领域，此起彼伏地涌现出许许多多文学巨匠和光辉灿烂的文艺之星，他们和他们的优秀作品，铸就了流传千古的巨制名篇和鳞次栉比的层迭高峰。这些鸿篇巨制为人们描绘了栩栩如生、光彩夺目的艺术画廊，为人们提供了许多宝贵的社会知识和极其重要的生产斗争知识，为人们的民族自尊心和民族自豪感提供有力的支撑。

　　那么，学习一点古典文学，从中能够得到哪些启发和借鉴呢？具体说来，可有以下几个方面：

　　一、帮助人们了解历史、认识现实，从而受到一定的热爱

祖国、热爱山河的爱国主义思想教育

文学是时代的镜子。因此，每个时代所具有的独特精神风貌，必然在作为"阶级的眼睛、耳朵和声音……"（高尔基语）的作家笔下，得到充分而真实的反映，即使还没有作出正确的结论。但是，我们却可以通过作家的文笔，看到当时的社会情态。"出门无所见，白骨蔽平原。"（王粲：《七哀诗·西京乱无象》），这不是建安时代军阀混战，给人们带来的巨大灾难和社会惨象吗？"朱门酒肉臭，路有冻死骨。"（杜甫：《自京赴奉先咏怀五百字》），不是唐代封建社会中贫富悬殊风貌的真实写照吗？

艺术家的真实记录和美好理想，时常能引起人们的哀乐与贬崇，尤其他们的诚挚的爱国理想和坚定信念，更能激发人们的爱国情绪。"怀朕情而不发兮，余焉能忍而与此终古？"（屈原：《离骚》），屈原之眷恋故国之情、杜甫的"初闻涕泪满衣裳""漫卷诗书喜欲狂"的为收复失地而昂扬乐观和欢喜若狂的爱国热情，不知激动过历代多少贤良志士们的眷念心弦！

这一切，告诉我们，尽管他们所热爱的祖国和他们头脑中的"忠君"思想是交织在一起的，但是这种爱国思想经过历史地批判之后，仍然有助于培养现代人们热爱今天祖国的纯真的思想感情。

二、在艺术创作和艺术积累上，能给予人们以种种技术借鉴和情感滋养

优秀的文学遗产，在艺术创作和艺术滋养方面，给予我们的影响和借鉴是多方面的。如，在意境的创造上。意境的创造是我国古典诗词创作的灵魂。在数以千万计的诗词艺海里，琳琅会萃，珠落玉盘，其中有精练委婉、剔透玲珑、优美情境的抒情诗,有雄壮寥廓、气势豪迈、庄严瑰丽的风景诗,有平易通俗、如述家常、道出人民疾苦的叙事诗,还有结构完整、曲折动人的叙事、抒情相结合的长篇诗作。这种以"阳刚之美,阴柔之美,崇高之美和秀丽之美"(何其芳:《诗歌的欣赏》)的意境描绘和情感表达的优秀传统,对我们今天的艺术发展所具有的重要作用,不是一目了然了吗?

再如,在语言的运用上。文学是语言的艺术,语言是文学作品形象地再现现实的唯一手段。文学语言是作家激发读者心灵、意念、想象和联想的物质基础,即中介环节。在那百川归海、热情奔放(如《水浒传》),纪事本末、清新明快(如《三国演义》),以及众貌纷纭、变化多端(如《红楼梦》),等等,众多巨著作家的圆纯臻熟的语言技巧和仪态万方的变化形式,绝无例外的成为现代人学习、使用文学语言的优秀范本。

艺术家们在语言运用上的卓越成就,仅从《红楼梦》一书的纵横考察,粗略疏理中,即可窥见小说巨著中的斑斓全貌。

首先,人物语言个性化。在众貌纷纭、性格迥异、柔婉内敛、泼辣豪爽、鲜活多姿、神情并茂的人物中,特别是在其性格相近或相似的人物中,由于教养、处境的不同,其人物的语言即呈现出极大的差异。如:黛玉对袭人说:"好嫂子,你告诉我,必是你们(指袭人和宝玉)两口儿拌了嘴,告诉妹妹,替你们和息和息。"晴雯讽刺袭人:"我倒不知'你们'是谁?别教我替你们害臊了!便是你们鬼鬼祟祟干的那些,也瞒不过我去。"前者,含蓄而尖锐,显现出言者伶俐的口齿。后者,则直截显豁,像点燃的爆竹,一下子爆炸开来。王熙凤与尤三姐,也是绝不会错认的。

其次,叙述的语言。优秀的文学作品,作家无论是景物描写,还是事件叙述,总是以最简洁、最生动的语言,表现最深沉最广泛的内容和意境,揭示其内心世界。在《潇湘馆》一节，作者以诗一般的语言，描绘出一幅孤寂凄凉的人生画面。从而，衬托出黛玉那种纯洁孤傲的性格特点，达到了"情景交融"的绝妙境地。至于口语、俗语的运用，更是不胜枚举。

再次，形象的塑造。高尔基说："文学是借语言来做雕形描写的艺术。"（《论散文》）这里说的雕形，即指形象的塑造。文学作品中的艺术形象是文学艺术的最重要的标志。没有了形象，就谈不上文学；而小说，则更是以人物形象为其特点的。失去了它，便失去了小说的内涵，在庞大的人物群体中，作家刻画了一大批具有个性鲜明、生动活泼、有血有肉、鲜活丰满的人物形象。从众多的少女形象中，可以看到当时的时代特点。值得提出的是，作家从中探索到，这些人物的灵魂深处，揭示出被压迫者的反抗精神和高尚品质；暴露了封建社会中的家庭统治者的罪恶行径。当黛玉听到宝玉在湘云、袭人面前说她不说那些"混仗话"以后，作者用了一段笔墨写出了"黛玉听了这话，觉得又喜又惊，又悲又叹"，使我们了解到，这个少女对真挚爱情的追求，对恶劣环境的警惕，以及对自己孤苦无依的命运的悲叹。

复次，结构的安排。优秀的古典之作，在结构安排上，同样有着卓越贡献。而《红楼梦》则尤优其优。其结构，宛如参天大树，根、叶、枝、花、干、实，合成一个整体，从而枝干清楚，脉络分明；首尾照应，各面贯通；筋络互陈，纵横交错。众多的人物，众多的事件，有机地构成了一个整体。写宝玉、黛玉的悲剧，（恋爱）是从宝玉、黛玉的感情写起，由青梅竹马到爱情成熟；然而，爱情刚刚成熟，则笔锋一收，便转至对周围环境的描写，从而提示出爱情悲剧的必然结果。

三、探索理论宝库，振奋民族精神，是构建现代科学文艺理论大厦的时代需要

许多文学大家在文艺论述中,为我们留下了许多宝贵的文艺理论遗产,这些片羽吉光、文彩斐然的古代文论构成文艺大花苑中的一支煊烂奇葩。杰出的文论专著《文心雕龙》《文赋》《诗品》等众多的文艺理论著作所提出的许多精辟的理论观点,便成为我们取之不尽、用之不竭的理论宝库,成为我们构建现代、科学的文艺理论大厦的坚实的奠基之础。白居易的"文章合为时而著,诗歌合为事而作"的现实主义观点和"为君、为臣、为民、为物、为事而作,而不为文而作""补察时政,泄导人情"的文学主张,至今对我们仍有一定的启发作用和现实意义。

此外,在文学遗产中,还有一些寓言,如《续玄怪录》中的驾龙行雨的神话,不是为我们提供了一个好人办坏事的历史教训吗?一些如《永州八记》《记承天寺夜游》等游记和大量的山水诗篇,不是也同样具有丰富人们想象、陶冶人们情操的怡情作用吗?

凡此种种,可以看出,我们的先辈,为我们创造了多么丰富的文化遗产,这份宝贵的财富是他们天才智慧的结晶。我们必须很好地继承它、改造它,从而丰富发展我们今天的文学艺术。正如毛泽东同志所说:"我们这个民族有数千年的历史,有它的特点,有他的许多珍贵品。对于这些,我们还是小学生。今天的中国是历史的中国的一个发展,我们是马克思主义的历史唯物主义者,我们不应该割断历史。从孔夫子到孙中山,我们应当给以总结,继承这一份珍贵的遗产。"(《中国共产党在民族战争中的地位》)

尽管优秀的文学遗产有如此巨大的成就,但它毕竟是过去的社会、过去时代的产物。因而,它必然受那个时代的局限,不可能也绝不会与我们的时代精神相统一。因此,对它们必须进行具体地分析和批判,绝不能无批判地全盘肯定,更不能不加选择地兼收并蓄。"学习我们的历史遗产，用马克思主义的方法给以批判的总结，是我们学习的另一任务。"（《毛泽东论文艺》）在肯定他们成就的同时，必须指出它们的局限。因为它往往是糟粕与精华共存的。

即便是伟大诗人李白、杜甫、白居易、辛弃疾、陆游等，他们也都有相当数量的消极作品。李白则更有"人生在世不称意，明朝散发弄扁舟"的退隐思想。就连他的奔腾豪放的名篇《将进酒》中，也不失有"人生得意须尽欢，莫使金樽空对月"的消极抑郁情绪和"高堂明镜悲白发"的对人生短促的悲叹。

学习、整理、批判和继承古代文学遗产是创造"中国作风，中国气派和中国老百姓所喜闻乐见"的艺术形式所必须的重要工作，是繁荣和发展我国社会主义文学艺术事业的一项重要而艰巨的历史任务。

（原载于《鸡肋存余·卷一》1964年。载《枫叶》2013年第四期）

由来意气合　直取性情真
——马金普书法艺术

　　回族书法家马金普先生，天津人，生于1941年。早年从津门著名书法家曹鸿年、穆雨周、朱寿松先生习书，遍临诸帖，精熟八体，尤擅篆隶；其隶又以篆出，独具特色，积五十年之功，自成风范，赢得海内外识者赏识和赞誉。其作品远渡东洋，赴日展出并多次参加国内大展。因其潜心研习中国书画篆刻艺术并成绩斐然，遂成我国当代书家之佼佼者，故被大型权威人物辞书——《中华人物辞海(当代人物传)》聘为特邀顾问和编辑委员，其成就已被该书及《世界名人录(华人卷)》(中国国际文化交流中心主编)《中国当代艺术界名人录》所收录。

　　金普先生真、草、隶、篆皆见功力。其楷，雄浑遒劲，凝重端方；其草，器宇轩昂，信笔挥洒；隶字则气势恢宏，威中见美；篆书则钢筋铁骨，削瘦劲健。

　　综观先生十几种书体的几百幅作品中的精品之作，其艺术风格，似可由如下四方面加以概括：即厚、拔、古、真。曰厚，雄强浑厚以言其势；曰拔，刚健挺拔以言其力；曰古，质朴古拙以言其风；曰真，性直纯真以言其美。具而言之：

厚——雄强浑厚

　　厚，意指气势。气势是艺术作品之独特的外在体势、是艺术家自身品格、气质等内在藉蕴的外化显现。书法这种艺术门类的艺术气质则是通过其字体结构、点画呼应、章法布局以及字行疏密等诸种关系的整体格局加以体现的。因此，书法作品的完整的艺术形态，充分体现着书家的艺术追求和内心世界。《汤郊时雨》《物华天宝，人杰地灵》以及《迎曦朝拓右军字，映雪夜读杜甫诗》等隶字巨联，皆于雄浑中见刚锋，于疏密浓淡间觉不俗。字求方正以显大气，蕴于傲骨，以抒浩然。

拔——刚健挺拔

文章讲风骨。气势与风骨是看似相同实则有异的两个概念。气势是其神，在表；风骨是其力，在中。力量蕴涵于气势之中，书法亦然。试观马氏金文、篆书《百寿》等作，真草四体，无不笔力遒劲，入木三分。"百寿"之中，似篆非篆，妍怪不一，其形各具。圆肥者，温润，肉中见骨；削瘦者，刚健，铁画银钩。隶中燕尾，顺乎自然。指、腕、肘"三功"并举，力挺千钧。

古——质朴古拙

古即古拙、古朴之意。古拙、古朴、古秀皆言今字颇具古风者。魏晋之风，今已鲜见而马氏独然。楷宗魏体，气古神清，隶之篆书，神旺气足；上述诸联，因字刚劲，则古秀质朴，因法魏晋，故古拙脱俗而无矜饰之嫌；又因力透纸背，故拙自功出，几同天然。因马氏数十年遍拓《张迁》《好大王》《石门》《礼器》《华山》《乙瑛》及秦汉八体，寻古溯源，故能领会神髓，存乎于心，急就如章，鞭刀自如。

真——性直纯真

真，即真实无虚，超俗质朴，尽无雕饰，回归自然。艺术若能达到如此境界，可谓"真美"了。

钟嵘曾从诗美学的角度,把诗歌之"真美"列为上乘,他说:华美"升堂",真美"入室",因此,艺术之"真美"便成为艺术美学中的最高境界。

金普之"真美"的艺术追求,是通过蕴涵其艺术载体内部的气、力、神、韵等多种潜在的艺术气质加以实现的。而这种艺术境界的到达,绝非一日之功。它是艺术家在崎岖漫长的艺术道路上执着探求和辛勤摸索的结果。马金普先生的这种艺术追求明显地表现在以下两个方面:

其一,求真境。务求独步有我之境,薄今厚古,意在创新。他"寻流探源,绳古衡今",学古不泥,古中求变。观其笔法,虽以篆入隶,却不拘一格,兼取吴篆之坚,邓字之朴,伊书之拙,吴作之风。①融诸家之长,熔于一炉,遂成神旺气足、浑厚苍劲、气古神清、拙而不俗、朴质纯真的艺术风格。

其二,求真功。这是上述的基础。多少年来"不问寒暑,昏晨磨杵。尽除矜饰,虚名不务。"唯其如此,才练就了真实无华的铁笔硬功。"由来意气合,直取性情真。"诗人杜甫的这句名联,正是马金普先生毕生向往并为之奋斗的艺术追求。

(原载《天津统一战线》2000年第十二期)

附:《观马金普书展》

读白香山《琵琶行》观金普书法,甚觉怡然,弦书虽为两技,然其理一也。感马氏书虽精湛,却未被世人尽知者,憾然。

---

①前吴:吴大澂;后吴:吴昌硕;邓:邓石如;伊:伊秉绶。

马公书展惊艺宸，秋叶荻花风色新。主人门前迎客至，
墨香飘转上青云。往来嘉客难舍去，出门已见月临宾。
由来意气合春在，直取性情弥有神。真草隶篆尽功力，
厚拔古拙性益珍。信笔挥洒成草字，凝重楷书劲雄浑。
威中见美宏气势，削瘦篆劲铁骨筋。雄强浑厚现气势，
挺拔刚健力千钧。古拙质朴即风范，性情率真正朴纯。
早年习字从书画，曹公朱穆出津门。遍临诸帖熟八体，
隶自篆出无饰金。篆作百寿成四体，力透纸背看金文。
似篆非篆多妍怪，温润之中见钩银。气古神清习曹魏，
张迁石门濡墨勤。礼器华山循汉迹，潜古溯源觅道津。
鞭刀自如急就作，笔力无穷木三分。势气蕴含存底物，
物华天宝有豪浑。疏密浓淡显大气，点化章局傲骨心。
汤郊时雨燕尾立，肉中见骨何存薪。迎曦拓石右军字，
映雪夜读杜诗文。此系巨联无庸字，臆抒浩然气欲匀。
世皆称尽魏风骨，书中长气贯入云。试看马君古拙意，
神旺气足魏中魂。虚妄流俗皆摈弃，去饰无华朴真存。
学古岂能不化古，意在探本创其新。拙自功出勤努力，
不问寒暑除持矜。晨昏磨杵时恐误，真实去华步青云。
从不虚名放心上，学中求变法乎神。挥毫落笔清烟在，
何须明彪在浮尘。点住笔收凝玉碧，岂忍空名留世人。
应知怀素埋"笔冢"，担笈杖锡遍师寻。观摩遗编连绝简，
散之出山逾七旬。艺绝双馨诚砥砺，石璞琢玉历苦辛。
字字垒石如迭壁，势夺山川屹万寻。散如连珠合似玉，
铿锵似磬撞如鎏。人同其字巍然立，名在千古何在今。

（原载《风物集·步韵诗存·卷三》，宁夏人民出版社2009年版）

从石慧儒到刘秀梅
——石派艺术风格

　　近应刊物之约,须完成一篇命题作文,正在踌躇之际,恰巧在开斋节的联欢会上听到了刘秀梅的演唱。由于工作和职业的关系,对天津有了这样一位出色的年轻的回族演员而感到由衷的高兴;同时,又因之使我对石慧儒先生的演唱艺术产生了许多联想,从宣传少数民族人物和石派艺术这两层意思考虑,似应写一篇介绍性的文字,故信笔由之,形成了这篇"漫议"。

　　对刘秀梅同志的演唱风格和目前所达到的艺术境界,过去已有所闻。单弦在天津有些影响的好演员,除刘氏之外,还有张剑平先生的爱女国英女士。第一次听到她的演唱是1957年夏天在电台,那时,她还是一位稚嫩的童音的小姑娘。待我1978年在剑平先生的寓所里(杂技团宿舍)再见到她时,她已是著名的单弦演员了。之后,便在曲坛上"独领风骚若许年"。刘秀梅这个名字的出现,回忆起来,恐怕是20世纪80年代中期(我记忆中):当我第一次听到她的演唱,一耳便听出,唱的是石慧儒派(姑且如此称之)。当时,无论从膛音、气口、声韵、音质、音色程度,她的演唱无不具有石派的韵味、气质。那时,我真的以为是石氏之女了,从内心感到高兴。数十年来,我对石慧儒先生演唱艺术的喜爱和熟悉是来自我的母亲的影响;从幼年时起,我便跟着母亲在收音机旁聆听石慧儒的演唱,她的《风雨归舟》《孔雀东南飞》《鞭打芦花》《杜十娘》《游春》《新事新办》（曲剧）《二山庐山》等名唱荡气回肠，或激越高昂，或壮观流畅，或悲愤怅惘；或与之同悲，或因尔变色，或潸然泪下，或情激开朗。总之，悲欢离合、喜怒哀乐万般情绪，无不随曲而至焉。那时，无论走在哪里，只要听到电台中有单弦播放，必驻足而听，或直奔家中凝神而往。我首次目睹她的风采，大约是在解放初期，1949年或是1950年间的燕乐戏院，那是随家祖在二楼的包厢内。虽然我当时年龄不大，但早已是个单弦迷了。只要一听到石先生唱，就拿起小钟或茶瓯随曲而击之，直到演唱终了。记得对演唱中的广告非常反感，因为那时的演唱是直播，唱一段后，即由演员念一段广告，虽然厌烦，但也要耐心等待广告的结束，继续收听演唱。

随着时间的流逝，对石派的艺术更加喜爱。为什么在当时名家林立的诸多流派中，如她同辈的石连城、赵玉明、张剑平、张伯扬、曹宝禄以及后来的阚泽良；老一辈的荣剑尘、常树田、谢芮芝、曾振庭（联珠快书），对石派艺术情有独钟呢？我想，这大概是由于石慧儒的独特的艺术风格和声情并茂的无比魅力所致。20世纪五六十年代，常在课余闲暇时，或去天乐，或去燕乐聆听神曲。不幸的是，这位颇有成就的艺术家竟在"文化大革命"中的1967年含冤去世了。

19年之后，秀梅登台，无比喜悦，又唤起了我对石派艺术的回忆和憧憬。尽管20世纪70年代以后，天津曲艺团来了赵玉明这位老艺术家，中国广播艺术团的马增惠不断在电台同现，但也替代不了这株独放异彩的璀璨的（石派）艺术之花。平心而论，赵玉明的演唱不同凡响，造诣与资历颇深，马氏芳名早已闻名遐迩。虽然马、曾拜本为同辈的石氏为师，但其演唱风格，并无几多师承，师前师后，就实质而论，几无改变；而年龄稍轻的国英女士却又非出一辙，近似乃父，所以石氏之曲，可以说是与世久违了。

石派的伴奏，独具特色。我以为王富贵先生的演奏技巧和水平，恐卢成科老先生之外（卢先生有巧变丝弦之绝技），当推此人了，他的三弦，缓而不漫，舒而不断；稳健、刚劲、柔美、豁达，颇有大家风范，其音色、音质、音量与演唱者的"三音"协调如一，字字珠玑，落落有声，用"珠落玉盘"来形容，毫不过分。石、王二位在几十年的长期艺术合作中（这里，我想说一句题外话。当前演员在这点上是缺乏的，如，相声中搭档的频繁变换，演员与伴奏的竞相更迭，等等，是不可取的，似应保持相对的稳定才好）默契配合，弦师对演员的气口、习惯、特点乃至优长与弊短，烂熟于心，于是在过门、前奏、托腔等环节的流程中，烘云托月，相得益彰，色彩斑斓，如织锦绣，听其弦声，同样是一种特殊的艺术享受。从他岔曲前奏的独特音节中，立刻可辨认出是出自富贵先生之手，尽管马涤尘这位名弦师也曾为石氏伴奏，但绝不会因为演唱者是慧儒先生而错认弦师的。可惜，这位艺术家，自从石先生离开舞台，再也没有听到他的弦声了。

刘秀梅同志的演唱，亦具功力。若能在其浅唱、高歌之中，承而不袭，继往开来，殆现其神，则石派盛矣，我们希望着石派这株奇葩能愈开愈艳。

（原载《天津统一战线》1995年第十二期）

附：观石慧儒单弦表演【用杜诗韵（观舞剑）】

余少时曾睹石君表演，颇为盛意，及成年时再睹风采，胜似当年者，不幸于彼时早殇，痛哉，甚矣。

　　当年丝弦一振玱，风静云遏震天翔。观者闻声皆屏气，天地为之禁高扬。声犹未出情已近，情随声至并惨伤。风尘女子多豪烈，气极喝云江惆怅。绛唇袖出冲天怨，怒沉百宝失芬芳。声若珠盘琼落地，感伤涕泪痛肝肠。漫漫风天云俱黑，滚滚沉雷瞬低昂。闪如迅疾火逐日，骁奔无首群龙翔。霎时雨过风促月，渔人小钓换酒香。润如兰香油沁肺，细若纤流映金光。歌者当年名伶艺，令今忆之犹沸扬。人去台空多悲怆，妙曲神驰亦悠扬。感时今有传人在，梨园后起继辉煌。若得子弟八千众，曲苑绽放花馨香。

（原载《风物集·步韵诗存·卷三》，宁夏人民出版社2009年版）

青毡自守　苍润独秀
——刘子清先生

刘子清，名仲涛，字子清，又作芷青；号梦松老人。著名回族书画家。1889年生于天津，1972年殁世，享年83岁。

子清先生先后从师于王铸九和刘小亭二位画师，在花卉翎毛和人物山水方面，皆有造诣，其山水画风，苍秀温润，独具一格。早年从事新闻工作，后终身执教。先生20世纪20年代中期所创办的"南宗山水画法传习社"，在中国近代艺术教育史上占有重要的一席之地，对培养艺术人才、发扬中国绘画艺术、促进文化艺术发展起了很好的作用，并产生过很大的影响。

子清先生为人耿直旷达，谦恭平和，清寒自守，不趋时向；每有同好索画，不问贫富，不计亲疏，不拘童叟，无不慨然相允。然于达官显贵，则或婉言谢绝，或直言辞拒；曾于日伪时期，为拒画约决然以腕疾称病，驻笔不作，以示明节，故有"忠贞画家"之誉。先生一生精研画事，墨海笔耕，并于画间，书临北海，点缀诗词，浅唱散曲，著述典籍，集创作、科研、著说、教学于一身；涉足艺术殿堂中的多种形式且成就卓然。忆得20世纪60年代时，先生曾与我戏言："有人说我'字不如画，画不如诗，诗不如词，词不如曲'，其实，哪一种，不过都是平平而已。"这虽然是先生自谦之词，但从中可见先生诗词、书画兼功之深。唯其如此，先生时与津门画家刘奎龄、陆莘农、刘子久、萧心泉并称"画坛五老"。生前曾任天津市政协委员等职。晚年，常以画抚倪黄、友朋来往，怡享天伦之乐，每以"金缕曲"自颂：

从小心常放，繁文缛礼全抛却，还吾真相。半领青毡甘自守，耻做富翁模样。家世清寒无资望，一支秃笔侪五老，碌碌无奇亦无恙。驹影逝，齿加长。

平生曾不趋时向，幸今朝粗茶淡饭聊以自养。百事原难强冀取，唯有画抚倪黄。反赢得情舒意畅，绕膝儿孙欣含饴，喜欢乐将天伦享，杯茗具，朋来往。

倏然不觉先生辞世已二十有一年矣，然其音容笑貌，道德文章，诗词书画，却仍立在目前。感物思人，每当想起先生的谆谆教诲，便萦然产生无限缅怀之情。今逢先生诞辰一百零五周年之际，敬拟一绝，以志纪念。

师翁健笔侪五公，才气凌云意纵横，
循古倪黄开生面，辉光神映喻后生。

（原载《天津统一战线》1994年第四期）

附：观子清先生字画所思（用杜子美《韦讽录事宅观曹将军画马图》诗韵）

画坛五老有梦松，幼从画师刘小亭。字行淑自李北海，
曲滋元润水渠成。诗词书画多迥异，丹青史话长者风。
南技北法成旧事，青毡一领百年功。山势莽莽寒气冽，
凌云倒挂看松擎。九马争骏何尽气，竹批双耳露棱锋。

迥若空寒冻地雪，翠华凌天月正明。小桥倚边循循下，
拄杖云轻走列公。行为青竹节节立，素缟频频落九龙。
惟独气运凝神化，雄关走笔一气成。词清意静常玉坠，
潺溪小流伴碧空。或遇腾骧悬宕落，竟与图马筋骨同。
穷见诗文皆入画，点染笔墨犹来风。可惜先生少览胜，
全凭心略禀师承。若无天资并苦诣，何来居首五老中。
耄年闲居长谢客，友朋往来共品茗。师翁平生无虚日，
画坛盼求九州同。

（原载《风物集·步韵诗存·卷二》，宁夏人民出版社2009年版）

青松秀骨　毫端蕴秀
——穆子荆先生

穆子荆，字炳焱，1901年生于天津，1985年去世，享年84岁，天津市著名回族书法家。早年毕业于北洋大学，并曾从师华世奎、严范孙习学经传文章、诗词书法。精于翰墨，尤以功底深厚的颜体和清秀整严的蝇楷而著称。曾有书法概要和小楷习字范本流世。

先生素以平和谦恭、正直侠爽为世人称道。昔时曾以国民党政府官员身份，掩护过我党的地下组织和革命党人，为革命做出过特殊贡献。解放后，他一贯热爱祖国、热爱中国共产党，常以统一祖国大业为念，热切盼望台湾早日回归，对飘零海外的故旧亲朋多所怀念，常云：

> 人生聚散若浮萍，多年亲友半凋零。
> 伤心往事随官羽，愿对西风述不平。

十一届三中全会以后，特别是改革开放以后，先生对蒸蒸日上的大好形势，对中国共产党的伟大、正确、光荣怀有无限感佩。在中国共产党成立六十周年大庆之际，写道：

> 朗朗乾坤放异彩，光辉建党朝阳红。
> 经天纬地昭马列，倒海翻江缚苍龙。

涤荡妖氛扬'四化',风发意气好蒸腾。
欣逢华诞周甲子,海鸥添筹祝遐龄。

先生欣喜之情,溢于言表。

先生早年也曾从著名画家刘忱先生习画,但已不见其画,然每临堂讲学,于论诗、书之中,兼及丹青。学诗颇见功力,是当年天津名震一时的"城南诗社"中至20世纪80年代仍然健在的唯一成员,可见当时年龄之轻了。其诗独树一帜,于古拙严谨中,显见蕴藉旷达之情。晚年诗作琳琅,每以诗书并见报端,可谓津门殊不多见的丰产高龄名家。笔者曾问及此,先生笑而戏之曰:"此业不操久矣,新作实为勉强,远不如后生也",实则孜孜矻矻,壮志不已。

虽年逾耄耋,然仍不知疲倦地从事文史研究、古玩鉴赏、参议政事以及伊斯兰教教务和书画实践活动,及至84岁高龄时,还不顾年高体病频繁往来于书协、伊协之间,且以满腔热忱,提携新秀,把培养青年一代作为自己晚年生活中的一大乐事。与年轻者相处,从不居高自傲,而以平等谦和待之,若有索求,必欣然慨赠。

先生字如其人,严整磊落。笔者曾欣赏过其诸多字幅,尤以东坡之《前赤壁赋》和陶渊明《归去来辞》为最。前者是1982年壬戌之秋,为纪念苏文创作九百周年而书,后者则是书予敝亲的赠品。两幅精品,皆系八分楷字,千字条屏,字字珠玑,素练玉帛,缀璧珠联。后幅且有"姻台士琛先生教正","炳炎穆子荆书"之题款,此屏现今犹存,妥为珍藏。

20世纪80年代初,余友、市文联之文中刘君托我请先生书条,允之,虽过八旬,却落笔流辉,毫端蕴秀;杜诗鲁句(鲁迅),则奇功遒婉,挥洒自如。此屏后转赠日本朋友。

先生胸襟坦荡,旷达乐观,向不以得失为怀,遇"事"而不愠，遇喜而不惊，即使"文化大革命"期间，屡遭磨难，亦以达观待之，对其所藏古器、书画、文物、家什之劫与还，皆泰然处之；纵然是其最为珍惜之宝，也襟无芥蒂，绝无警、喜之色，睹见"璧还"辄笑而言曰："周公得禾以名其书，汉武得鼎以名其年，叔孙胜敌以名其子，其喜之大小不同，其志不忘则一也。"见其为人之大度胸怀。

子荆先生，生前曾任天津市文史馆馆员、市文联委员、全国书法家协会天津市分会副主席、天津市伊斯兰教协会副主席、民革天津市委顾问、津沽诗词研究会副会长、天津市和平区书画研究会会长、天津茂林书画学院副教授等职。

笔者与先生曾有诗友之谊，并不时聆听教诲，其为人风范殊为后人敬仰。记得先生八秩大寿时，愚曾拟小词《水调歌头》一首祝之，词曰：

> 诗冠杜工部，书圣颜鲁公。青松秀骨不老，竟与少年同。落笔流辉素练，点化珠联缀璧，遒婉贯奇工。心念人间事，神州大旗红。
>
> 问何时，胸万卷，藐虚空。毫端蕴秀，自有流韵壮东风。更堪青毡一领，何妨丹青书画，灌苑此经从。耄年不觉老，捻髯笑老彭。

今逢先生辞世十周年之际，敬录此词，以表仰怀之忱。

(原载《天津统一战线》1995年第七期)

泼墨丰彩　鹰爪如钩
——梁崎先生绘画艺术

梁崎，字砺平，回族著名书画家；河北交河人，生于1909年（清宣统元年），殁于1996年，享年87岁。先生书画，狂放风雅、气势恢宏，意境高远、笔墨苍劲，章法奇特、灵奇趋新。人物花鸟，气运灵动；山川水势，苍厚超远。试观"山静似太古，日长如小年"的"山水扇面"便给人以"情见于物，虽远犹疏；神藏于形，虽近则密"（陆机语）之情荡神怡的艺术感受，于空灵之中引起人们的无限遐思。先生善画雄鹰，《松鹰图》即为得意之笔，松劲犹龙，虬髯钢须，鹰目凝神，铁爪如钩，那种"竦身思狡兔，侧目似愁胡""何当击凡鸟，毛血洒平芜"的凶猛肃杀之气，跃然纸上，呼之可出；用笔简括，凝重豪放，堪称奇绝；充分展示出梁公意象灵动、新奇纤巧的独特的艺术才华和绘画品格。观其图形于影，虽"未尽纤丽之容，察火于灰，不睹洪赫之烈"（陆机语），然奇形、大美则萦怀于人们丰富的想象之中矣。

先生尤以指书、指画名世。其画风在继承清人指画家高其佩技法的基础上，卓然成器。先生指画则以掌指交替，自如泼墨，圈划成章。以甲（指甲）画线，用指点染，以甲画线得其筋骨，使物成峰；用指点染，鸟兽足迹多姿婀娜，适得其神，以之构景则水远山长、苍劲挺拔。《枇杷绶带》即可全面窥见其指画特色,其他诸如《芭蕉双禽》《猿》等力作,尽显其苍韵性灵之气,而《三峡帆影》则超然独立,凝练老辣,颇具现代结构之美,并存雄浑奇崛之风。刘熙载曾就文学创作说过这样的话:"古人意在笔先,故得举止闲暇;后人意在笔后,故至手忙脚乱。"先生正是在伫玄览物、颐情思纷、幽叹四时、柔条芳春的深刻观察、体味揣摩、经久感悟之后,投篇援笔,一挥而就,从容自得,志趣高雅。其气大焉。

陆机曾经说过:"丹青之兴,比雅颂之述作,美大业之馨香。宣物莫大于言,存形莫善于画。"诚哉是语,先生寓意于物,拟物言志,虽有多舛之秋,然则皆以画为声者。

梁公一生清寒,郁沉不爽,晚年成器,方为世所称道,并有画集问世。惜哉,平生虽多有所作,写就赠人,及至出版,则画稿寥寥,四处征集而难得复归;正因如此,其作弥足珍贵。梁公素与接触,朴拙笃实,清瘦矍铄,弥而真切;语不多而挚诚且常述同门之谊。昔者,曾于穆子荆先生府上聚谈艺事;子荆先生语余曰:"此公奇才,日后其作必成大气者。"今视之斯言不虚。近日报载:"梁崎谢世十载,其作品价格翻10倍,这是天津当代画家唯一得此殊遇者。"是言中的,蔚为信然。梁公所为是为急功近利者戒,寂寞耕耘者扬。当此之时,彰显先生之德,其功大矣。真金自于砂中澄,如今,让心绪浮躁者,稍加节制,实乃当务至要也。今逢"纪念梁崎先生逝世十周年遗作展"之机,聊述数语,其为可知矣。姑将旧时所作《江月令·怀念梁琦先生》一阕录之于后,以作结语。

泼墨平添丰彩,侧目鹰爪如钩。点圈指画自风流,细雨斜风依旧。

一任清寒寂寞,苍凉气韵难收。霜髯不待晚来秋，管甚生前身后。

（词原载《风物集·达之词选》，宁夏人民出版社2009年版。本文选载于《天津教育报》2013年3月13日，又载《天津统一战线》2014年第一期）

纤毫苏子义　卷透易安泉
——致清音先生

伏聆教诲，诚惶诚恐；为玩小技，竟承盛意；劳神通览，愚甚不安，愧哉！愧哉！

小作篇什，向不示人，虽偶有所得，仅为挚友；尝意付梓，又恐遗患于人，为识者所讥，故数十年来，仅为一己把玩之艺耳。今蒙错爱，溢美有加，羞愧之极也。先生大作，伏读玩味，教益尤深，并于感怀之余，聊书一诗以呈斧正。

"芳草絮语"，颇具李风（清照），洋洋洒洒，风涛澜涌，雄健深雅，沁人心脾。其文，行言顺适，柔和晓畅，如潺潺流水；其情，凝重幽长，意寓高远，似重岭沓山；情致曲终，催人"涕下"。读后，从中既可得到深邃的心灵陶冶，也可受到优美的艺术享受。眼下，这种真情实感的文字，可谓凤毛麟角，先生大作，实令人捧读不倦矣。

另就"小作"试做两点说明，以供参阅。

缅怀故人之作，古已有之，且数不胜数，然尤以潘岳《悼亡》为最，亦称此题之始。次之，世人皆称苏李为佳者，其情弥真，其词尤切，然先生之作一出，前辈诸公，尽皆失色矣。（一）潘氏之诗，仅限于妻，"悼亡"二字，念夫不切；（二）苏李之作皆囿于"情"，而先生仅以纤毫之功，力胜子瞻泪雨"千行"（"相顾无言，惟有泪千行"《江城子·乙卯正月二十日夜记梦》），无非一"情"字。先生情义之妙则尽在虽超然物外，却适值其中。而情义之中，义愈沉重，故诗便以"义"标出。先生文才可比清照，刘辰翁曰："'易安之词'每每使人'为之涕下'，居士其才如江，其思如泉，而先生才华似李，文思潮涌，其势胜安也，故拙诗以'卷透易安泉'抒之，不知其可也？草草数行，不知当否，请予方正。"

天气寒冷，望自珍摄并敬祈大安！

附：读先生大作感呈

濡沫四十年，风云竟皓天。
纤毫苏子义，卷透易安泉。

（原载《荧窗余韵》）

生活真实与艺术美

生活真实应包含以下两层含义：第一，它首先是客观存在的属自然形态的事实；第二，这种客观存在的事实，必须具有揭示、反映社会本质和规律的潜在而丰富的内涵。

真实，绝不在于艺术家对生活现象作简单、机械的抄袭和"摹写"，而是在于对生活进行高度的概括和升华。艺术真实的内蕴，不在于逼真的描摹现实，而在于艺术家的以生活真实（客观的自然形态的）为基础，通过概括、集中、提炼，创造出具体、生动的艺术形象来反映社会生活的某些本质和规律，这种观念形态或称物化形态的东西——艺术品，只要在内容上是按照生活本身的逻辑（必然与可能）加以净化处理，令人信服，人们就理所当然地承认其所具有的真实性。

例如，粗犷豪放、再现自然是当今世界美容大潮中的主流。在现代美容界，正追求一种超越时间、空间、界域和国度的自然美的风格。这些是人们对客观现实生活的一种审美观照和艺术抉择。它无疑都脱离了生活中的"真"（实）和一般意义上的"美"（标准）；而以与生活中外形相似和细部真实的艺术处理而显示其对艺术美的追求。这种把内在气质与外在形体双美璧合（宛若天成，毫无琢痕）的艺术加工（自然之美）则是二者完整、和谐、统一的必然结果，此种浑然一体的理想的人体修饰的美学追求，乃是美容学中的艺术美的最佳状态。

艺术美是蕴含在艺术品中的美的内涵（姑且将服饰与美容

也视为艺术品），就其实质说，即人的本质力量在艺术领域中的感性显现；是美的客体与美的主体在艺术形象中融合、统一的结果。艺术美是一种集中、理想、创造性的美，它直接而又强烈地闪烁着人的主观情志美的底蕴，是美的最高形态。只有艺术家将那社会生活中的现象与本质、个别与一般、部分与整体、偶然与必然，溶合、统一地概括出来，将审美价值和特征显现出来，那才能揭示出它在本质意义上的艺术的真实性来。

（原载《学术信息·学术园地》第70期，
1993年3月5日）

民族意识与艺术的民族化

文学艺术的民族化，通常由以下两方面完成：内容上，具有浓厚的民族生活气息和独特的精神气质；表现形式上，具有浓郁的民族风格，是本民族大众所喜闻乐见的特殊的文学艺术形式。

就一部或一种艺术形式而言，仅有上述的一般表现，还不足以表明其民族化的程度。换言之，除了具有外部形态的一般特征之外，更重要的要看其鲜明的外在表象的深层是否蕴含着艺术家的强烈的民族意识。

艺术家的民族意识，一般由两个层面来决定：第一，艺术家对自身所归属的民族共同体在心理素质、地域生活、语言文字和文化特点上的认同和理解；第二，艺术家对自身民族与其他民族彼此交往中所表现出来的那种对民族自身生存、发展，兴衰、荣辱，安危、得失等命运上的认识、维护和关注。

艺术家的民族意识渗透在具体创作活动中，往往具有两种表现方式：一种是直接把握和描写本民族的社会生活，如《三国演义》《红楼梦》和《格萨尔王传》等；另一种是借助其他民族乃至别国民族生活中的风尚事物来反映艺术家的一定思想，如莎士比亚的许多戏剧等。因此，我们在判断文学艺术作品民族化属性的时候，绝不能仅仅简单地看其是否反映了一定的民族生活内容，而重要的是看艺术家是如何反映这种生活现象，揭示了何种社会内涵。

文学艺术只有具备了民族化的特点,才具有世界性,才具有立于世界艺术之林的资格。文学艺术民族化,在形式上,第一,要充分发掘和利用本民族的各种传统的艺术形式和文学式样作为民族化的艺术载体。没有鲜明的自己民族特色的任何艺术品,在世界艺术殿堂里是找不到位置的。第二,要充分考虑业已变化了的时代特点、审美情趣和价值观念,趋赶上前进的步伐;适时地调整自己的审美视角,更新观念,引进新的表现方法和艺术技巧,对原有的创作模式予以突破。第三,要关心当今广大读者和观众,特别是青年读者和观众,透视他们的阅读、欣赏心态和心理需求。第四,在宏观的艺术形式抉择和微观的艺术处理乃至生活形态的具体描绘上,要有新的突破和超越。只有这样,才能在民族化的道路上愈走愈宽,才能在通向世界艺术之林的道路上畅行无阻。

(原载《艺术信息》第80期,1993年8月5日)

御笔幽玄禅世界　探微妙语道流源
——读宛子廉先生《雍和宫匾额楹联碑刻诠释》

宛子廉先生力作《雍和宫匾额楹联碑刻诠释》出版以来，深受香客和广大读者的欢迎和赞许，并饮誉学林，为世人所重。

雍和宫作为乾隆皇帝精心制作的样板，历来成为清王朝维系佛教（藏传）与政治的纽带，绥靖边陲（藏、蒙）的中心。是宗教为政治服务的历史范本。

雄伟古朴、崇宏壮丽的皇家古刹，熔铸着一种丰厚、玄奥的精神内质，而琳琅满目的御笔碑刻则是这种潜质世界的外部载体。对这些御制的解读和诠释，成为多年来人们急盼解决的重要课题。子廉先生博涉籍典，蹑迹寻踪，俯拾择抉，遂成佳篇。这是一部极有学术价值和历史价值的精心专著。它对楹联、碑刻的解读和整体布局的绍介，既是缘循仰者"登堂"、又是导引香客"入室"的奠基之编。成为深入艺术精髓和藏传佛教殿堂的架海金梁。它的问世，填补了260余年来此项工作的空白。这是事在当代、利在千秋的功德之举。

佛教自两汉传入中国，历经数代，时至隋唐，其本土化过程已趋完成。其表现：不仅佛像的服饰发生变异（由印度僧装变为中原服饰），而且在意识形态上也已与本土的主流思想——儒学——相互交融，浑成一体（将佛学内容比附到儒学当中），使外来宗教融汇于中华文化的大潮，成为汉文化的一个重要的组成部分。

乾隆，作为一代智君，将其超人的佛学智慧、学识、治国方略和政治抱负巧妙地倾注、构建于这种特殊的艺术形式之中，使神圣古寺笼罩着一层神秘的面纱，让人沉思、警悟、探寻、思考，进而受到启迪和教育。

作为中国藏传佛教的佛家圣地，雍和宫的每一方匾额、碑刻、楹联，无不渗透着乾隆殚精竭虑（对治国、祈福、绥靖）的良苦用心。碑文《喇嘛说》的镌刻，便是确立"活佛转世，金瓶掣签"历史定制的国策宏篇（文献），其社会和历史价值，绝非一般寺院中名人吟咏、传略碑刻所能比肩者。

御制匾额，名为禅道，实则安邦，字里行间，藉蕴深远。虽仅数言，所涉门类、容量、育义之广、之大、之深，今古罕靓。为准确注释，译者详查典籍，遍访高贤。仅稽阅佛经、文史多达50余部，文集史传20余种；在240项的注释中，碑文典故即多达120余项。可谓文山书海，泛疏流源，反复求索，始肇成篇。充分显示了子廉先生作为宗教学者，在佛学研究中的学术造诣、深厚功底和执着精神。

参阅文献，检稽经典，既要观照文义疏证，揭示本旨；又要针对匾题，择要去烦，随文而释，审定慎厘。行文则需要禅俗沟通，古今消融，去芜存真，择善而从，形成文从字顺、通俗易晓的现代散文。诠释者，没有对佛禅、文史、美学、艺术、训诂乃至政治诸领域，特别是中国佛学经典和藏传佛教历史的深刻把握和敏锐洞察、高度的文学艺术学养，是难以胜任的。

解读和评析《喇嘛说》是诠释者的又一项重要任务。其评析，纵横议论，鞭辟入里，见解精准；明确指出：《喇嘛说》是治国纲领，永世宝鉴，是"内外蒙古'畏威怀德''安藏辑藩，定国清平之基于永久'，创造康乾盛世的神来之笔。"

其解读，则参稽微言，探幽大义，同章映涉，梳理内旨，由教义而国策、而祈福、而定安，左右逢源，游刃笔端。不仅如此，更为令人瞩目的是，译注者在不囿于一般文字疏解而究其大义的同时，为读者提供了可以充分发挥想象的思维空间。这是亦注亦评、评议结合的客观效果，为历来注家所难企及的。通篇释文在同类释义中，竟无雷同，于娓娓道来的谈吐中，彰显手笔，非大家何能如此！茫茫学海，堪称独步，实不为过也。

只有胸纳百川，方可飙飞千里。所释译文，吞吐有致，拥立一尊，博探旁及，从中我们欣赏到粲风起伏，飙飞迭荡、文采斐然、片羽吉光而又激情满怀的优美华章。这是诠释家的挥毫杰作，得意之笔。将乾隆那种缅怀先皇的敬仰之情，江山永康、子民万福的期盼之情，气贯神足，酣畅淋漓，如滔滔江水，一泻千里般地表现出来，使人捧读不倦，意味绵长。

对碑文中的诗作译制，也颇见诗学功力，这实际上是一首充满激情、感人肺腑的绝妙抒情诗，使人情神激荡、难以自禁。纵观诗文，二者骥骤千里，齐足并驰，咸以自骋，相得益彰。

立碑树區以来，想必注者如云，但无考据。260余年来，对其深究者，渐趋沉寂，至今更鲜有所闻，宛君之作，异军突起，诚为天下瞻宫者于迷蒙山色中之登程要津也。

囿于简议，未尽其意，爰书一绝，以代结语。诗曰：

茫茫世界雾云山，
渺渺禅坛座上难。
君动纤毫潘江水，
情随挥洒陆海天。

（原载《天津统一战线》2010年第六期）

清风时时有　放眼阅世真
——论马献廷先生《阅世诗文》的现实意义

近年来，大凡有干部著文，便多以"官员写作"称之。此言貌似褒奖，实则大有轻蔑之嫌。殊不知，在我们的国度里，从古至今，哪位官员不是文人，不能为文？无文又何以为官？这说明，自古以来对为官者都有一定的（或说起码的）文化底蕴和实际能力的要求。不管是为官，还是为民（含士，即知识分子），这种要求绝不会因人而异。这种考量标准，一直延续到今天。

近现代甚至当代的许多政治家，哪一位不是"文能据典凭韬略""武能挥戈定江山"；就连老一代的自然科学工作者，特别是卓有成就的科学家，又哪一位不是"提笔文章千古事，穷追物理学峰巅"的文武全才！所谓"官员写作"，无非是当下人们对那种人缺其才、用不称职畸型干部现象的讽刺揶揄而已。

献廷先生则为当代干部队伍中的佼佼者。此公，儒雅、谦和、宽厚、爱人而又饱学多识。他为官几十年，濡墨数十载，著述等身，成绩斐然，而一些胸无点墨又附庸风雅的所谓官宦"文士"，又岂可与之项背比肩，同日而语！

献廷先生的《阅世诗文》是其为人、为官、为文典范之作的一支艳丽奇葩。它以饶有兴味的谈天说地，据典引经的灵活方式，阐明深刻的哲学内涵，在诗一般的意境中使人得到凝重、深邃而又愉悦的艺术享受，从而受到应有的启发和教育，是读者屡进屡得的阅世醒文，是人们社会生活中不可或缺的"教育诗篇"。

今天是历史的发展，历史是今天的昨天。所以，古今消融，相互资鉴乃是人类社会进步的必然，故有"知今不知古，谓之盲瞽；知古不知今，谓之陆沉"之至理名言。唐太宗李世民"致治稽古，临事不惑"的治政训诫，已成为历代王朝的家传遗训，并竭力倡而施之。然而，古往今来，能真正做到，认真执行者，鲜有所闻。如今，在如此"浮躁"而又"人欲横流"的社会背景下，尚能关照文史、以史察鉴者，能有几人？而身为智者的献廷先生，却于茫茫宦海中（不管是在职，还是离休），洞察秋毫，运筹胸壑，扶质立干，精理为文。常于议论事理中，舒展胸怀，论事则"据载前纪"，抒怀则"以申世谟"，其论立剀切，言简意深，服人以理，毫无强态。其深邃处，就在于告诫人们，要以科学的眼光看待事物，将辩证法的精髓巧妙地蕴涵于才识兼通、典经鲜活而又耐人寻味的艺术品位之中。这是当前乃至很久以来文坛与政坛中诚所罕觏者，堪称楷模，其作，也可称为时代哲学普及的良好教本。

《阅世诗文》全书两卷，在其首卷的生活、人生、事理、社会、文史诸篇的随笔中，其文学风格，即可用"雄健警策"四字概括，具体说来，其文既有韩愈之雄健气势，又有河东之缜策风雅（剔除了二者之冷峻与崛奇），更兼得居易平和晓畅、沁人肝脾的艺术功力。于洋洋洒洒、风涛澜涌的叙述中，扣紧脉搏（时代），针砭实态，鸣响警钟；其文，行言顺适，如潺潺流水；其情，凝重高远，似重岭沓山。

在诗词卷中，其作兼具两体，其中近体中有五、七绝律，间或词作其中。这些诗作，或遇景生情，或逢事立意，俯拾撷取，见微而著显。其风格，古体则平彻闲雅，炜煜绮丽；绝律

（含词作）则博约温润，古拙清新；诵乐玩吟，按之愈切。品味其辞，恢之弥广，情致曲终，催人"自省"。其社会效果，不言而喻。客观上实践了香山先生所力倡的所谓"为时""为事"而作，不"为文"而作的文学至旨。充分体现了革命前辈，对后代接班者的肺腑衷言和谆谆教诲，也是革命者——老同志，所应承担的社会责任。称之为"乐府新章"，实不为过。

先生行文，虽为语体，却颇具古风。文字简约凝练，博辨切深。言虽不多而邃精，意犹未尽而深远，寓雄健深雅于"行乎不得不行，止乎不得不止"（苏轼语）的凝重悠长的意境之中；短则数语，长不逾千。然每篇一题，论必一事，事典相辅，言之有据。文情顺适，字字如珠，语重情长，随物赋形；虽无争张牵强之态，却有警世鸣钟之功。这种"片言可以明百意，坐驰可以役万里"（刘禹锡语）的文风，在当今的文坛中，缺失久矣。每见鸿篇，下笔千言，离题万里，雾罩云山，不知所言者，比比皆是。先生文风堪称一宝，为时下之排砂铄金者。

就其整体而论，《阅世诗文》是诗、文、书、画（相）四种艺术门类的综合体。其相作，文情兼深，形情并茂，是一种优美的艺术品。诗、文、书、画，取其一种，便可称"家"，而马公之摄相情致，犹如吟诗作画。每幅相作犹如一画（山水写生），每题一辞，即为一诗（抒情）；作家、诗人的种种心态、情操，尽蕴其中。观者从众多摄相中，欣赏其乐，意外生意，境外生境，于平淡中见真味，虽初看不觉，愈见则愈深。

应当指出的是，先生在摄影启示录中，从摄影角度、取景方位、虚实浓淡、光线色彩乃至灵性感悟等诸多技巧、技法的讲述中，阐明了人生宇宙乃至现实生活中的科学道理，引发人们热爱生活，享受生活、特别是老年人的生活情趣和高尚情操，可以说是达者的人生宣言。

其书法功底，虽全书中并未涉及，然却于书册封面的设计上便可窥其风貌之一斑。其书，秀美挥洒，刚而不露，似从学欧中来，颇有书卷之气、雅士之风，足见功底之深。

综观全书，其诗、文、书、画四者，可谓骥骙并驰，齐足以骋，本同末异，通才兼备矣。

腹有诗书气自华，胸次全无一点尘，愿天下更多的革命干部，增加文学修养，提高艺术品位，以丰富我们的精神世界吧！

缘于简论，恐犹不及，遂咏一绝，聊以为助。

> 色动云山望路津，
> 长天风啸乱浮尘。
> 涓涓溪水泠泠下，
> 向问瑶池几度春。

(原载《天津统一战线》2011年第四期)

天然万象新　平易见真淳
——读诗品议

  缤兄大作，立意高远，处清远之地而持宁静之心，避喧嚣，近雅恬，其怡然之情，溢乎尽矣。兄以写实而寓情，以行路、至园、宴客、梦寝、慢步、集市、回程八章而组编；其辞，情深性挚，玉珠纷陈，老辣劲健，意出自然，颇具元白之风也。

  大凡作诗，写景易，言情难。古来何以如此之感慨？必答曰："景从外来，目之所触，留心便得"，而"情自心出，非有一种芬芳悱恻之怀"便不能生出哀转凄怆、剖肝露胆之情来。清人赵翼曰："坦易者多触景生情，因事起意，眼前景，口头语，自能沁人心脾，耐人咀嚼。"言人之所未言，是为真情。能知之而为者，便是高手。袁枚曰："诗者，由情生者也，有必不可解之情，而后有必不可朽之诗""若夫迁袭经文，貌为理语"不过伪窜儒林者也（见《小仓山房文集》）。

  吾兄诗式，多以古绝、古风书之，甚切。若以律绝则束然丛生，不宜抒怀。香山写诗重于"用意"，而律绝排偶之作，便不能脱弦疾矢，纵意而出；古诗、古风则惟义而行，辨才无碍，笔意酣畅，锐决如锋，绝"无不达之隐，更无稍晦之词"，故古诗素有自由体式之称。自汉魏以降，蔚成风气，且上品之作，俯拾皆是也。其诗于体、式、字、句、韵、律皆无框囿之绊。至唐其风依然，中唐之后则律已成制，诗人皆求工于七律而古体则遭冷落，"不甚精诣""阅者多喜律体而不喜古风，惟香山古体则令人心尝意惬"。这种新型的所谓"近体"则要求极苛，字字斟酌，句句入"理"，定格坚固，"不敢愈限一步"——其无通融之弊，遂承袭而来矣。

然而，能冲破樊篱者，唯在大家。李、杜、元、白拗格之作，便为潮流之始。其成就最佳者，当在古风。至宋，以文为诗，自昌黎肇端，至东坡则廉悍沉挚，别开生面，成一代之风。所谓"李诗如高云之游空，杜诗如乔岳之矗立，苏诗如流水之行地"云云即对先贤名章俊句，格高韵美，意兴横逸，不拘一恪之艺术成就的极度褒奖和崇高评价。由此观之，律绝似可小试而不可衍行也。

鲁迅曾言："我以为，一切好诗，到唐已被做完。此后，倘非能翻出如来掌心之齐天大圣，大可不必动手。"（《鲁迅全集》卷十，第224页）。言虽如此，可先生仍有诗作流传于世。上世纪60年代由郭沫若作序，上海人民出版社出版的《鲁迅诗选》便是一例。序由新诗旗手郭氏操刀（他自己在晚年也多写古体诗词并公之于众），而"文劫"后新诗圣手臧克家以及诸多新诗大家，亦于几十年（或曰平生）为新诗奔走呼号而竭尽狂倡之后，转而回归（"本原"）与"古董"结缘，岂不令人深思！

今之"诗坛"，名曰绝律且鼓唱组织者，盛茂如笋，乱象杂彰，静心考究，似乎缺少一点淡定、沉着和根底滋养，其产品虽"貌徒相似，其实味不同"，词称某牌，诗标何律，以谱考之，不过数字相当而已。其规忌、体格、气势、神韵、章法等等，概而无论，或有甚者，平仄韵属，竟无知茫然[①]，更何

[①]近又有一种标句辞章的所谓用韵原则：诗必"平水"，词必（词林）"正韵"。在近体诗（包括词作）已历千年，又经历代数变、突破及"诗有工拙，而无今古"，风会所趋，聪明所极，不期而然之后的今天，似乎有些老调重弹、弃新复古之嫌了！我看，还是随时而适的好。

奢谈性情、意境者乎？榛楛集翠、鱼目混珠，仪容"瑕疵"尚待修整，以企同贯共规而立标范也。

或言：古典诗词，拼章凑句，无可赞羡者，愚虽浅蛩，尚觉此言似出"颇谙"创作之故者；仆以为，即景而摹，犹画工肖物，着手成春，故能取之而不竭，而抒情之作，乃诗者心声、性灵之流露也，先以心致，后"流"辞章，即所谓心源外化之物，"自非才思灵敏，功力精勤，何以得此？"（赵翼《欧北诗话》）岂为"先定词牌，后凑句成章"之言者所能体悟，至于"内心郁结，不吐不快"者言，则心得禅味之深矣，自不待言。

鲁迅所言，虽有偏颇，然以律己视之，极为严格，且应诫之以戒。须知，古人文成法立，未尝"定格"。袁枚之"文章之道，如夏殷周之立法，穷则变，变则通"是之谓也。"传人适如其人，述事适如其事"，于无定中确乎有定。"知其意者，旦暮遇之，不知其意，袭其形貌，神弗肖也。"（章学诚语）"诗峰"过后，千百年来，而无超越之故，尽在力求"形似"者多，而成"神似"者少也。先生"好诗，到唐已被做完"之叹，也就不足为怪了。"事难显陈，理难言罄"（沈德潜），在梦想与现实豪情满怀的今天，作为腾飞中国的当代文坛的英豪们，何不与如来佛祖挑此一战？试想，旷日持久，百炼自然会成坚韧之钢，或许终有跳出"掌心"的一天，将拭目以待。

石涛论山水

　　石涛曾莅津门与学者谈论绘山之理，言：黄山的山比庐山清瘦，瘦峰方能显山之精神，然后而有云海之出，能听到天风的鸣吼；绘画犹如作诗，作诗一如绘画，在形象之提炼、意境之创设。诗中画，性情中来者也；画中诗，境趣时生者也。问："画有至理否"？石答："有。画山水，不能死对着山水作画，山水贵以流动取舍，可以嫁接拼凑，要画你心中感受到那种心理的山水，这就是至理。"又说："很多人常常是师古人之迹而不师古人之心，当知古人为何立法，任何法度都只是相对之说，用不上时，即是虚妄。"此言极是（姑不做考证，虽然有现代人行文之嫌）。文学艺术之典型在其创作过程中，要求艺术家在主体与客体间建立起一种默契，一种融合，一种化一；在其表现形式上，追求一种似与不似之间，既有我心中之境，又有客观之景，这就是艺术的高境界，这就是所谓物我结合的艺术酝酿过程，这种意象的外化物即艺术作品。舍此便不称为艺术。

致阎先生

　　蒙错爱拙作已在《副刊》《芳草地》发表、至感。因用笔名,样报似寄机关未曾收到,后见汇单方知其事,旋电毓红,至四月二十四日样报到手,迟复为歉。谢谢。

　　近为迎接教师节的来临,将"庆贺"诗词呈上,请阅示。两首七绝,聊抒崇道之意,感佩师德之功,春风化雨师恩无量。《木兰花慢》词中两片之六、七两句,须略说明:稼轩此调是句在不同词作中,略有差异,或六字句或三三句。如《天问体赋》用六字句,《汉中开汉业》则为三三句。余即用六字句式。变化者多矣,恕不一一。即颂撰祺。

老柏摇新翠　幽花分外香
——谈另一种"非遗"的传承

在众多国粹中，书画、中医、针灸、戏剧，特别是，昆曲和京剧艺术，迄今为止，皆有承传者或后继人；尽管书画、戏剧承继者之造诣、成就参差不一，或有粗糙之嫌，但毕竟不乏其人，乃至仍然活跃在各自的舞台上。即便是民俗之类的工艺制品，诸如，泥人、剪纸、风筝、年画，以至表演形式中的相声、大鼓等艺术门类，也在紧急抢救中，直至申报"非遗"，这是值得庆幸的事情。但是，唯独具有两千多年历史的优秀文化遗产——古典诗歌这项文学之冠，却鲜有提及，确是一大憾事。仔细想来，其实，这也难怪，在泱泱中国大地，浩浩文学之林，真正从事此项艺术创作的专业人士，几同乌有（至今尚不知古诗专业作家，能有多少？），余者更罕光顾。即使有人偶一为之，亦多为应酬、点缀、兴致随意之作；真正踏踏实实，坚守阵地者，恐无几人！这实在是民族艺术的悲哀。

中华文化乃东方明珠。国学、国粹呼声，虽雀跃四起，然文坛、艺苑实躬身力行而又坚持不懈者，寥若晨星，文学中的灿然奇葩，仍叶荒枝枯。因此，力挺国学、提倡国粹、继承传统、保卫文化，绝不是一句空话，而是一项脚踏实地、艰苦卓绝的巨大的文化系统工程。任何一种艺术形式的打造，必然是人们，特别是作家、艺术家对伟大时代赋予神圣使命的一种承诺和践行。而从事这种艺术实践的劳动者，则应责无旁贷地担负起挽救昔日曾傲立于世界民族之林的伟大（民族）艺术瑰宝，免于其沉沦的历史责任。如能在中国此后十几年、几十年乃至更久远时日，仍保留下来，不被重新遗弃（抛弃），那将是民族之大幸，人类之大幸也。

遗憾的是，至今并未发现任何"觉悟"的迹象。而现实情况是，在任何一级文学期刊上，鲜有这种诗体公开发表，即便偶有出现也非"官"即"名"，虽多无味之作，权且视其为"有"。时而显见，则为民间，即所谓诗词社团及其所属内刊，其中以官阶为核心的诗社盛行，其茂如笋，乱象杂陈，诗作缤纷；然而，多为"叶徒相似，其实味不同"，榛楛集翠，鱼目混珠，明显缺乏功力锻炼和专业的根底滋养。这种"仪容斑疵"，急待修整，"以企共规同贯而立标格"的呼声，似在涌动！

古典诗词（曲）式样的保留是民族的需要，是时代的必然。中国诗词歌赋以及书法、绘画等艺术门类的产生，是中国丰厚民族文化传统长期积淀的结果，在不同时代的根基上，产生了不同的文化形式，而诗词形式的勃然兴起，则更与中国文字中所固有的独特性，息息相关。汉字之音韵、声调的优美和谐，意蕴深远则为它们的产生、繁荣，提供了优越的根基和丰厚的沃土。

中国诗词之中的气韵沉浮、托物寄情、血脉动荡、感慨萦怀等蕴藉内涵，全凭其或大气磅礴，或委婉绮丽的音调铿锵、韵律和谐的优美文字，劲健挺拔、清隽深稳地表现出来，这与西方冗长、直白的感情表露是两种截然不同的表达方式。这种艺术形式，就是中国独有的艺术桂冠，这么一种优秀的文学样式，能轻意丢弃吗？

所谓时代的需要，即当今社会向我们提出的一种以人为本构建和谐社会的历史使命。和谐，就是宽容、接纳与平和。而优美的中国诗词，就是一种气韵灵动、仪态修整、格高韵雅、辞华耀朗而又声协语丽，犹如电掣虹流一般的艺术载体。这种优美的艺术形式与稳定和谐的社会期盼和诚志追求，别无二致。保留和发扬其独有的优势，难道不是世界、国家、民族现实和未来之所必须吗？

无视乃至抛弃这种国粹（"非遗"）之风，由来已久。"五四"风云，新诗崛起，那是"历史"的需要，时代的潮流；时值现代以至当代，此风续延，政治需要固然重要，但是，那种与所谓"文字改革"（当年有人曾提出过"汉字美容论"和汉字拉丁化的主张）的虚无主义思想不无关联。他们似乎并不理解，中国所具有的独特国情和传统的民族精神，盲目地、全面地与世界"接轨"，将自己的"宝贝"连同洗澡水一起倒掉，毫不可惜！

要知道，这种珍贵的艺术形式的振兴（或曰复兴）和发扬，不仅是中国社会繁荣、发达的（现实的）民族需要，更是沉静浮躁、持重社会和时代发展的世界召唤。（没有民族的就没有世界的）

在日益浮躁的今天，凝神静气，读书修身，使人汗颜，淡定"持修""复求""正果"已沦话柄；狂想成名，一蹴而就，骤然成风；趋察社会，体恤民意，抒写实情，为社会公益而谏言者，云烟过眼而成敝屣，抛而弃之……

实际上，认真研读古代文化及其优秀的艺术瑰宝，既可涵养内功，又可使人静气凝神。稽古鉴今，于字里行间，状怀意景中求得蕴藉，陶冶性灵，于寂寞寒窗中，蓄力才思，俯瞰万有；全乎学力，磨练神智，远抛云雾狂想，抒写内心思情，从而，跳动时代脉搏、闪耀个性光辉，为社会做出应有贡献。

可喜的是，在当下，仍然还有一些有志之士，他们或于旷野碧空，沉心静气，寻求滋养，于繁公余暇，益观文史，信手引经，并于一字一句中磨练"神工"，更以"诗话""清韵""读扎""学步"构筑命篇，满含深情地在斟词酌句中孕育"婴儿"，从而形成文彩灼然、珠连碧玉、熠熠生辉的优秀诗篇，成为"浮躁""横流"之际的披砂之金。他们或于社会人们关注的焦点：如，国计民生、宇宙大观、生态平衡、冰洪雪暴、震地裂川、世界风幻、人文历史乃至市井百态等蔚为壮观的大千世界，进行考察、追问，从而形成风度庄凝、朴实流畅、真情实感的惬意抒情，形成仪态万方、格高韵美、平易自然、寓庄于谐的描摹状景，形成精思清炼、稳健锋利、笔锋精锐而又而多风的英爽议论，等等。这些生动、形象的艺术表现，充分表达了作者们览物寄情、体悟感怀、循古咏志、与时俱进的宽阔情怀、艺术追求和时代理念。这一切，寓义深刻、内容丰富、峥拔劲净而又见解独到的诗词佳品，不正是时代所需的精神食粮和"文学武器"（高尔基语）吗？

鲁迅曾言："我以为，一切好诗，到唐已被做完。此后，倘非能翻出如来掌心之齐天大圣，大可不必动手。"……鲁迅所言，虽有偏颇，然以律己视之，极为格严，且应诚之以戒。……在梦想与现实豪情满怀的今天，作为腾飞中国的当代文坛的英豪们，何不与如来佛祖挑此一战？试想，旷日持久，百炼自然会成坚韧之钢，或许终有跳出"掌心"的一天……（《读诗品议》）

把这人类非物质文化遗产中的希世珍宝，重新审视、勇于承传，并在"诗有工拙，而无古今"风会所趋，聪明所极，不期而然的今天加以发扬广大，为中华文苑增添更加艳丽光鲜的炫烂色彩，难道不是我们乃至全球炎黄子孙所热切期盼并为之奋斗而应有的历史责任吗？

（初稿于 2009 年 5 月 10 日。原载《枫叶》2015 年第一期）

门外杂谈

当前民族工作需要解决的两个问题
——对城市民族工作的一点思考

改革开放十几年的实践表明，深化改革，扩大开放的过程，必然同时又是一个解放思想、实事求是的过程。由于我们在一个比较长的时期里放松了理论学习，形成了一种观念老化、思想僵化、工作模式凝固化的局面，极不适应改革开放的形势需要。尽管努力工作，由于理论水平不适应，必然难于在工作中开创新局面、开拓新路子。因此，从根本上说，理论水平的高低，决定着人们思想解放的程度。

就城市整体工作而言，着眼全局，抓住机遇，发展经济，促进改革，保持稳定，则是当前整体工作中的重点工作。民族工作是整体工作的一部分，要适应这个形势的发展，就必须解决好以下两个方面的问题。

一、打破旧常规，建立新格局

发展是硬道理，坚持以经济建设为中心，集中力量把经济搞上去，保持国民经济持续、快速、健康的发展是当前的头等大事，不容有丝毫的松懈。而稳定又是改革和发展的前提，没有安定的社会环境，一切便无从谈起。民族工作者，肩负着维护社会稳定，促进民族团结，发展民族事业的重任。没有少数民族地区和各民族间的团结，就不可能有保持全国安定团结的大局，就不会有保证经济发展的良好的社会条件。就一个地区、一个省市而言，同样是如此。但是，在如何保持这个团结稳定大局问题上，却存有两种不同的观点，一种是传统的消极维持论，一种是现代的积极创取论。前者从本质上说，只能延缓暂时"稳定"的时间，但绝不能持久；后者则是保持稳定的长久之计。必须看到，相对稳定是一切事物中的一种特殊现象。平衡是相对的，也是暂时的，不平衡则是绝对的，平衡中又往往蕴含着许多不平衡因素，相对稳定掩盖着相对斗争和内部转化过程；形似静态，实则处于绝对的不停顿的运动状态之中。而各种暂时稳定状态的出现，都蕴含着新的不平衡因素的增长，所以我们必须为新的动态平衡而创造条件，以便迎接随时向我们袭来的各种挑战。

在一些城市和地区，民族工作，多年来，围绕着协调民族关系、消除民族隔阂、实现民族平等，帮助少数民族生产、就业和宗教改革而努力工作，逐渐形成一种长期封闭、内向的民族工作的整体格局，形成了一个以"三救（就）"为主要手段的寻求暂时稳定的思维方式，即：以消防队员救火式解决民族纷争的"救火模式"，以被动授扶方式解决因生产滞后而贫穷的"救济模式"以及维持和延续"稳定"时间的"就和模式"。多年来，城市民族工作始终在这"三救（就）"模式的框架里打转悠。这种方式，不是创造动态稳定而是求得暂时平衡的权宜之计，这种维持理想中的静态平衡（或称稳定）实际上是办不到的，因为世界上不存在这种静态平衡。而发展经济，激发他们内在驱动力和创造意识，才是创造重新平衡和动态稳定的决定因素和巨大力量。

由于改革开放，特别是市场经济大潮的猛烈冲击，使原来趋于单一的民族工作呈现出一种姹紫嫣红、千变万化的生动可喜的局面和急剧发展的势头。仅天津市的少数民族，就由新中国建立初期50年代的11个民族4万余人，骤增到41个民族

20余万人，少数民族成分伸展到各个领域、各个部门和地方。据1991~1993年的不完全统计，仅两年间由少数民族引起的大小事端就有30余起，是新中国建立初期到20世纪90年代偶发事件总和的2倍。民族问题无小事，它的工作任务量显著扩展。东欧剧变和苏联解体，使民族工作的复杂性、敏感性、长期性和艰巨性更加显著。民族问题已呈现出多极化与国际化的发展趋势，这无疑给民族工作部门，带来更大的压力和更加沉重的负担。

改革开放的形势要求我们民族工作者，必须从实际出发，从主客观条件和今后的发展战略出发，在自己的历史积淀的基础上，形成新的思维方式。就城市民族工作而言，不失时机地构建自己的新框架，选择和确定自己的发展道路，则成为当前刻不容缓的关键之举。

民族工作的基本格局，就当前而言，似应构建一个以"立足本地，面向全国，走向世界"为目标，以"三维"支柱为基础，以发展经济为中心的民族工作"三维"框架的新结构。它将由三个支柱，支撑着（一个）经济中心，在发展经济这个前提下，完善和建造这项巨大的基础工程。这"三维"框架的基本模式应是：一法制、二调研、三理论。法制是保证，调研是基础，理论是依据，三者相辅相成，互相关联。

法制建设，是完成民族工作、维护少数民族合法权益的政策和法律保证。它可以通过两个环节来完成：一是舆论宣传，二是制定法规。对已有的且在当前仍然适用的政策、法规进行广泛的引导和宣传；对尚未出台的政策规定则根据现实与可能，适时地制定出有效的法律规定，使之成为人民群众的政策依据和行动指南。

调查研究，则是新形势下对上述法制建设的不断完善和制定新法规的思想、物质和群众基础。为了这个目的，所采取的具体措施,比如调研网络的建立、学术团体的组合等等,将对高层次人才库的建设、民族工作决策水平和整体工作效率的提高起着至关重要的作用。

理论建树则是制定的政策、方针确保准确无误的重要条件和理论依据。唯其如此,我们要针对现实生活和经济发展中出现的问题和动向,及时加以研究和诱导,使之向健康的方向发展。①

民族工作部门,不是经济部门,它只能在发展和稳定二者的结合部上,寻找支撑点,发挥它本身作为政府机关宏观调控中的调节和服务的两大职能作用。因此,在大潮中,找准位置,确定角色,则成为民族工作者的重要任务。而这三个支柱,正是实施宏观调控机制的依托和保证。

二、树立新观念,拿出新招法

首先,要树立"拿来主义""为我所用"的观念,敢于引进外资。在引进外资问题上,我们的许多同志畏首畏尾,瞻前顾后,左顾右盼,甚至不敢想象,传统的封闭式的思维方式严重地束缚着人们的思想。表现在:怕"离谱"。怕离了领导和文件的谱,跟在人家的后头,亦步亦趋。怕渗透。怕在与国外,特别是与中东国家接触中搞渗透。

应该说,目前最大的谱,是改革开放这个谱,半点也离不得;而那些阻碍改革开放、促进发展的一切思想意识、言行则都应在可抛弃之列,轻装上阵,勇往直前。渗透是在国际交往中实际存在着的客观事实,不容忽视;但我们必须看到主攻的大方向和事情的主流,绝不能因噎废食,因此而畏葸不前。必须清醒地认识到,我们在与其接触中应牢牢地把握住自己的立

---

①详见拙作《略谈民族工作的三维构架》,见《天津统一战线》1994年八期。

身原则和恪守规范，在国际交往和具体实践中，增强免疫力、加强战斗力，提高我们外事活动的艺术水平。

其次，要树立市场经济、互利互惠、有偿服务观念，要赋予"对口支援"以崭新的内涵。

当前，全国地区间对口支援的趋向是：由单项支援向全行业支援发展，由短期支援与协作向长期稳定有计划的方向发展，由支援型向多形式、多内容与互利合作相结合的方向发展。这种走向表明，对口支援已不再是过去的那种无偿援助、无私奉献的简单界定了，而应赋予它以全新而又丰富的内涵和新义。这就要求我们必须迅速赶上时代前进的步伐，从而开创广阔的新天地。

不容否认，作为经济相对发达的大城市，在对全国民族地区的对口支援问题上，尽了自己应尽的义务，并取得了一定的成绩。比如：在一些重点工程建设、科技领域、医药卫生、人才培训以及智力支边等方面都做出了无偿的支援。在当时的历史条件下是必须的；然而，这种支援是被动的受动过程，从实质上说，这只是维持静态平衡的一种消极措施，它并没有从根本上起到激励和开掘受援地区内在潜力和经济效能的积极作用，从实践上说，不利于市场经济发展的实践需要。

因此，在新的形势下我们必须采取新措施，使用新招法，求得新发展。这种新动作概括起来，可以由以下几种形式来体现：比如（一）"嫁接互补"，它可以充分发挥支援地区（大型开放城市）和被支援地区（资源）的各自优势，取长补短，共同发展；（二）"区位开放"，可以利用三边（即沿海、沿边、沿江）开放的区位优势，输出大城市所独有的人才优势和技术优势，和开放地区联办公司，互惠发展；（三）"引凤入巢"，可以利用城市的民族、宗教和地域优势，吸引外商，合资办企业，开拓市场，对提高民族地区在国际市场上的知名度和竞争力大有好处；（四）"筑巢引鸟"，它是以先创办起国际贸易市场，造成一种强而有力的影响之后，再吸引一些国家和地区的客商实地考察，使外商按照我们投资的需求，进行规划和基础设施建设；（五）"资源开发"，将民族、宗教领域及其对象中所蕴藏着丰富的人才资源和涉外关系渠道开掘出来，创造直接经济价值和社会价值，努力把这种潜在能量转化为直接的社会效益，则是我们民族工作者的一项重要的任务。①

总之，民族工作部门对经济工作的直接参与和间接参与，最终目的，就是要为国家的政治稳定和社会的长治久安奠定坚实的物质基础，在整体经济的多层次、多渠道、全方位的对外开放战略格局中，发挥应有的作用，取得应有的效益，做出我们的贡献。

（定稿于1993年4月。
原载《民族》1996年第二期。
曾获国家民族政策研究优秀论文三等奖）

---

①详见拙作《赋予"对口支援"以新的内涵》，见《天津统一战线》1995年第一期。

略谈民族工作的"三维"构架

改革开放的形势要求我们民族工作者，必须从实际出发，从主客观条件和今后的发展战略出发，在自己的历史积淀的基础上，形成新的思维方式。就民族工作而言，不失时机地构建自己的新框架，选择和确定自己的发展道路，则成为当前刻不容缓的关键之举。

民族工作的基本格局，就当前而言，似应构建一个以"立足本地，面向全国，走向世界"为目标，以"三维"支柱为基础，以发展经济为中心的民族工作"三维"框架的新结构。它由三个支柱，支撑着（一个）经济中心，在发展经济这个前提下，完善和建造这项巨大的基础工程。这"三维"框架的基本模式是：一法制、二调研、三理论。法制是保证，调研是基础，理论是依据，三者相辅相成，互相关联。

作为框架之一的法制建设，是完成民族工作，维护少数民族合法权益的政策和法律保证。它通过两个环节来完成：（一）舆论宣传。即对已有的且在当前仍然适用的法规、政策进行广泛宣传，使之从"政策服务"和"政策引导"两个方面，变成人民群众的政策依据和行动指南，引导他们把政策用好、用足、用准、用活。诸如，编辑出版民族手册之类的东西，就是集法规、政策、理论、知识于一体的一项基本建设。（二）制定法规。根据现实与可能，适时地制定出有关法律法规是民族工作部门的一项极为重要的任务。如，各地着手进行的关于执行国务院颁发的两个条例的实施办法,就是这项工作的具体实践。

作为框架之二的调查研究,则是新形势下不断完善和制定新法规的思想、物质和群众基础。为了这个目的,目前各地区相继成立的民族工作调研网络、组建调研队伍以及成立民族问题研究会这一学术团体等等,都是为完成此项系统工程所采取的具体措施,它对高层次人才库的建立,民族工作决策水平和整体工作效率的提高将起着至关重要的作用。

框架的第三个支柱是理论建树(或曰理论研究、理论探讨)。这是我们制定的路线、方针、政策,确保准确无误的先决条件和理论依据。没有正确的理论指导,往往会陷于盲目的行动和繁琐的事务之中,迷失方向。唯其如此,我们要针对现实生活和经济发展中出现的问题和动向,及时加以研究和诱导,使之向健康的方向发展。

"三维"构架是一个层次分明、内涵各异、深浅不同、排列有序的框架形态。我们把法制宣传、调查研究两项基础工作视为第一、二两个空间,把理论建树视为第三空间,三者的有机结合,即外在表象展示(前者)是为后者——理性思考所做的物质准备。只有透过表象,深入潜层,才能作出理性判断,作出理论升华,并给予实践以正确指导。

理论建树之所以如此重要,是因为"认识的真正任务,在于经过感觉而到达于思维,到达于逐步了解客观事物的内部矛盾,了解它的规律性,了解这一过程和那一过程间的内部联系,即到达于论理的认识……"(《实践论》)。这就是理论之于实践的重要意义。

"三维"构架是三者统一联结的立体组合。第一、二支柱为横向的平面关联,而第三支柱则是构成深层、立体的纵向组合。前者为感性实践(阶段),后者则是理性升华的关键部位

（部件）。这就是"法制是保证，调研是基础，理论是依据"的一般的理论表述。三者是有机的整体，既不能机械地截然对立，加以割裂；又不能视同一般，它们是相互依存、融为一体而构成完整的框架体系。

这种构建理念乃是民族工作者长期积累与实践的合乎逻辑的必然结果；它必将导致理论建设和民族工作的巨大变化与关键突破。这个变化与突破是一定能实现的，我们将拭目等待着这一时刻的到来。

毋庸置疑，民族工作部门，不是经济部门，它只能在发展和稳定二者的结合部上寻找支撑点，发挥它本身作为政府机关宏观调控中的调节和服务的两大职能作用。因此，在大潮中，找准位置，确定角色，充分发挥民族工作部门的巨大作用，则成为民族工作者的重要任务。而这三个支柱，正是实施宏观调控机制的依托和保证。

（原载《天津统一战线》1994年第八期）

赋予"对口支援"以新的内涵

当前,全国地区间对口支援的趋向是:由单项支援向全行业支援发展,由短期支援与协作向长期稳定有计划的方向发展,由支援型向多形式、多内容与互利合作相结合的方向发展。这种走向表明,对口支援已不再是过去的那种无偿援助、无私奉献的简单界定了,而是要树立市场经济、互利互惠、有偿服务的思想观念,并赋予"对口支援"以全新而又丰富的内涵和新义。这就要求我们必须迅速赶上时代前进的步伐,从而开创更加广阔的新天地。

不容否认,作为大城市在对全国民族地区的对口支援问题上,都已做出了应有的贡献,并取得了显著的成绩。从1979年算起的十几年中,仅天津市对甘肃、西藏两省区的支援,就完成了43项重点建设工程,其中包括医院、剧场等文化卫生设施;623项技术支援协作项目(甘肃600项、西藏23项),其中包括科研、医药、情报、工艺和人员培训等,支援总值达到2.1亿元。其间,涉及28个委办局,430个企业单位,同时还有3100名专业技术人员分赴两地进行智力支边,帮助360个企业解决了生产过程中的各种问题。这种支援是无偿的,在当时的历史条件下是必要的;但是,这种支援是较为被动的受动过程,从实质上说,这只是维持静态平衡的一种"消极"措施,它并没有从根本上起到激励和开掘受援地区内在潜力和经济效能的积极作用,从实践上说,并不利于市场经济发展的客观需要。

我们只有把民族地区的经济搞上去,把经济发展与广大人民群众的切身利益紧密结合起来,才能调动人们的积极性,才能更好地解放生产力、发展生产力,从而,开掘人们内在固有的潜质的物质力量,才能使他们的脱贫致富具有可靠的客观依据,在经济上永告贫困。

我国少数民族地区有着丰富的矿产资源,其品种之多、品位之高、分布之广,世界罕见,现已探明储量和开采的钾盐、溴、石棉、锡等不下几十种的矿藏储量居全国之首;水力资源,其蕴藏量高达3.547万千瓦,占全国总量的52.5%,长江、黄河、黑龙江、雅鲁藏布江等著名江河,或发源或流经少数民族地区,有的已成为我国重要的水电工业和能源基地;农业,民族地区已耕土地面积高达2.53亿亩,还有4亿亩荒地尚待开发;牧业,民族地区草原面积高过45亿亩,占全国草原面积的94%;林业,民族地区有森林7.18亿亩,占全国总面积的41.5%,木材蓄积量为52.43立方米,占全国总量的51.1%,是我国重要的林业基地。此外,少数民族地区的自然风景,名胜古迹,如珠穆朗玛峰、石林、滇池、桂林山水、内蒙古草原都是我国著名的旅游胜地……

这一切宝贵的天然物质资源,只有充分调动、激发民族地区人民群众的内在驱动力和创造意识,才能成为创造东西部动态平衡和经济发展的决定因素和巨大力量,才能将其转化为巨大的物质财富。而东部沿海地区及其经济发达的大城市则具有无比丰富的人力资源和智力资源,这对少数地区的经济开发、技术开发和智力开发提供了丰厚的物质基础;二者的巧妙结合,必定对整体经济发展和东西部地区(经济)平衡起到重要的作用。因此,在新的形势下我们必须采取新措施,使用新招法,求得新发展。这种新动作概括起来,可以由以下几种形式来体现:

(一)"嫁接互补"型。这种对口支援的类型,可以充分发挥支援地区(大型开放城市)和被支援地区(资源)的各自优势,把内地与沿海地区联结起来,取长补短,共同开发,联办企业，互惠互利，共同发展。

（二）"区位开放"型。这种类型的对口支援，可以利用三边（即沿海、沿边、沿江）开放的区位优势，输出大城市所独有的人才优势和技术优势，同他们联办公司，发展房地产、商贸等外向型经济，求得利益上的互惠。

（三）"引凤入巢"型。这是一项充分利用城市民族、宗教、地域优势，吸引外商投资的有利措施。它可以吸引外商，特别是阿拉伯国家的资金，开办合资企业，尤其可以建立国际旅行社，开拓旅游市场，对提高城市在国际市场上的知名度，大有裨益。

（四）"筑巢引鸟"型。这种类型是在上种类型的基础上进行的又一种办法；它是以先创办起国际贸易市场，造成一种强而有力的影响之后，再吸引一些国家和地区，诸如，中东海湾、东南亚、中亚国家和我国香港、台湾地区的客商实地考察投资环境，使外商及港商、台商按照我们投资的需求，进行规划和基础设施建设。

（五）"资源开发"型。民族、宗教领域及其对象中，蕴藏着丰厚的人才资源和涉外关系渠道，这是完成经济建设这盘大棋中，创造直接经济价值和社会价值的极大物质财富的沃土，努力把这种潜在能量转化成直接的社会效益，则是民族工作者的一项重要的任务。

总之，民族工作部门对经济工作的直接参与和间接参与，最终目的，就是要为国家的政治稳定和社会的长治久安奠定坚实的物质基础，在整体经济的多层次、多渠道、全方位的对外开放战略格局中，发挥应有的作用，取得应有的效益，做出我们的贡献。

（原载《天津统一战线》1995年第一期）

民族工作与经济意识

民族工作如果不能与大趋势相接轨,如果没有强烈的经济意识,便无法跻身于改革开放大潮之中。民族工作中的经济意识,具有以下两方面的内涵:

(一)民族工作应在宏观指导思想上,始终把握住以经济建设为中心这个重要前提;在微观问题的处理上,要有经济头脑,并努力创造一个良好的社会环境。

(二)在发展、繁荣少数民族自身的经济并逐步建立民族经济体系和它的研究机构过程中,实现政府职能部门在宏观调控中的"调节"和"服务"两大职能作用。

就民族经济本体而言,它应该包括以下三个内容:一是少数民族地区经济;二是民族地区的对口支援,互利互惠的共同发展;三是民族工作部门(或系统)的实体经济。

经济意识渗透到民族工作的各个领域中,通常有两种方式:

一种是直接参与。它通过两种形式来实现:一是把发展民族经济计划纳入社会经济发展的总体规划,直接加入整体经济的大循环。一方面,通过落实各项优惠政策,发展自己的民族经济成分,保障总体规划中所确定的各项任务的完成,使区域间和民族间的社会经济协调发展;另一方面,充分利用民族工作优势,为所在地区和城市经济发展做出应有的贡献。二是根据民族工作部门自身的条件和可能,发展自己的三产事业,逐步建立起自身的一套比较完整的经济体系,并成为大经济体系中的一个不可缺少的组成部分。

另一种是间接参与。充分发挥政府职能部门在宏观调控中的调节和服务两大作用。就服务而言，其方式有以下两种：一是政策服务，即（1）制定政策。只有在大量调查研究基础上所制定的具有"超前意识"的法律规定，才能在实际工作中显现出政策威力和实用价值，并切实可行，具有极强的针对性。（2）政策引导。各级政府的民族工作部门，应积极引导广大的民族工作者和有关人员，在已有的或即将颁布的政策条款内，把政策变为群众行动的指南，引导群众把政策用好、用足、用活，而且还要用准。二是经济服务，表现在：（1）对地区补助费的合理使用和检查机制的落实上。民族工作部门，应将国家所调剂、补充的有限的资金准确使用到关键的、重点的项目和部位上，用在急需解困的地区和部门，用以充分调动他们内部的积极性，从而开掘其固有的内在潜力。就是说，绝不搞消极的扶贫。（2）发挥有偿服务，"对口支援"的桥梁作用。全国"对口支援"的新走势表明，那种无偿援助、无私奉献的做法早已过时，代之以互利互惠、共同发展的崭新而丰富的内涵，这种应运而生的全新内容，乃至与之相关的种种决策，则是支援双方利用"对口支援"这个契机，最大限度地发挥地区间的各自优势（人才、资源、地域等等）和作用，充分显现其应有的外在和潜在价值，增加自身实力和活力的强有力的重大举措。

在参与民族区域间的互补经济和对口支援时，应注意以下几个问题：（1）要把民族地区的资源优势同大城市的经济互补结合起来，以期互利互惠。（2）把市场经济和强烈的经济意识结合起来，调整"对口支援"的经济布局；（3）协助边远民族地区开发物质资源，创办联合企业，互利互惠，共同发展。

（原载《民族·理论与政策》1995年第十二期）

"三步一位"
——处理民族纠纷的一种有益的尝试

近年来,随着改革开放,经济大潮的冲击,原来较单一的民族工作,呈现出一种姹红嫣紫、千变万化的发展势头。但是,由于少数民族人口的增长,民族成分的急遽扩大、少数民族延伸层面的日益拓宽、各地来往经商人员的相继增多,使民族工作的负担和压力日趋繁重,加之各民族间的摩擦系数不断加大,民族纠纷、民族事端日见频繁,规模数量大量增加。它所涉及的层面异常宽泛,涵盖了新闻出版、文化教育、餐饮副食、工商企业、民事纠纷等各个领域,其中有些问题甚至是关系到社会稳定的敏感问题。

从几年来天津市所处理的百余起事端的情况来看,其导火索和敏感源,大体有以下十个方面:(1)新闻出版,宣传导向上的偏离;(2)清真食品生产和管理上的失误;(3)在解决少数民族职工因经济效益不好而生活困难问题上的失当;(4)城市"平房改造"中少数民族安置问题;(5)高等院校"民族班"和民族学校少数民族学生中的敏感点;(6)日常生活中的邻里(民族间)纠纷;(7)对伊斯兰教"禁忌"的"触动";(8)外地个体经商出现的摩擦;(9)外省区突发事件的波及;(10)国外宗教(敌对)势力的渗透和影响。

对上述敏感源及其可能诱发事端的苗头,要按其性质和类别,采取相应对策予以防范。但对业已形成矛盾冲突的突发事件，则必须采取一种在我们看来是十分有效的"三步一位"的解决办法，予以处理。

所谓"三步一位"是"三步定型，一步到位"方法的简说。它是指民族工作者在事端突发后，刻不容缓地奔赴岗位，实施职责；通过性质判断、位置确定和反馈审视三个环节，有效处理事端和矛盾的行为过程。

"三步一位"是一个相对完整，彼此关联而又系统有序的程序过程，它环环相扣，不可分割。其基本含义是：

第一步：判断性质，划分类型。判断性质，划分类型是完成处理过程的基础和先决条件。它由两个程序构成：（1）判断性质。对突出事件的性质、类型以及发展趋势，通过分析，迅速做出准确的判断。（2）决定（处理）方式。在确定问题的性质、类型的基础上，按其性质、类型，做出相应的处理方式的决定。

第二步：确定位置，制订方案。这是处理过程中的中心环节。行为主体位置的确定，关系着受理方式和实施方案的抉择。一种是直接处理。即凡属民族问题，其受理主体是民族工作部门，其处理方式即直接处理，不容推诿。另一种是间接处理。凡属民族之外的其他问题，则由民族工作部门，根据事件的具体情况提出相应的办法和建议，转请有关部门受理，民委则处于辅助位置，予以积极的协调，实施间接处理。

在实际运行过程中，对那些民事（刑事）纠纷和民族问题交织一起，甚至相互转化的事件，要采取极其慎重的态度对待之：即要从保护少数民族合法权益的立场和角度给予密切的关注，并在间接处理过程中，发挥民族工作部门的特殊的职能作用。

第三步：审视反馈，归纳总结。这是处理过程中的最后阶段。它通常由两个环节来完成；第一，反馈。对那些业已完成处理过程的事件结果，必须进行及时反馈和必要考察，以获取重要的反馈信息。审视反馈的本身则是对上述实践活动及其自身价值的检验和肯定。第二，归纳。探索规律是在审视反馈之后进行的更为深层的序列环节和重要步骤。总结规律的意义在于不断地积累经验，实施指导，为以后的工作提供借鉴。

应当指出，"一步到位"在"三步一位"整体结构中所占位置是显而易见的，它在整个过程中起着决定性的作用，是解决问题的关键和保证。只有作为处理"问题"主体的人，即刻到位并忠于职守，才有采取措施、及时处理的可能，才能有效地制止事态发展并将其解决在萌芽状态，避免大祸酿成变为可靠的现实。因此，"铃声就是命令""铃声就是号角"应成为广大民族工作者共同的心声。

在处理事端过程中，应遵循下列原则：

1. 性质类型判断原则。不同性质和类型的问题，必须按照不同的办法来解决。从大量受理的民族宗教问题来看，有严重社会背景和属于敌我性质的矛盾是极少数，大量的则是人民内部矛盾；所以，必须按照批评与自我批评、教育相结合的原则加以积极疏导，合理解决。否则，矛盾激化，不可收拾。这就要求民族工作者，在处理问题时，必须保持冷静头脑，以其敏感的洞察力和准确的判断力，确定性质，归化类型，明确目标，制定方案。在坚毅、果敢的精神驱动下，抓住事件的关键，一矢中的，妥善处理。

2. 辅助导向原则。在处理任何性质的矛盾、事端的时候，都要时刻牢记民族工作部门是一级政府中的一个政务部门，它具有固有的"政府效益"机制，所以在处理纷至沓来的事件中，要善于找准自己的位置，确定自己的角色，充分发挥其自身应有的效能并理直气壮地对有关部门施加必要的正向影响，使其在解决问题的过程中，发挥应有的协调、指导作用。

3. 精神获取原则。在处理民族关系的若干事件中，对其矛盾双方、矛盾性质以及社会背景等等都应有周密的调查和详尽的了解；民族工作者在处理矛盾时，要是非分明、立场坚定，对那些弱小求助者，应给予一种精神力量，使正义得到伸张，弱者得到支持；在一种能迫使敌人胆寒、人民壮胆的凛然正气和无畏精神的氛围中，使"强者"和邪恶感到威慑，"弱者"正义受到鼓舞，从而汲取力量。

4. 行为规范原则。对各民族一视同仁，不管是哪个民族前来求助，都要满腔热忱地予以接待，倾听他们的反映和要求。对其合理的要求要尽力予以满足和帮助；对其不合理的要求以至非分奢望，要以党的政策和法律原则实施诱导，将其一切行为均纳入法律允许的范围之中，规范自身。让少数民族感到民委既是他们的"贴心人"，又是他们正义和民族权益的维护者，是他们赖以信任的政府部门。只有这样，才能赢得广大少数民族的尊重和信赖。

5. 整体实施原则。处理民族事端是一个整体工程，每一个局部工作都是实施总体方案中的一部分。因此必须有全局观念并认真地做好自身的那一部分工作。在强调整体观念的同时，还必须强调局部工作对全局的重要影响。只有保持局部安定，全局稳定才有可能。所以充分发挥各区县政府、民族工作部门和基层单位领导、干部的积极性是极为重要的。只有按照"谁的问题谁处理""哪儿出问题哪儿解决"这种分工负责和目标责任制的原则，上下一致，协力同心，宏微结合，妥善处理，才能确保稳定，才能做到万无一失。

6. 民宗区分原则。在解决众多矛盾过程中，有许多因风俗习惯或宗教信仰等问题的处理不当而产生的矛盾。这些民族问题和宗教问题交织在一起的现象时有发生。我们在处理这些问题时，必须慎重地把两个不同范畴的问题严格区别开来，然后，分别按照不同性质的处理办法加以解决，以免延误（处理的）时间以至造成事态扩大的严重后果。

（原载《民族政策与民族理论研究》1995年第三期，
又载《民族》1996年第四期，
被收入《中国改革开放20年成果总览（1978~1998）》）

略论爱国主义教育模式

　　维护祖国统一，增强民族团结，是社会主义精神文明建设的重要内容。加强社会主义精神文明建设，必须坚持爱国主义教育，提倡社会主义、共产主义思想和道德品质，鼓励、支持一切利于国家统一、民族团结、社会进步的人和事，以便建立起一种平等友爱、共同前进、和谐的人际关系和民族关系。可以这样说，爱国主义教育是维护祖国统一、民族团结的坚强基石。这个道理，是人们早已熟知而毫无疑义的，问题是如何更好地开展这种教育并努力提高它的社会效果，这是人们经常思考而又不断探索的问题。笔者仅就此问题，谈几点粗浅看法。

　　形式是事物内在意蕴的物化表现。因此，不认真研究具体载体的表现形态，往往不能取得一定的预期效果。

　　我以为，爱国主义教育（这里指少数民族中），至少需要构建这样一个基本框架，即以爱国主义教育为目标，以民族团结进步为重点，以多种形式为载体的全方位的教育模式。这种多载体的教育模式，便构成一种长期而艰巨的巨大的系统工程，这个工程将在今后的一个很长时期里起着重要的和积极的作用。

　　多载体全方位的教育框架，归纳起来，可由以下几个"部件"（模式）构成。

一、"阵地"教育模式

　　"阵地"教育是整体构架中的基础"部件"。它通过稳定的教学形式对受施者进行正规而系统的爱国主义教育。一般包括：课堂教学、电化教学（影视）、机会教育及系统讲座等多种教育方式。而课堂教学则是阵地教育模式中的最基本和最重要的形式。在各级各类学校中，开设"民族常识"课是实施爱国主义教育、增强民族团结的一种有益的尝试。天津市1994年定点实验以来，已有14个区县的24万中小学生接受这种教育，在近期的抽样调查中发现，受试的387个教学班的19180名学生中，有98%以上的学生对此产生了浓厚的兴趣，他们不仅了解了一般的民族常识、民族习惯及其在历史发展中的作用等理性知识，而且更为可喜的是在他们的思想和行动上，已经逐步树立起"两个离不开"的思想，增强了民族团结意识，许多汉族学生主动地与少数民族学生进行友好交流，密切接触，进而形成了互帮互学、共同进步的良好氛围。实践证明，这种将"民族团结教育"课纳入各级各类学校教学计划的做法，是我国多民族国情教育的必然要求，也是行之有效和必不可少的教育方式。

二、信息传递模式

信息传递模式是爱国主义教育工程中的一种十分重要的形式。它是"阵地"教育模式的基础，这种方式一般是通过出版物（文章、著作、教科书等）和影视作品等知识传媒（载体）而实现的；而对这种教本和参考资料的编写、出版则是民族理论界、文化出版界、教育界和各级民族工作部门的一项极其重要的工作和义不容辞的任务。

近年来，各地相继出版了不少读物并产生了良好的社会影响。比如：《民族团结故事选》《祖国大家庭》（录相带）《民族知识手册》《当代中国民族工作》，以及地方编辑出版的《天津民族概览》《少数民族爱国主义教育问答》等等，这些出版物从不同角度、不同层次和不同内容上，对各族人民在政治、经济、文化、历史诸方面发展所做的贡献、民族风情、民族特点以及民族工作中的重大活动实绩，进行了广泛而充分的展示。

三、情感激励模式

这种模式是对正规课堂（阵地）教育的一种重要补充。它包括：知识竞赛、基地参观、集会教育、百题测验、节庆活动、参观考察、创建民族团结月以及学校中的"九个一"的兴趣活动等（即："学一首民族歌曲、跳一个民族舞蹈、学画一幅民族风情画、讲一个民族英雄故事、访问一户少数民族家庭或著名人士、看一部民族故事电影等）、激励人们情感效应的多种动态教育方式；是对上述两种模式的有力补充。既可避免空洞说教，又可提高教育效果。这种补充不管是对青少年学生，还是对成人及民族干部，都将产生异乎寻常的客观效果，是一种不可忽视的有效的教育方式。

四、行为导向模式

这是一个由客观的社会行为向主观的个体行为转化的施教过程。它通过对具体的人和事，即具有典型意义的行为客体的宣传、强化来实现受教者个体行为表现的终极目标。二者互为因果，相互关联。

行为导向的社会化过程，一般由以下几种类型完成：

1. 经济型。开展以褒扬少数民族在经济大潮中的特殊贡献为内容的舆论宣传。仅从天津市朝鲜族在引进外资、签订合同的开发项目等方面的作为，便可看到其中的社会意义。他们通过联谊会这个媒介协助韩商兴办三资企业58家、吸引外资6970万元、直接促成进出口贸易308万美元；邀请外商参与洽谈、考察活动40余次，推荐专门人才62个，翻译资料81

万余字，如此等等，这些具有说服力的事实，有力地证明了少数民族在经济发展中具有不可替代的特殊作用。

2. 文化型。开展以建立民族活动中心为载体的文化宣传活动。它通过文化娱乐形式，给人以无形而强烈的精神感召、巨大的聚合力量和积极向上的艺术感染。在爱国主义教育中，人们所创造的，诸如：民族体育比赛、民族诗歌演讲会、少数民族书画展以及创作、歌颂民族英雄事迹的各种戏曲及曲艺、书法等多种艺术形式文娱活动等等，既是实施爱国主义教育工程的内在要求，也是提高人们自信、自强、自豪、自立精神的重要途径。

3. 人物型。开展以表彰优秀民族人物及其先进事迹为内容的舆论宣传，是实现爱国主义教育，提高人们素质的一项重要任务，是行为模式中的重要方面，其先进模范人物及其事迹的行为导向和激励作用，必将为人们在社会主义建设事业中，增添无尽的奋发向上的精神力量。

尽管，在施教过程中，有着多种不同的类型、模式和方法，但是，其"部件"之间在整体构架中，各有其位、各司其职，不可替代；它们绝不是简单的横向联系的平面组合，而是有着内在联系的纵向深化的递进关系和发展过程，即各种形式在其深度、广度与力度上，有着明显的阈值差异和层次区别。

尽管，情感激励模式中的多种形式，都具有诱发人们情感、意志上的激励作用，但是它毕竟尚停留在一般的、暂时的、局部的和片面的表层效应上，还有待于进一步升华和深化。我们把这种表层意义上的情感激励模式，视为教育构架中的第一层次，或称浅层的感性阶段，它是趋向更深层次教育的必要基础。

信息传递模式和阵地（课堂）教育模式，则是教育程序中的中介环节，即第二层次。前者为知识的传播提供一种"物质基础"（即载体）和前提条件，客观上具有提供背景和原料的基本功能，在教育行为中起着重要的核心作用，后者则是信息传递的实施过程，具有决定意义。二者密切合作，构成整体结构中的中心环节。教育工程就是借助这个中心环节把由爱国主义精神贯穿其中的民族理论、民族政策、民族常识等基础知识和基本观点，系统地传递给受教育者，我们把这个中心环节称之为教育过程中的中介层次。因此，加大这个中介层次的工作力度，就显得至关重要了。

行为导向模式，是教育工程中的第三个层次，或称最高层次。这是一个由"知"向"行"的转化过程，它通过众多"知"的施教而最终达到自身行为规范的目的；一切教育行为的终旨，都在于实践，我们的正确理论以及通过多种手段所激起的个体热情、意志及思想、感情等情绪上的激荡，只有贯注于人们的行为活动中、置身于火热的民族团结、民族进步的伟大事业中，才具有实际意义，才能呈现出明显的社会效益。受教者从学一支歌曲、学一个舞蹈到自觉地画一幅反映民族风情的画图、创作一首民族诗歌，甚至到少数民族团结进步的先进人物等等行为上的"质"的飞跃，乃是这一模式所要力图达到的既定目标。换言之，只有把知行统一的结果体现出来，才能实现施教过程的真正价值，也只有如此，才能达到实施教育工程的最高境界，才算完成了我们施教工作的最终任务。可见，一个知行转化的发展过程，在教育工程中具有何等重要的意义和价值！实质上，这正是我们实施爱国主义教育的根本目的所在。

总之，随着爱国主义教育实践的不断深入，其教育模式必将进一步得到丰富和完善。

（原载《民族·论坛》1997年第三期。
被收入2000年全国获奖优秀论文集《中国当代管理科学文萃》）

探索爱国主义教育模式
建设社会主义精神文明

爱国主义教育是维护祖国统一、加强民族团结的建设途径，如何更好地开展这项教育活动并努力提高它的社会效果，对于我国的社会主义精神文明建设具有重要意义。我认为，在少数民族中进行爱国主义教育，至少需要构建这样一个基本框架：即以爱国主义为目标，以民族团结为重点，以多种形式为载体的全方位的教育模式。

这种多载体全方位的教育框架，归纳起来，可由以下几个"部件"（模式）构成：（1）"阵地"教育模式，即通过稳定的教学形式，如课堂教学、电化（影视）教学、机会教育及系统讲座等对受教育者进行正规而系统的爱国主义教育。其中课堂教学是阵地教育模式中最基本的形式。在各级各类学校中，开设"民族常识"课，通过经常、系统而具体的民族常识、民族政策和民族理论知识的传授，不断地从各民族历史、文化背景上、社会发展进程中的各自贡献上加以理解和深化中华民族大家庭的整体民族意识，从而在获得必要的民族方面的基本知识的同时，树立民族自尊心，增强民族自豪感，提高各民族间的凝聚力。天津市两年来的定点实验表明，受试的387个教学班的19180名学生中，有98%以上的学生对此产生浓厚兴趣，并且在思想和行动上逐步树立起"两个离不开"的思想，民族团结意识明显增强。（2）信息传递模式。即通过出版物（文章、著作、教科书等）和影视制品等知识传媒（载体）加以实现。在这里，教本和参考资料的编写内容，是否具有科学性、知识性、可读性、合理性是此项系统工程中的关键环节和构架基础，否则，教育工程不能沿着正确、有序、生动、健康的方向发展。（3）情感激励模式。它是对"阵地"教育的一种重要补充。它包括：知识竞赛、参观考察、集会节庆活动、创建民族团结月以及学校中的"九个一"的兴趣活动等（即：学一首民族歌曲、跳一支民族舞蹈、学画一幅民族风情画、讲一个民族英雄故事、访问一户少数民族家庭或著名人士、看一部民族故事电影等），通过多种动态教育方式，以达到激励人们团结向上情感效应的目的。（4）行为导向模式。它是一个通过具体可感的人和事的宣传，来强化促进受教育者个体行为表现的过程。在进行行为导向的过程中，可以通过少数民族个体或群体在经济文化建设中所发挥的作用和所做的贡献，来提高人们自信、自强、自豪、自立的精神和情怀。

  在施教过程中，尽管有着多种不同的类型、模式和方法，但是，其"部件"之间在整体构架中，各有其位、各司其职，不可替代。它们绝不是简单的横向联系的平面组合，而是有着内在联系的纵向深化的递进关系和发展过程，即各种形式在其深度、广度与力度上，有着明显的阈值差异和层次区别。情感激励模式中的多种形式都具有诱发人们情感、意志上的激励作用，但是它毕竟尚停留在一般的、暂时的、局部的和片面的表层效应上，还有待于进一步升华和深化，可视为教育构架中的第一层次，或称浅层的感情阶段，它是趋向更深层次教育的必要基础。信息传递模式和"阵地"教育模式，则是教育程序中的中介环节，即第二层次。前者为知识的传播提供一种"物质基础"（即载体）和前提条件，客观上具有提供背景和原料的基本功能，在教育行为中起着重要的核心作用；后者则是信息传递的实施过程，具有决定意义。行为导向模式，是教育工程中的第三个层次，或称最高层次，是一个由"知"向"行"的转化过程。它通过众多"知"的施教而最终达到自身行为规范的目的。一切教育行为的宗旨，都在于实践，我们的正确理论以及通过多种手段所激起的个体热情、意志及思想、感情等情绪上的激荡，只有贯注于人们的行为活动中、置身于火热的民族团结、民族进步的伟大事业中，才具有实际意义，才能呈现出明显的社会效益。

（原载《民族工作研究》1997年第二期。
被收入《中国当代战略文库》和《走向新世纪》丛书，
并获2000年中国行政管理学会政策科学研究分会
与中国当代社科研究文库编委会举办的
全国社科优秀论文二等奖）

培养少数民族干部应注意的几个问题

　　培养、选拔、配备少数民族干部,造就一批民族团结进步事业的带头人,使之成为党和政府联系广大少数民族群众的纽带和桥梁,对稳定社会秩序,保障国家长治久安和实现伟大的社会主义现代化建设的宏伟目标,具有重要意义。完成全党的这一重要任务,要求各级领导部门必须从促进现代化事业和建设社会主义民主政治的战略高度,充分理解,加深认识,切实把它列入重要的议事日程,抓紧抓好。因此,在培养少数民族干部的具体操作过程中,需要明确以下几个问题:

　　(一)要明确目标。解决少数民族干部问题,应从加强三支队伍建设入手。这三支队伍的建设,主要是:(1)少数民族一般干部队伍的建设和少数民族领导干部的选拔;(2)少数民族广大职工素质的提高;(3)少数民族科技队伍的扩大。其中最为关键的是提高他们的文化科学知识和思想品德素质。

　　有关部门要在对上述三支队伍状况进行调查、分析、预测的基础上,制定切实可行的远期规划和近期安排。

　　(二)要大胆提拔。各级领导部门一定要解放思想,大胆地把那些符合"四化"要求,德才兼备而又具有开拓精神和领导才干的优秀少数民族干部提拔到相应的领导岗位上来。在特殊需要的地区和部门,可在提职年龄和学历要求上,采取灵活政策。

　　(三)要拓宽渠道。少数民族干部来源,一般说来,有以

下三种主要渠道:

1. 从应届大中专毕业生中充实。根据少数民族干部队伍的现状和民族工作的实际需要,在每年大中专应届毕业生分配时,应优先把少数民族毕业生充实到民族工作急需的单位和部门中去。

2. 从优秀青年工人、农民中选聘。可以从基层的优秀青年工人、农民中挑选出有培养前途、素质良好的人员,经过专门培训,充实到少数民族干部队伍中去。

3. 从部分高中毕业中选拔。在加强民族学校建设,保障少数民族学生升入各级各类专业学校深造的同时,可以从少数民族高中毕业生中(一般是高考落榜生)选拔部分素质好的学生,输送到普通高校或中等专业学校进行定向培养。采取定向招生、统一考试(或降低高考分数线)、定点分配的办法,有意识、有计划、有目的地培养专门人才。

(四)要加强锻炼。对已确定实职的少数民族领导干部,要及时委以重任,实地考察;对尚未确定实职的后备干部,要有意识、有步骤地把他们安排到适当的工作岗位,采取双向交流或轮岗体验的方式,为他们创造一个实际锻炼、增加才干的良好的实践机会。

(五)要培训考核。建设少数民族干部队伍要在培养提高上下功夫。民族干部的培训,应根据其自身特点和成长规律以及实际需要与可能,分层次、有计划地进行。现职领导干部可参加各级党校、干部管理院校学习,后备干部可参加不同时限的干部轮训,以提高他们的文化道德素质和实际管理水平,并随时、定期对他们进行德、绩、能、勤诸方面的严格考核和鉴裁监督。

(原载《学术信息》1993年7月20日)

天津清真大寺

天津清真大寺位于天津旧城西北角小伙巷内。始建于清顺治元年（1644），嘉庆六年（1801）重新修缮，是天津市保存完好的中国宫殿式伊斯兰教建筑群。占地约5000平方米，建筑面积2200平方米。现为天津市重点历史文物保护单位。

寺院广阔，建筑宏伟，寺门外为铁栅栏圈围，对面在高8.5米、长14.6米、宽1.4米的巨大照壁上，嵌有汉白玉匾额一块，上题"化肇无极"四字，巍峨状观。寺内有门厅、大殿、讲堂、耳房和淋浴室。主体大殿，坐西朝东，东配对厅，南北讲堂，相互映衬，格局紧凑。大殿总体面积约1000平方米（含抱厦），可容纳千人聚礼。它由四组殿堂联接而成，成为卷棚式抱厦，后为两组庑殿顶大殿，殿内金碧辉煌，梁柱盈联，拱门匾额，皆刻《古兰经》文，雕工精美，庄严肃穆。殿后是一组顶上并排耸立的，五座由方木迭落而成的藻井形五角或八角亭式楼阁，殿堂两侧及门窗、屋顶或镶嵌砖雕或木刻花饰，其整体外形檐牙起伏、错落有致。寺内每件装饰，皆采用花卉、图案而不使用偶像和动物纹饰，这既严格遵循了伊斯兰教义的原则，又保持中国古代木结构的建筑风格。南北两侧亭阁檐下，分别悬有"望月""喧时"二匾。寺内悬挂61幅汉文和阿拉伯文楹联、匾额，大都出自书法名家，墨宝荟萃达300余年。寺中原藏经书万册，十年动乱，毁于一焚。现存仅似火柴盒1/2和1/3大小、印质精美的袖珍本《古兰经》两册，堪为珍宝。

大寺北门跨院二门楼横壁之上,镶嵌砖雕精品一组,为砖雕名家马少清生前所作。马继承其父顺清技艺,刀法纯熟并突破性创造了"粘砖法",名声斐然。马氏父子不仅精于砖刻,而且擅长磨砖对缝的细工操作,在天津大宅地的建筑装饰上,多有所作。其作品,层次分明造型考究,林木屋宇,剔透玲珑,竟能在二三厘米之处,令人有天地辽阔之感。少清之甥刘凤鸣,在继承"粘砖法"的基础上,创造了"堆砖法",不仅能在砖面上做平面和浅浮雕刻,而且还可做半圆雕以至透雕,具有很强的立体感。刘氏刻制手法细腻,人物、花鸟、翎毛、花草细致入微,成就卓著,其砖刻技艺为津门一绝,素有"刻砖刘"之誉,与杨柳青年画、"风筝魏""泥人张"并称津门四绝。

曾在清真大寺两度任教长的李希真阿訇,字志贤,河北沧县人。幼从祖父攻读经典,精通阿文,能背诵《古兰经》。历任天津南大寺、西寺教长,其学徒弟子遍于华北,成为当时颇有名望的大阿訇。与津门大侠霍元甲并称"回汉双侠"的曹金藻为该寺第十四代掌教。其人豪侠尚武,受业于沧州武术大师马顺起,擅长弹腿、六合拳、大红拳、十手拳、黑龙拳,尤以"鬼推磨"绝技名噪一时,人称武林高手曹阿訇;他所创建的回族青年武术队,名闻遐迩。著名伊斯兰教学者王静斋、杨仲明等曾在此筹办中阿大学,国内影响甚大。

由于该寺处于回族聚居区,历来成为全市伊斯兰教活动的中心。在寺周围曾居集着许多著名的回族艺术家,其中有"津门四绝"之一的砖刻家刘凤鸣;有诗书画兼长,尤擅隶书的曹鸿年和吴伯年;有与吴昌硕齐名的金石家穆云谷(字寿山);有与刘奎龄、陆莘农、刘子久、肖心泉并称津门"画坛五老"的刘子清;有苦心孤诣、老而弥坚的书画家梁崎;有斐声书坛、造诣颇深的书法家穆雨周和穆子荆；还有早年从事新闻事业，后又投身政界，且于文字学颇有研究的书家刘孟扬。"五四"时期，马骏、郭隆真、刘清扬等回族革命青年曾在寺前广场上发表演说，激发回族民众同帝国主义、封建主义进行斗争的爱国热情，并一举砸碎山东军阀马良题写的匾额，成为历史上学运中的一段佳话。

(原载 《民族》1993年第四期)

佛教净地荐福庵

荐福庵位于天津河东区小孙庄富贵里,建于民国 12 年(1923 年),是天津市第三座佛教十方道场。

此庵原系清末名仕周馥的祠堂小庙,是周宅举办佛事的私人道场,内设僧人专司主持。20 世纪 50 年代,其孙、原全国人大常委会委员、天津市副市长周叔弢先生将其家庙连同此庵同献国家,十年浩劫亦遭劫难。

周馥,字兰溪,名玉山;安徽东至人。历任前清天津海关道兼天津兵备道、直隶按察使、直隶布政使、两广总督等职。此公在津期间,曾协理李鸿章施"新政"、办洋务达 30 余年,对天津发展卓有贡献。值其八五耄耋病逝,津门轰然。故近代名流严修(字范荪)、李士珍等联名上书当局,遂为其建祠且筑此庵,以志纪念。时清逊帝宣统(溥仪)因赐谥号"悫慎公",以褒其功,以彰其德。

逮及返正,百废待兴;国运昌隆,海众安和,荐福庵已于 1996 年 4 月 18 日(农历三月初一)重新开光,遂得恢复。

荐福庵现存坐北朝南大殿三楹,青砖灰瓦,庄严古朴。殿内观音菩萨、文殊菩萨、普贤菩萨三尊乃 1991 年由天津大悲禅院移请而来,系天津美院王之江教授主持所造,饰色装金,珍侪佛宝。伽蓝、地藏、消灾延寿三相,供养一处,肃穆安详。殿内高悬普渡迷津、悲智力尊巨字二匾,笔力雄健,凝重超然。山门两侧分别镶有黄底黑字"庄严国土利乐有情""佛日增辉法轮常转"之木质独字两联;壁上嵌有"南无阿弥陀佛"六字佛语,使人耳目一新,真如觉场。

近期庵内适从缅甸迎请玉佛一尊,法相庄严,铜铸万年宝鼎,巍峨高大,确数津门之最;禅院屋宇,又添金额大匾、抱柱楹联(一十六块),墨宝荟萃,金光耀眼。庵寺虽小,却典雅有致,凝重如仪;香火兴旺,信者如云。每于初一、十五进香朝拜者,高达数千人。

此庵开光以来,住持妙贤法师,安居弘法,矢志不移。学规修范,研教习理,僧团上下,同舟共济。业已成为善信同修,讲座释疑,凝重安和之佛门净地。寺内现有尼众一十二位,持戒念佛,二时过堂,过午不食,以六和敬的精神,过着清净无为的生活。

妙贤法师及众尼,虽入佛门,却以出世精神,做入世善举。素以扶贫济困,为善为乐,慈济孤残,送食捐款;捐资助学,积善多年;认养动物,大慈无缘;饶益众生,广结善缘;在赈济灾民的多次活动中,特别是去年张北地震,今年抗洪抢险活动中,她们忍赤热之酷暑,耐严寒之深冬,募集款物,济赈灾民,先后募款高过十万余元,衣物食品达两万余件,惠泽达于甘肃岷县、河北张北及大江沿岸和淞江地区,其赈灾之数,名列津门宗教界之榜首。妙贤法师还亲将物款护送至灾区,其诚可感,其情可嘉;此积善功德赢得社会赞誉。

(原载《民族》1998年第十二期)

以出世精神　做入世事业
——妙贤法师的慈悲功德

荐福观音寺自1996年开放以来，在全体尼众的努力下，寺院寺规严谨规范，民主管理日臻完善，僧团上下同舟共济，已成为天津市一座庄严凝重、如法如仪的佛门净地。为继承发扬佛教的优良传统和坚决走与社会主义社会相适应的正确道路，全体尼众在扶贫助困、捐资助学、认养动物、慈济孤残四项善举方面，做出了积极的贡献，共为慈善公益事业捐款捐物百余笔，价值百万余元，因而赢得了社会各界的赞誉。

"养浩然正气，为大法而生"。她们虽入佛门，却时时关心着社会发展，以扶贫助残为己任，"不为自己求安乐，但愿众生得离苦"。开放之初，在资金严重匮乏的情况下，她们竭尽全力为天津福利院孤残儿童、老年护理院孤寡老人以及相邻大直沽街孤老户，按月赠款赠物，并为部分孤残老人送去生活必需品和供品、食物，总计达数千元。

"上报四重恩，下济三涂苦"。上报国土恩，是四重恩德中最为重要的一种。只有国家稳定和兴旺发达，才能有良好的宗教信仰自由环境。而国家的兴旺发达，关键在于教育。因此，她们先后为河北省涞源县希望小学、山西省阳高银星希望小学和天津市的南开启智学校、河东启智学校、第一聋哑学校、河东弱智学校捐款捐物，累计数十万元。

为体现佛陀"无缘大慈，同体大悲"思想，保持生态平衡,她们在天津动物园认养了国家一级保护动物梅花鹿,开创了天津市社会认养动物的先河。

在历次水灾、地震的赈灾活动中,她们扶贫帮困、济世救人的奉献精神,更是感人至深。

1997年,张北地区发生强烈地震,她们仅在四天时间之内,就募集人民币4万余元、防寒衣被3000余件,其中包括她们当月的全部衣单费。为了使救灾物资及时送到灾民手中,她们亲自将水泥10吨,矿泉水100箱,食用油500桶,烟筒、炉子160套,衣被3000余件,护送到张北地震灾区,在灾区引起了很大反响,成为全国将救灾物资运送灾区的第一支宗教救援团体。

1998年七八月间,我国遇到了百年不遇的洪水肆虐,长江沿岸和松花江流域汛情危急,又牵动了她们的菩萨之心。赤日中天,她们冒着酷暑,高搭义棚,募集款物,在紧张的几天里,为大江南北和松花江地区洪涝灾民募款高达5万元,衣物1.4万余件,名列我市宗教团体之前列。

1999年,她们得知山西晋北阳高县贫困山区遭受大旱,粮食绝收,很多儿童失学的消息后,立即组织捐款捐物支援灾区,这是继1997年抗震、1998年抗洪后的第三次大规模爱心行动。在寒风刺骨、大地冰冻的恶劣气候下,广大佛教信众积极响应,从四面八方将赈灾物品汇集到寺院,计有大米5吨、教科书1万册、衣被2.5万件和善款2万元。然后,连夜送至灾区,使阳高县县委、县政府及村民深受感动。这次捐助活动在津晋两地震动很大,产生了良好的社会影响。

2001年,她们得知天津蓟县孙各庄满族乡人民生活困难的消息后,在妙贤法师的倡导下,立即募集了1.4万元善款和2.5万件衣物、文具,送到山区人民手中。

2003年,为了庆祝天津设卫建城600周年,祈祷世界和平、人民幸福，荐福观音寺将"除夕钟声"进行了慈善拍卖，共计拍得 5.0668 万元，将拍卖的善款全部捐赠给社会慈善公益事业——向南开启智学校捐赠 2 万元，向天津佛教慈善功德会捐赠 1.1111 万元，向河东区六十户贫困家庭捐赠 1.1 万元，用实际行动为政府排忧，为困难群众解难，回报社会，造福众生。

(原载《极乐》2004 年第二期)

览物集

荐福观音寺三宗宝

第一宝：四面千手观世音菩萨

佛像通体采用日本按金，设计方案遵循大乘佛教《造佛度量经》标准，采用传统的"木雕漆金朱金"工艺，选用优质香樟、野生麻、原始生漆、陈年瓦粉等天然材料和24K足金，经过雕塑、自然干燥、保香、夹 、上灰、水磨、贴金等48道工艺精制而成。佛像高度8.6米，四面的感观效果相同，四十四头、千只佛手及九十六臂，在佛基莲花座上雕有观世音菩萨的三十二应化身及八难三途青石须弥座，精湛的工艺，完美的造型，具有震撼人心的感染力，成为津门佛教信众瞻礼朝拜的佛宝。

2002年10月，四面千手观世音菩萨安座供奉于荐福观音寺圆通宝殿。

第二宝：古槐参天根深叶茂

古槐系指历史记载中的直沽中台，即本寺圆通宝殿前一株600余年之古槐树，它是直沽寨悠深历史的佐证。

经过600余年历史沧桑的古槐，至今仍根深叶茂，郁郁葱葱，人们将其赞誉为"神树"。600年树王菩萨供奉在荐福观音寺圆通宝殿古槐树一侧，护卫着宝刹，显示伽蓝古朴、典雅、雄伟和壮观，成为本寺一宝。

第三宝：津沽梵刹第一钟

钟是佛门法宝之一，击钟象征"欢乐、吉祥、平安、灾除"。寺院中素有晨钟暮鼓之法规，《阿含经》中有偈曰："降服魔力怨，除结无有余；露地击键稚，比丘常云集……"又云："诸有恶趣受苦众生，今得停息……击钟鸣磬，引发善心，增其正念。"

本寺钟楼高悬新铸铜钟一口，直径2米，高3米，重约5吨。此钟铸造精细，钟声深厚悠扬，钟上铸有发心铸钟者的功德芳名。击钟三声，平安吉祥，津沽梵刹第一钟，响彻津沽大地。

(摘自《极乐》2004年第二期)

慈悲济世　利乐众生
——妙贤法师的慈悲功德

前不久，在由中华慈善协会倡导、中华慈善宣传年组委会实施的"爱心中国"——首届最具影响力的百位慈善人物评选活动中，天津市佛教协会副会长、天津市佛教慈善功德基金会理事长、荐福观音寺住持妙贤法师光荣当选。这次评选是世纪之交我国慈善工程中的一件大事，是对多年来从事、推动和影响中国现代慈善事业蓬勃发展的时代典范、慈善人士及其业绩的集中展示和崇高褒奖。

妙贤法师获此殊荣，当之无愧。作为一名僧人，她始终以爱国爱教为立命之本，以"慈悲济世，利乐众生"为修身之德，把进德扶善、助残济孤作为修持常务。妙贤法师因之得僧俗拥赞，得社会好评。

一、妙法贤德铸金身

当初妙贤法师住锡天津河东区小孙庄（亦名"荐福"）的茅蓬小庵时，即已发宏愿：弘如来之家业，重修荐福宝刹。法师笃信"人能弘道，非道弘人"，主张"不为自己求安乐，但愿众生得离苦"的教义，历经七度寒暑，苦诣经营修得善果，把一个尼众丛林，整饰得严谨有序、规范有制、香火兴旺、道风井然；全寺尼众上下努力，同舟共济，迅即成为天津市的一方庄严凝重、如法如仪的佛门净地。

1998年，始感伽蓝狭小，逐生重建之念，于五月初一便在佛前发下誓愿，四载奔波，矢志不逾，在各方面的支持下，终于如愿以偿，于2003年10月迁建8400平方米的规模宏大、香火鼎盛的崭新道场，成为天津市佛教史上首例寺院异地重建的壮举。

王永武先生曾赋诗赞之，其诗曰：寺院缘何有今日，妙贤法师功在前。摩顶放踵普结缘，资金筹措尤关键。精心规划巧构思，废寝忘食不得闲。殿宇重起塑金身，宝像贴金制幡帘，建寮安众设网站，电子屏幕技术先。哼哈二将睁怒目，魔罗慑慑莫敢前。幡幢庄严红旗展，爱国爱教堪为典。法师作大利益事，臂折犹作经年。直沽日新月异貌，僧俗交口唯赞言。奇人奇事奇寺院，与时俱进是典范。四众弟子言称赞，普贤菩萨现人间。

妙法贤德铸就了她虔诚慧命的龙象佛骨、铸造了她利乐苍生的法乐金身。

二、三宝功德映佛门

妙贤法师坚持爱国爱教，心怀造福人群、回报社会的热情，以"精进恒持，以身献佛，有愿必从"的三宝功德要求自己。日以修持为己任，为造寺兴福呕心沥血，为利生弘法殚精竭虑。

荐福庵，建于1923年，其址在天津河东区小孙庄，原为周氏（周馥）家祠之附设小庙，占地仅数百平方米。此茅庵当初建成，曾由佛教净土宗祖师印光大师弟子一山及其弟子住持30余年。1950年当天津佛协，后为比丘尼道场。1996年，恢复开放，因地势狭小，不能满足佛教信众之佛法需要，2002年7月，终于经过多方努力，实施异地重建，新建荐福观音寺占地8400平方米。2003年10月25日落成并举行开光大典及水陆空大法会盛典。此举堪称天津市佛教有史以来规模最大的法会,远近欣然。

荐福观音寺位于天津发祥地大直沽。今地原为辽金时代药王庙之遗址。寺院布局,左右对称,高低回映,错落有致,既保留了古刹遗风,又呈现时代特色。中轴线上建有宋代影壁、山门殿、天冠弥勒殿、圆通宝殿;两侧筑有东西方三圣殿、华严殿、藏经阁、五观堂、念佛堂、讲经堂、上客堂和报恩堂。

圆通宝殿,梵宫巍峨;藻井天阁,玲珑剔透;华严宝殿,流光溢彩;钟鼓楼宇,精致典雅;报恩殿堂,规模宏大。

今寺中多有珍贵文物。如辽金时代的九龙大匾、唐宋明清的法宝经像,以及历代高僧文人的墨宝长卷,蕴涵了深厚祥瑞的文化氛围。寺中有"三宗宝",蔚为大观:

一曰佛宝,即供奉于圆通宝殿中的四面千手千眼观音菩萨,像身高8.6米,系香樟木所雕,通体采用日本按金,以《造佛度量经》标准并严格按照中国传统工艺精制而成。佛体四周感观绝无二致。44头、千只佛手、96臂展现于莲花宝座之中,栩栩如生、震撼心灵,视为佛的信众瞻礼,膜拜之佛宝。

二曰"树宝"。这是一株生长600年的玉树古槐,位于圆通宝殿之前侧,旷时久远,却郁郁葱葱;被人们称为"神树"的槐树之王,立于殿前成宝刹护神灵,显示出伽蓝之古朴、典雅和壮观。这棵巨槐数百年来,目睹人世变迁,见证世态炎凉,如今,它又成为恢弘壮丽的福祉之地——荐福观音寺的守护之神,眼见着香火鼎盛,万方结缘,这棵巨槐也见到了天津佛法的兴盛。这株天津发祥"之根"的菩萨树王,正欣享着改革开放、经济繁荣、社会和谐的春风和日。

三曰"钟宝"。钟为佛法之宝,此处之钟,可称钟王,其直径2米,钟高3米,重约5吨;铸造精细,钟声深厚而悠扬,为津沽梵刹之第一大钟。曾有古诗一首赞之曰:

玉树参天六百年，菩萨神护宝堂前。
　　观音千首慈佛面，暮鼓晨钟报平安。

　　寺院内悬百余匾额抱拄，皆为当代书法大家墨宝，努力营造良好的文化气息；电脑网站、闭路电视系统、弘法电子大屏幕；突显现代化管理与时俱进。寺中的弘一佛乐演唱团、素斋馆、佛教宾馆也在不断完善中，不仅是清净梵刹，又是服务社会、造福人群的道场，是津沽名蓝和全国最大的比丘尼道场之一。
　　如此庄严、雄伟的清净梵刹从设计施工到落成开光仅仅用去了一年的时间，其中妙贤法师的付出是常人所难以想象的。工程的一砖一瓦、一木一石、一丝一缕无不渗透着法师的心血，工程的设计、资金的筹措、材料的选购无不奉献着法师的心力，凝聚着感召，即使是庙中的一桌一椅、一个拜垫、一株树木，她都要亲自过问，365个日夜，几乎都能在施工现场看到她的身影。一天夜间巡查工地时，不幸从脚手架上摔下，手臂四处骨折，法师犹不肯休息，劳作不辍。殚精竭虑，为佛为法，身命不吝！而今人们走进金壁辉煌的寺院，享受佛门净地的法喜法悦时，都不禁欢喜和赞叹法师的功德。

三、修持界外尘济世

　　妙贤法师认为，出家人不能只是吃斋念佛，要有"不为自己求安乐，但愿众生得离苦"的慈悲济世精神。法师的眼光不仅在寺院中，她更关注社会，关注弱势群体，关心灾区，关心贫困山区。她经常走到孤老病残人中间去，置身于残疾儿童和需要帮助的人中间。扶贫济困，拔苦予乐，是法师的悲愿所显。早在出家之日，法师即立下"以出世精神，做入世事业"的宏伟誓愿。所谓"出世精神"，在她看来，就是努力刻苦学习佛学理论，提高佛学造诣，不断修持精进；加强寺院如法管理，提高寺院功能，为国分忧，为民解困。所谓"入世事业"就是在世界大事、国家大事上，要时时关心，在社会服务上表现赤诚。

她认为出家人也是社会一员，国家公民，生活在社会中，既然如此，那么，就应在社会生活的不断实践中，体现出僧人应有的社会价值和应尽的国民义务，为社会回报和三大文明建设做出自己的贡献。长期以来，在为继承和发扬中国佛教的优良传统和坚持与社会主义社会相适应的道理上，妙贤法师带领僧众在赈济灾荒、扶贫助困、捐资助学、认养动物四个方面，做出了令人瞩目的贡献，赢得了社会各界的赞誉。

赈济灾荒

妙贤法师认为，"无缘大慈，同体大悲"，僧人应念念不忘"上报四重恩，下济三涂苦"。1997年，张北地区发生强烈地震，震后的四天之内，即募集捐款4万余元人民币、防寒衣被3000余件，其中包括她们每月的全部衣单费。为了使救灾物资及时送到灾民手中，她们亲自将水泥10吨，矿泉水100箱，食用油500桶，烟筒、炉子160套，衣被3000余件，护送到张北地震灾区，在灾区引起了强烈反响，成为全国运送救灾物资的第一支宗教救援团体。

1998年七八月间，多年不遇的洪水肆虐，长江沿岸和松花江流域汛情危急，又牵动了她们的菩萨之心。赤日中天，她们头顶酷日，高搭义棚，募集款物，在紧张的四天里，竟为大江南北和松花江两岸的洪涝灾民送去高达5万元、衣物1.4万余件的救灾款物，又名列津门宗教团体之首。

在1999年的山西晋北阳高县贫穷山区的大旱灾中，她们不畏严寒，顶风冒雪，征集赈灾大米5吨、教科书1万册、衣被2.5万件、善款2万元，连夜驱车送到灾区，阳高县委、县政府及灾区村民深受感动，在津晋两地产生了良好的社会影响。新闻媒体曾做相应报道。

扶贫济困

妙贤法师认为僧人虽入佛门，却应常常想着要济世苍生；因此，她们把扶贫助困当作自己的责任。在开放之初，在资金严重匮乏的情况下，竭尽全力为老年福利院的孤寡老人和相邻街道的孤老户，每月赠款、赠物，以备老人生活之需。累计资金已达万数之多。现已成例行公事。

得知蓟县孙各庄满族乡人民生活困苦之后，她倡导立即募善款1.4万元、衣物2.5万件及时送到山区人民手中，解决燃眉之急。

为庆祝天津设卫600年，祈祷世界和平、人民幸福的"除夕钟声"拍卖活动中，妙贤法师也没忘记将所得50668元善款全部捐赠社会慈善公益事业，分别向南开启智学校捐赠2万元、向佛慈会捐赠1万余元，向河东区贫困户捐赠1.1万元。

捐资助学

妙贤法师以为，需要报答的四重恩中，国土恩最为重要。只有国家安定，社会发达，人民生活稳定，才能具有良好宗教信仰自由环境，而国家的兴旺发达，关键在教育。因此，她们先后为河北省涞源县希望小学，山西省阳高银星小学和天津南开启智学校、河东启智学校、第一聋哑学校等捐款数十万元人民币，支援教育事业。

仅以南开启智学校为例，明见一斑。该校是一所民办残障智障学校，经费来源困难，教学环境简陋，从1996年始，荐福观音寺即定向拨款支援该校基本建设和教学设备，每逢春节、儿童节、助残日，广大僧俗人士便与孩子们联欢并赠送礼物、善款，使他们感到了社会的温暖和僧俗的爱心。八年来，共捐赠办学经费、电脑、缝纫机、办公用品、学生校服等资金高达20万元，得到社会的崇高赞誉。

慈念护生

保护生灵、爱惜生命是佛家的一种功德，保护自然环境，保持生态平衡，又是文明人类的一种美德。妙贤法师凭"无缘大慈，同体大悲"的信念，组织僧团认养了天津动物园中国家一级保护动物梅花鹿。定期喂养、定期赠款、定期看望，已成为一种制度，开创了天津市社会认养动物的先河。

四、积极倡建天津市佛教慈善功德基金会

新建的荐福观音寺是天津的清净宝刹。以往数百年来的茅庵，面目一新，跃然成为巍峨雄伟的道场。荐福观音寺得四众赞叹、得社会各界称扬的同时，妙贤法师赤诚精进，作务持修，无悔无憾，不惮劳苦，光大佛教事业、慈悲弘济世人的精神也赢得了从政府到社会人众的美誉。妙贤法师积极倡建了天津市佛教慈善功德基金会。作为天津市佛教僧伽的一分子，法师致力于天津慈善事业的社会化，使"慈悲济世、利乐众生"的理念化为和谐社会的美好现实。为此，基金会积极动员社会各界及广大佛教信众的力量，筹集慈善基金，大幅度地开展济困助残扶持教育等项广泛的慈善活动。倡导互助互爱精神，奉献爱心，沟通政府与慈善活动之间的联系，营造和谐平等的慈善氛围。对佛教与社会主义相适应，已产生积极的影响。

今日社会，慈善二字的内涵，早已超出施舍恩赐的范围。在佛教背景下，平等、互爱、共同发展也已理所当然地融入了慈善事业。正是基于这样的认识，妙贤法师及广大僧众四处奔走，积极筹备成立协会，为及时开展工作，荐福观音寺先出资400万元，作为基金会的启动资金。

基金会成立以后，得到了社会各界人士的认同支持。仅在成立大会上，就为贫困的百名残疾大学生捐款25万元；春节期间又向塘沽、河东孤老病残困难户赠捐大米、食油及善款2

万余元；又扶助河西区下岗职工癌症患者治疗费2000元，并向天津市残疾人联合会捐赠价值10万元的轮椅；并于6月1日儿童节期间慰问两所启智学校并捐款2万元；还向天津鹤童老年福利院捐赠价值3万元的药品。

2004年12月，印度洋沿岸遭遇巨大地震、海啸，死难者高达12.5万人，世界各地皆伸出援助之手，我国人民掀起了支援热潮，天津市佛慈会及时捐款20万元（其中荐福观音寺10万元），救助灾民。法师为此悲愍测，夜不能眠，虔诚祈祷，至今回想，依然动容……目前，佛慈会正在积极进行调研，计划筹资为山西国定贫困县阳高县解决当地儿童入学的问题，筹建一所"慈心希望小学"。

作为首届当选的"爱心中国——中华百名最具影响慈善人物"之一，妙贤法师表示，一方面觉得万分荣幸，能够列名于李嘉诚、曾宪梓、李宁、牛群等大慈善家中间，这是党和政府给予的莫大荣誉；同时，法师又感到十分惭愧，认为自己和其他慈善名人相比，还有很大差距。法师表示，今后要在中国共产党和政府领导下，依靠广大佛教信众为慈善事业，为弱势群体尽心竭力多做贡献。我们预祝妙贤法师在"爱心中国"的慈善工程中，百尺竿头，更上一步，取得更加辉煌的成就，以造福社会、回报人群。

迄此，综合四题，为诗一首，赞曰：

妙法贤德铸金身，　　三宝功德映佛门。
修持原不离人世，　　沧桑古槐正遇春。

（原载《佛教文化·今日丛林》2005年第四期）

天津圆通寺重建缘起碑记

　　圆通寺位于武清崔黄口镇邢窑村，占地二十八亩。崔黄口系武清大镇，相传建于元代。因地临辽运，为求安顺，取名吹风口，后讹称崔黄口；又传因崔黄两姓而得名。清代曾设总衙，康熙年间，圣祖玄烨幸宿于此，古镇由是大兴。其城垣风格，悉照阙规，严威峻拔。四门之中，北门堵塞，余者三门，青砖至顶，红门马道，卫河绕环，以取玉带经绕之意。四门阁中皆为庙堂，前廊后厦，平扇花窗。东有马神，西供财神，南奉火神，北门所供真武大帝，四处梵净，阁台腾欢。池城内外，云堂飞檐，十八庙宇，九桥镶嵌。时逢吉日则莲花水座，烟吐云帆，其状如繁花市景，辐辏人烟。商贾云集，华相优昙。然虽凤极一时，势过境迁，宇杳僧沉，声消迹灭矣。欣逢盛世，岁月荏苒。虔诚所至，和结众缘，异地祺址，重建伽蓝。旋于二〇〇六年三月十二日，市区镇三级政府诚请中国佛教协会常务理事、天津市佛教协会副会长、荐福观音寺住持妙贤法师主持于原观音寺移址复建的巨大工程，并兼任该寺住持。同年五月十二日举行圆通寺奠基法会。其时主法、随喜道场者，法师百余，信众五千。翌年六月二十日大雄宝殿上梁法会、二〇〇九年五月十六日千手观音圣像法会等诸多法事相继举行，皆盛况空前，蔚为霞观。圆通寺的修建以古朴、典雅、别致、凝重、雄伟、壮观为基调，既存历史风貌，又显现代风格。中轴线由唐代影壁、天王殿、大雄宝殿、观音殿组成。两侧建有药师殿、地藏殿、念佛堂、客堂和五观堂。寺内悬奉高僧大德，书法大家的匾额抱柱。高大巍峨的九层宝鼎，无比庄严的南式造像，世界最大的铜制千手千眼三十三应壁画、独具特色的法器法物、错落有致的建筑格局，营造出真如觉场的勃勃生机。津北古镇再添胜景，雄峻梵刹熠熠生辉。圆通寺蒙市区镇政府的关怀支持，广大居士信众的鼎力护持，诸佛菩萨的慈悲加持，必将成为一方弘法利生、祥和社会的宝地，连结友谊的纽带，继承与展现传统文化的载体，提升道德、净化心灵的源头，武清乃至天津特色旅游观光之胜地。

（岁次庚寅春月津门王大仁敬
撰邑人何俊田奉书）

圆通寺碑记

圆通禅寺，恢宏壮观。时逢盛世，杖林封垣。异地重建，誉共名山。

惜哉旧宇，云飞雾散。崔黄古镇，已历千年。辽运安顺，圣祖幸辕①。

俗为乡郡，阙规墙严。城隍表里，玉带腰缠。门垣景立，阁台腾欢。

马火财武，神祇居安。一门阻塞，四阁净梵。莲花水座，烟吐云翻。

城池内外，禅堂飞檐。十八庙宇，九桥镶嵌。繁华盛景，辐辏人烟。

商贾云集，华相优昙②。风极一时，事过境迁。宇杳沉僧，声销迹湮。

政通人和，策手回鞭。百废俱兴，岁月荏苒。闲房修道，众所归愿。

诚虔受命，法师妙贤。佛中龙象，和合诸缘。建功大业，温恤贫寒。

---

①圣祖幸辕，圆通寺住于天津武清崔黄口镇，初建于元代，清康熙六年圣祖玄烨曾宿于此，故有幸辕之誉。

②华相优昙，优昙，佛语，"优昙钵华"开花短时而谢。《妙法莲华经·方便品第二》："佛告舍利弗，如是妙法，诸佛如来时乃说之，如优昙钵华，时一现耳。"此言难得一见者。

静心诚赤，感地动天。檀越大德，政府助赞。成城众志，披发缨冠①。

　　鱼游四海，龙腾九天。珠林花雨，法净心禅。声颂佛号，风飘久远。

　　荐福道风，佛事井然。天王大雄，观音宝殿。壁影堂诸，贯驻轴线。

　　药师地藏，念客五观。臣伏侍立，拥仗千官。高僧名士，翰墨额匾。

　　嵌镶抱柱，顶立高悬。九层宝鼎，嵬峩庄严。南式造像，法度无边。

　　擎空壁画，铜雕佛颜。梵刹生辉，众信忻然。幡舞旗动，铃风再传。

　　彩屏拱井，蕊香花莲。玄中奥妙，六字真言。吉祥六时，衬相龙眼。

　　香樟翠柏，松茂林苑。红叶枫树，玉柱勾栏。临池小榭，生放驰渊。

　　奔聚辐射，何恤里千。佛音梵呗，净心头源。晋香礼佛，世尘曷染。

　　得重法道，正信毫端。修福得智，功越前贤。茫茫沧海，施乐行言。

　　德犹日月，同光无掩。悲相示法，耀照人寰。铭书谨记，敬述孚园。

（载于《荧窗余韵》）

---

　　①披发缨冠，语出《孟子·离娄下》："虽披发缨冠而救之，可也。"缨冠，以冠缨贯头，言匆遽不及整也，此言因势急迫不及整容而忙碌者。

《慈心》创刊寄语

备受社会关注和热切期望的天津市佛教慈善功德基金会会刊《慈心》今天和大家见面了。它的问世,将为广大会员和天下善士构筑一座相扶携手、阔步同道的桥梁,开辟一片可供耕耘劳作的沃土、相互沟通的艺苑。

它以传扬慈悲济世、勤植善举为办刊宗旨;以彰显利乐大众,济救万方之种种善念、善事而为己任;以弘扬优秀文化传统、构建和谐社会和道德风尚为其使命,以形成良好社会氛围,为社会主义百花园中增添一朵绚丽的奇葩而努力工作。

本刊将尽其所能为本会确定的奋斗目标,为人类的慈善行为修福结缘,用慈心点燃心灯,用爱之力托起人们心中的太阳,为社会主义三大文明建设贡献全部力量。

热诚地希望广大读者,各界善士和本会会员,以殊胜之力携手耕耘于善道之园,同心勤植于万蕊之莲,为共造平等、和谐的爱心世界而浇灌这方福田乐圃。

愿《慈心》之种,茁壮地成长为耸立云天的菩提大树!

致妙贤会长

　　蒙盛意得以聆听教益，遂得圣颜，是为至感。衍德法师远道而来，竭尽赞许之词，实为恳切，不为虚言。前者八月十八日观瞻新寺，纵仰台阁，凌虚布金，葱郁松云，好不威严，此诚妙师之功德也。多年以来，妙师为云堂之建，奔走呼号，请佛铸钟，劳心道远，孜孜矻矻以至数伤身骨，竟无悔懊，此感神灵，世人业无尽矣。

　　妙师如此盛年，有如此魄力，实为佛界之福也。赢得社会各界敬佩则势之然也。遂得小诗三首呈上，以表敬意然。

　　另《极乐》二期发表拙作，实为整理，非为撰著，稿酬均分似为允妥，余何敢独专？《三宝》一文，并非余作，目录赫然有名，恐为编者之误，似应申明，莫为读者所误也，至言。

杏坛文录

师资培训改革刍议

摆在教师进修院校面前的两项重要任务：一是，文化达标；二是，继续教育。前者，业已完成；后者，将成为今后此类院校的长期任务。作为培训教师之"母机"的进修院校，在教学改革中，应从哪些方面着手，应注意哪些问题，已成为目前人们着意思考和纷纭议论的中心话题。我以为，大体有以下三个方面，值得研究。

一、在教学改革中，要突出它的示范性

教师进修院校同普通师范院校一样，其目标是培养合格的中小学教师。从这个意义上说，其性质同属师范教育。因此，我们的教学改革必须立足于师范性，它的一切规格、要求、目标、方法等等，必须符合师范教育的规范性。

这里所说的示范性，即指此而言，就是说在我们的教学中，应该在学习和教学方法上给学员树立某种可供学习的典范。具体说来，应从以下几个方面予以示范。

第一，要教"学法"。教"学法"，以培养学员独立求知、主动学习的能力。学法对一般中小学教师来说，似乎是不成问题的问题。但是，实践证明，有许多学员，不但在教学工作上对教法不甚了然，而且在其自身的学习方面，学法也不尽妥当。因此，在学法上给学员一定的点拨，就显得非常必要了。

学习，作为学校教学工作的一个重要环节，它是一种旨在解决教学任务的一系列的认识活动，通常是在教师的直接指导下进行，在整个教学过程中完成的。

在教与学这个双边活动中，二者是互为影响、相互作用的。没有"教"即无所谓"学"，没有"学"也无所谓"教"。在这一对矛盾统一体中，"教"是其主要方面，是起决定作用的因素。但是，它绝不是在整个教学过程中起最后决定作用的因素。这是因为，学生学习本身并不是一种消极的受动过程，而是要随着"教"的不断深入和影响，随时调整和控制着自身的心理和生理机制，来迎接随时出现的"挑战"。它有着相对的独立性和它自身发展的特殊规律。"教"与"学"在整个教学过程中，其作用和地位要随着矛盾运动发展而进行着"必然"的规律性的调整和转化。

因此，无论如何，"教"就"学"而言，毕竟只是一种外界条件，而学者自身的种种因素，才是它的内在因缘，才是"具有决定意义的东西"（车尔尼雪夫斯基语）。外因是重要的，但必须通过内因才能起作用。

"学"（指我们这里所说的学）是在"特定情况下"的"学"，即"教"之下的学；"教"也是以"学"为前题下的"教"。"教"与"学"都是有条件的存在的。因此，教师必须创造一定条件，形成良好的外界因素，以促使学员内在机制的变化。教师要十分认真下功夫之处就在于：如何把教师"教"的意图，转化为学生的自身的学习动机，把客观的知识转化为主观（自身）的能力，唤起他们求知的欲望；利用一切诱因触发他们蕴藏在心底深处的潜伏动机，使之转入活动状态，形成一种较为巩固、持久的推动学习欲望的内部驱动力。所谓"教之有方，受之得法"就是引发学习驱动力的很好说明。尤其在大力培养具有现代社会中科学管理和建设能力人才的今天，这种培训学员独立求知、主动学习的能力就更为重要了。

在教学实践中，老教师深切体会到培养学生这种能力的重要，陈东生曾说："学生语文水平的提高，是念出来的，不是看出来的；是练出来的，不是听说来的。""读的多了，写的多了，慢慢地也就提高了。我觉得这就是一条最好的经验。"①可见，任何一门学科水平的提高，不单单是听教师的讲解，而更重要的是要引导学生自己去学习，去认真思考、领会、理解，亲自动手，才能将知识学到手，才能举一反三，触类旁通。这就是"教人以渔""终身受用"的上乘之法。

我们无论采用何种具体的办法，其目的只有两个：即达到"学会"和"会学"的境地。学会是基础，会学是升华。二者是相互联系而又不同的两个层次。

学会者，就是教师按照知识的科学性、系统性，准确无误地将知识授给学生，使之获得必要的基本理论和基本知识并掌握一定的基本技能。

会学者，则以学员创造性学习为目标，激发他们研究、探索问题的兴趣和解决实际问题的能力。这里，教师更是重要的。因为"教师的使命在于组织学生本身积极活动去掌握新的知识和技能"②。

教师可以在循序渐进的基础上，根据学员已有的水平和能力，组织他们在知识的深度、广度上，加以不断升华和深化，注意随时利用新的信息来充实他们的头脑，借以培养他们产生新颖、独特的具有某种社会价值或社会意义的新产品

---

①陈东生：《天津教育》1981年第十二期。
②巴班斯基主编：《教育学》第100页。

的能力。这在高师的教学中是完全可能的。比如,高师中文专业《现代汉语》课的教学中,教师把教材的基本理论和基本知识同当代世界技术革命向我们提出的挑战联系起来;组织学生进行"从信息时代看文字改革问题"的专题研究,是非常有益的尝试。[①]这个实验表明,学员不仅从中学到了基本理论,扩大了知识领域,开启了他们的思维通路并有所突破,更重要的是从中学到了自身的学习方法(其中当然也包含了教学方法),获取了独立学习、善于思考、发现和解决问题的能力,使之受益终身。

在教与学的过程中,在以谁为主的问题上,有过许多争论。人们往往把教与学这种相对稳定现象,误认为二者或是平分秋色,或是以教为主,或是以学为主,等等。究其实质,他们忘记了这样一个事实:在一对相对稳定的矛盾统一体中,矛盾和斗争是普遍的,统一是特殊的;平衡是相对的,不平衡是绝对的,平衡中又往往蕴含着不平衡因素,相对稳定掩盖着相互斗争和内部转化的过程;以一成不变的观点来看待发展变化着的教学过程,其结果,只能是形而上学。这是我们应该记取的历史教训。即使所谓以"教师为主导,学生为主体"的口号,如果从哲学角度加以考察的话,也不无许多可商榷之处。其实,就对客观事物(如知识体系、教材内容)——客体的认识而言,师生都是主体。他们都是认识事物及其过程,揭示其本质规律、特征的主体。不论教师还是学生都是在实践过程中来认识客体的(了解、理解教材也在其内)。

然而,在教学过程中,就二者所担负的任务而言,它们所蕴含着"主体"的内涵却是不同的。教师是实现教学任务的主

[①]陈学波:《新华职大学刊》1988年第一期。

体,学生则是实现学习任务的主体(一是认识论中的主体,一是本体论中的主体)。在实际活动中,二者是在相互交叉、相互渗透中交错进行的。此口号之所以可以商榷,就在于它把变化过程的一瞬间(或称暂时)视为固定的模式,这样势必重蹈形而上学的覆辙。因此,我们既不能忽视教师在教学过程中的重要的指导作用,更不能无视学生学习中的主体地位。我们的目的则在于:要弄清教学过程中的这种人类特殊的认识过程,而给他们各自以适当的位置。《礼记》中所谓"教学相长"者言,则是这个道理的深刻说明。

在我国,长期以来,存在着重教而轻学的片面主张,陶行知先生则逆流而上,提出"教的法子要根据学的法子"的大胆设想,将所谓"教授法"改为"教学法",尽管他的主张有许多似可商榷之处,然而,这一字之差,却是一个很了不起的进步。这是一个从"重教"而一跃为"重学"的合乎理义的飞跃,具有重要的科学价值。从某种意义上说,学生的学法,确实是教师教法的折光。

第二,要教"教法"。"教的过程和学的过程在作为一个整体的教学过程中是有规律地联系在一起的。"①如果说教会和学会"学法"对教师和学生来说,是全部教学过程中的第一个阶段(或层次),那么教会和学会"教法"则是它的第二个阶段(或高层次)了。

所谓教"教法",即通过在职或脱产进修,不仅使学员学得一定的文化知识,学会了"学法",同时,让他们从教师的讲授、指导和实践中,学会日后如何把知识传授给他们学生的本领。

教师的作用,具体说:一要"教会"他们,二要使他们

---

① 巴班斯基主编:《教育学》第 182 页。

"会教"。

教会者，就是指在"学会"的基础上，让他们领会、理解教师是如何使他们学会的，即要从教法上进行哲学反思，具体分析、引导他们从理论和实践上加以深刻理解并从中学得方法，进而达到"会教"的目的，即使他们把教师的讲授方法贯彻到自己的教学实践中去。前者是指教师而言，后者指学生而言，二者不可偏废，互为表里。在这里，教师的作用，尤其具有显著的地位。

为什么这样说呢？这是因为：就一般意义而言，教育这种社会现象（包括学校教育）是社会环境、气候以及（受教育者）主体以外的一切外部条件影响下所产生的精神成果（马克思称为精神产品）。教师则是这些外部条件最集中、最强烈、最生动的体现者。他们以其自身的品格、修养、知识、能力以及教育方式、方法等等诸种因素，全面、深刻地影响着他的学生。因此，在教学过程中，它无疑具有筚路蓝缕、拨云破雾的决定方向的特殊的指导作用。对进修院校的教师来说，尤其如此。同时，如前文所言，又必须看到学生本身（就学习而言）则是受教育者的主体，因此，它在这个过程中起着最后的决定作用。因而，教师在教学中必须要重视诱发他们的学习的内在动因。巴班斯基说："教学过程中如果不激发学生的积极性，要成功地进行教学是不可思议的。"学习兴趣或学习的积极性这种带有强烈情绪色彩的意向活动是随着学习动机的不断发展而形成的，它是学习动机中最现实、最活跃的因素。因而，教师对这种现实活跃因素的准确而又切实的把握是十分重要的。

如果把整个教学过程当做一个"系统工程"来看的话，它是由彼此相关、互为依存、不可分割的三个系统部件构成，即：指导、学习和反馈三个系统部件。

所谓指导系统是指教师以及他们所从事的各种诸如备课、讲授等一系列活动而言,它在整个教学系统工程中具有优先、关键的指导作用。

所谓学习系统是指学生及其学习过程中的一切活动,其中包含学生的智力因素和动力因素。它是教学活动成功与否的决定因素。

反馈系统则是对上述一切活动价值的检验和肯定。

学员在学习、进修过程中,是否从学校的教学中学到了"学会、会学、教会、会教"这一系列本领,则是检验教改成败得失的唯一标尺。这个反馈系统对指导系统和学习系统的价值具有某种观照和旨定意义。为了这个目的,我们可以把教改重点,从单纯的知识教学转移到如何把知识教授给学员的视点上来,从中使学员获得教法上的收益。比如,在物理教学中,为了培养学员掌握一定物理知识和技能,又要学会具有创造性的思维方法,针对学员和现行物理教材的两个实际,创造一种"自学与实践相结合,提高学生综合(认识、操作)能力"的教学方法,就是这种能力培养的具体实践。

此实践成功之处,就在于教师正是按照教育规律,充分调动了学生的积极性,使他们在学会知识、技能的同时,产生了勇于实践的强烈愿望和坚强信念,增强了敢于学习、敢于探求的信心。因此,他们得到了充分思考、分析、判断和推论的自由,同时掌握了一门学科的教学方法。

显而易见,在从"教会"到"会教"这一系列活动中,教师起着何等重要的作用啊。

二、在教学改革中,要注意发挥成人教育的特点,注意继续性和终身性

教师进修院校的教育对象不同于普通师范院校,普通师

范院校的教育对象是青少年，而进修院校的教育对象则是30~40岁的成年人。他们具有一定的文化水平和较丰富的实践经验，同时，他们还是具有与普通教育对象所不同的双重身份的人（既是学生又是教师）。

进修院校不同于普通师范院校的另一个特点是：它又是一种继续教育，同时也含有某种终身教育的因素（从一定意义上说，继续教育是终身教育的一部分）。这是因为，进修院校的继续教育，既包括学历达标的进修（含高层次的达标，如研究生），又包括非学历进修和培训。这对学员来说，无疑既是一种职后继续教育，又是一种人生不可缺少的终身教育。从某种意义上说，它是职前高师、中师教育的延伸。因此，我们在教学改革时，必须充分注意到这一点。

第一，要充分发挥成人在知识、智能和获取知识的内在动力等方面的优长。

首先，我们在教学中，要注意发挥成人理解力较强的优势，训练、培养他们自学能力。应该看到，尽管他们最佳（记忆力）的时期已经过去，但是，由于他们具有一定的学习基础、文化素质和实践经验，因而，具有较好的智能结构和较强的理解能力。再加上，大多数学员内心存有学习的欲望，具备良好的内在动因。这一切，是我们能够搞好成人教改的客观因素。这些潜在的动力因素，有待于教师去认真开掘，努力把他们原有的（把知识转化为能力的）内在潜能迅速地变成现实的实际能量。诱导、引发是必要的，那种培养主动探求精神、激发研究兴趣，形成具有创造性学习品格的教学实践，是行之有效的很好的教学方法。

其次，基于以上因素，在教学中，适时地通过教学实践和研讨活动来加深对知识的理解和掌握是非常必要的教学手段。

我们在判断教学效果的时候，不应当单纯检查学生了解了多少概念和定义，而应该力求判明学生对这些概念和定义的理解程度以及利用它来解决实际问题的能力。这无疑对普通教育对象是重要的，而对作为成人教育对象则显得更为重要。我们只有让他们在实践中去研究、去探索、去切磋、去琢磨、去体味、去寻求，才能使他们对原理、定义、概念等这些抽象的理论加深理解，易于把握，现行的专题研究班即属此类。在正常的"达标"教学实践中，同样可以采取这种灵活多样的教学方法，使用诸如影视、直观、讨论、实验等多种方式进行教学，其效果，比单纯讲授要好得多。

第二，注意开辟多层次、多渠道、多形式的办学途径。

在达标任务基本完成之后，进修院校的办学模式必将趋于多样化，适时地建造起一种灵活、应变、富于弹性、多方位、全新的办学模式，则成为眼下的当务之急。就现阶段，根据实际需求，可采取以下三种不同层次的办学方式：

（一）岗位培训。所谓岗位培训，就中小学教师而言，即指在岗教师的业务培训，其旨在于通过培训，使未达或已达本岗学历要求的现岗人员，能达到岗位职责要求，具备完成该岗教师本领，胜任本岗教学任务。这里有两种情况，需要加以区别：

1. 符合学历要求的年轻教师，应参加"教材教法研究班"的学习，以提高他们的教学能力和教学水平。

2. 不符合学历要求的教师（一般年龄较大）可以参加以中小学职务评定标准为依据的"岗位职责培训班"学习，以提高他们的实际水平。

（二）业务再提高——进修。所谓业务再提高系指那些已达到中小学教师（这里主要指中学）学历要求、具有多年教学经验的骨干教师。他们也需要进行业务上的再学习、知识上的更新、信息上的输入，这部分人，一般可采取两种方式进行培训：

1. 专题研究。根据文理两科的不同情况和需求，采取高层次的专题讲座、信息传递、边缘学科等进修班形式，定期举行。

这是属大学后继续教育中高档次范畴的培训。它不是一般的"上学"而是"再学"，它所强调的是"教与学"的结合与交流，而不是单纯的"传授教学"，它往往通过提高自学能力把知识的传授逐步变成"同志"间的相互切磋、知识传递和信息交流。它是属于"更新"这个继续教育中最高层次的办学形式。

2. 开办中小学教育科学研究培训班。目的在于推动中小学科研活动的开展，提高教师的科研水平。它以中小学进行科研活动的意义、方式、方法及科学论文的写作为内容，培养中小学教育科研的骨干力量。

此项重要工作，是当前的形势需要，也是学校骨干教师，特别是学科带头人和教研组长渴望已久的大事。他们深切地感到，单靠自己的局部、片面的经验，已不能适应急剧变化的形势发展，必须以先进的科学理论为指导，用教育理论来剖析教学实践中出现的种种问题，并不断予以总结，继之创新，从战略眼光来直视瞬息万变的现实。

（三）等级培训。按中小学职务评定系列要求，制定不同层次、级别及晋升的培训规划，大体可分两步进行。

第一步，对已取得中高级职称的教师的培训，使其名实相副。对符合职务系列学历要求的教师，特别是非师范院校毕业的教师，着重教育理论和教育科研方面培养。对未达到相应学历要求的部分教师，分层次开设相应学历的文化补缺。

在这里重点传授的是具有一定新的知识和技能,以便使之达到所规定的大学专科或本科程度的某种而不是全部基本理论和技能水平。

第二步,对未取得中高级职称的教师开设根据教师职称系列要求所规定的标准,分别开设不同层次的相应进修班。

教师职称的评定和晋升应与文化知识水平、基本技能训练相联系起来,一定层次(职务)的教师要达到与之相适应的知识和技能水平。因此,具有一定文化程度及其基本理论水平和专业知识是晋升职称的必要条件。

原则上,依据职称系列要求的德、绩、责、能、识的范围,定向培养;开设相应门类的课程,规定学时,学满课时后,经考试合格,据此并考察实际水平,予以晋升相应职称。

为了切实完成上述培训任务并使之有章可循,有法可依,必须制定有关政策条文,同时还须制定相应的教学大纲、教学计划和有关教材、资料,以保证此项工作的真正落实。

三、重要的是提高进修院校教师的素质和水平

首先提高教师的理论素质。教育理论是千百年来人们在教育实践中所进行的高度的概括和总结,它是一种科学化的理论抽象。任何一种缺乏理论指导的实践,都是盲目的实践。教育实践也是如此。随着教育实践的发展,教育理论的指导作用越来越显现出它的重要性来。一切从事教育实践的教育工作者,都必须认真学习教育理论。而教师进修院校的教师对自身教育理论素质的增强和教学水平的提高,则更具重要意义。

作为进修院校的教师,既是从事成人教育的教学人员,又是教师的教师,这就要求他们既要掌握较高深的专业知识、广

泛的文化知识，又要具有一定的教育学、心理学等方面的科学理论水平，特别是要具备有关成人教育和中小学的教育理论知识并努力从事这方面的科学研究，掌握规律，不断探索，以便提高自己的科学研究水平。

其次，要提高教师本身的科研能力和教学水平，力争成为各个学科的带头人。要想完成这项光荣而艰巨的任务，必须创造一个良好的学术空气，必须鼓励教师突破拘谨，大胆创造，提高自己的教学和科研水平，努力使自己成为既有高深理论水平又有实际工作能力的具有创造精神的教师。

学校教育对培养人才具有极为重要的作用，其作用的大小与学校中处于教学主导地位的教师有着非常密切的关系。如果我们的教师只满足于以往的知识灌输，不谙思考，不善于用最新的"信息"更新自己的知识"仓库"，用崭新的方法教授学生，那么，我们是断然培养不出具有创造精神的学生的。"法乎上，得乎中；法乎中，得乎下"么！所谓名师出高徒就是这个道理。因此，把提高进修院校教师的教学能力和学术水平作为学校工作的中心环节是十分重要的。比如，鼓励教师结合教学、从事科研活动，形成一种"人人搞课题，科科有项目"的浓厚学术空气等等。在这种氛围内，必然会产生成绩可观的科研成果，形成教师集体的巨大亲和力量。

随着系统达标任务的完成，进修院校的教师所担任学科的门类，即将被变化了的形势和办学类型所突破。因此，这些教师必须在新的学科领域，重新开垦，辛勤耕耘，甚至另起炉灶，重新调整自己的科研规划和业务发展方向。自身的艰苦努力，自不待言。作为进修院校的领导，绝不能囿于已见，应该放开眼界，打破常规，为教师大开方便之门，让他们走出校门，到先进地区、先进学校，到科学信息畅通的科研单位，到开辟了新兴学科、边缘学科的高等院校去学习、去进修；有条件的还可以送他们去攻读在职硕士生和博士研究生。只有这样，我们进修院校的教师水平，才能不断提高，才能适应迅速发展着的形势需要。

(原载《天津教育学院论文集》1989年第一卷)

教师进修院校教学改革应注意的两个问题

教师进修院校同普通师范院校虽然有职前教育与在职教育之分，但其目标都是培养合格的中小学教师。因此，我们的教学改革必须立足于师范性；教学改革的要求、目标、方法等等，必须符合师范教育的规范性。这篇文章谈两个方面的问题：要教给学员学习方法和教学方法。

一、要教"学法"

教"学法"，以培养学员独立求知、主动学习的能力。学法对一般中小学教师来说，似乎是不成问题的问题。但是，实践证明，有许多学员，不但在教学工作上对教法不甚了然，而且自己的学法也不尽妥当。因此，在学法上给学员一定的点拨，就显得非常必要了。

学习，作为学校教学工作的一个重要环节，它是一种旨在解决教学任务的一系列的认识活动，通常是在教师的直接指导下进行，在整个教学过程中完成的。

在教与学这个双边活动中，二者是互为影响、相互作用的。没有"教"，即无所谓"学"，没有"学"也无所谓"教"。在这一对矛盾统一体中，"教"是主导方面，但它绝不是在整个教学过程中起最后决定作用的因素。这是因为，学生学习本身并不是一种消极的受动过程，它随着"教"的不断深入和影响，随的调整和控制着自身的心理和生理机制，来迎接随时出现的"挑战"。它有着相对的独立性和它自身发展的特殊规律。"教"与"学"在整个教学过程中，其作用和地位要随着矛盾运动的发展而进行着"必然"的规律性的发展和变化。

因此，无论如何，"教"就"学"而言，毕竟只是一种外在条件，而学者自身的种种因素，才是它的内在因素，才是"具有决定意义的东西"(车尔尼雪夫斯基语)。外因是重要的，但必须通过内因才能起作用。

"学"（指我们这里所说的学)是在"特定情况下"的"学"，即"教"之下的学；"教"也是以"学"为前提的"教"。"教"与"学"都是有条件而存在的。因此，教师必须创造一定条件，形成良好的外界因素，以促使学员内在机制的变化。教师须要十分认真地下功夫之处就在于：如何把教师"教"的意图，转化为学生的自身的学习动机，把客观的知识转化为主观（自身）的能力，唤起他们求知的欲望；利用一切诱因触发他们蕴藏在心底深处的潜伏动机，使之转入活动状态，形成一种巩固、持久的推动学习需求的内部驱动力。所谓"教之有方，授之得法"，就是引发学习驱动力的很好说明。尤其在大力培养具有现代社会科学管理和建设能力的人才的今天，这种培养学员独立求知、主动学习的能力就更为重要了。

学生学好任何一门学科，不单单是听教师的讲解，而更重要的是，自己去主动学习，去认真思考、领会、理解、亲自动手，才能将知识学到手，才能举一反三，触类旁通。

无论采用何种具体的办法，我们的目的只有两个：即达到"学会"和"会学"的境地。学会是基础，会学是升华。二者是两个不同的层次。高师中文专业《现代汉语》课的教学中，教师把教材的基本理论和基本知识同当代世界技术革命向我们提出的挑战联系起来，组织学员进行"从信息时代看文字改革问题"的专题研讨，是一种非常有效的尝试。

德国教育家第斯多惠曾经说过:"一个坏的教师奉送真理,一个好的教师则教人发现真理。"我们做的现代汉语课的实验,确实是教给了学生一把发现真理的钥匙。这个实验表明,学员不仅从中学到了基本理论,扩大了知识领域,开启了他们的思维通路并有所突破,更重要的是从中学到了学习方法。

在我国,长期以来,存在着重教而轻学的片面主张,陶行知先生曾逆流而上,提出"教的法子要根据学的法子"的大胆设想,将所谓"教授法"改为"教学法"。虽然仅一字之差,但确实是个很了不起的进步。这是一个从"重教"而一跃为"重学"的合乎理义的飞跃,具有重要的科学阶值。从某种意义上说,学生的学法,确实是教师教法的折光。

二、要教"教法"

"教的过程和学的过程在作为一个整体的教学过程中是有规律地联系在一起的。"(巴班斯基语)教"教法",即不仅使学员学得一定的文化知识,学会了"学法",同时,让他们从教师的讲授、指导和实践中,学会日后如何把知识传授给他们学生的本领。

教师进修院校教师的作用,具体说:一要"教会"学员,二要使学员"会教"。除专门的教法课之外,各学科都应通过本学科教学让学员把教师的讲授方法贯彻到自己的教学实践中去。教师通过教学活动以其自身的品格、修养、知识、能力以及教育方式、方法等等,全面、深刻地影响着他的学生。因此,在教学过程中,教师无疑具有拨云破雾的决定方向的特殊的指导作用。对进修院校的教师来说,尤应如此。同时,如前文所言,又必须看到学生本身(就学习而言)是受教育的主体,因此,在这个过程中起着最后的决定作用。因而,教师在教学中要重视诱发学员的学习的内在动因。巴班斯基说："教学过程中如果不激发学生的积极性，要成功地进行教学是不可思议的。"学习兴趣或学习的积极性这种带有强烈情绪色彩的意向活动是随着学习动机的不断发展而形成的，它是学习动机中最现实、最活跃的因素。因而，教师对这种现实、活跃因素的准确而又切实的把握是十分重要的。

如果把整个教学过程当做一个"系统工程"来看待的话，它是由彼此相关、互为依存、不可分割的三个系统部件构成，即指导、学习和反馈。

所谓指导系统是指教师以及他们所从事的各种诸如备课、讲授等一系列活动而言，它在整个教学系统工程中，具有优先、关键的指导作用。

所谓学习系统是指学生及其学习过程中的一切活动，其中包含学生的智力因素和动力因素。它是教学活动成功与否的决定因素。

所谓反馈系统则是对它们这种活动价值的检验和肯定。

学员在学习、进修过程中，是否从学校的教学中学到了"学会、会学，教会、会教"这一系列本领，则是检验我们教改成功得失的标尺。为了这个目的，我们把教改重点，从单纯的知识教学转移到如何把知识教授给学员的视点上来，从中使学员获得教法上的收益。比如，中师的物理教学，为了培养学员掌握一定物理学知识和技能，又要学会具有创造性的思维方法，针对教师和现行物理教材的实际，创造一种"自学与实践相结合，提高学生综合（认识、操作）能力"的教学方法，就是这种能力培养的具体实践。教师根据小学《自然常识》课的内容，删减了原物理学中的某些理论，有针对性地增加实验，在自学的基础上（教师帮助学生拟订自学计划，布置提纲，提出具体要求），通过大量的物理实验，使学生掌握了物理学中的基本理论,学得了实际操作本领,提高了学生动脑、动口、动手的综合能力。在学期结束时,通过"试讲",检验教学效果(即每位学员自己设计一节小学常识课教授方案,并走上讲坛,进行演示)。实践证明,学员不仅学到了物理知识,了解了自然课中许多现象的"所以然",激发了学习兴趣,同时,也学得了讲授"自然常识"课的教学方法,从反馈效果看,每人都获得了讲授该学科的基本能力。

显而易见,在从"教会"到"会教"这一系列活动中,教师起着何等重要的作用啊。

(原载《天津教育学院学报(社会科学版)》1990年第一期)

教师进修院校与继续教育

教师进修院校的教育对象不同于普通师范院校。普通师范院校的教育对象是青少年，而进修院校的教育对象则是30～40岁的成年人。他们具有一定的文化水平和较丰富的实践经验，同时，他们还是具有与普通教育对象所不同的双重身份的人（既是学生又是教师）。进修院校不同于普通师范院校的另一个特点是：是对在职教师进行继续教育，既包括学历达标的进修（含高层次的达标，如研究生），又包括非学历进修和培训。这对学员来说，无疑既是一种职后继续教育，又是一种人生不可缺少的终身教育。从某种意义上说，它是职前高中师教育的延伸。因此，在教学改革时，必须充分注意到这一点。

第一，要充分发挥成人在知识智能和获取知识的内在动力等方面的优势。

首先，我们在教学中，要注意发挥成人理解力较强的优势，训练、培养他们的自学能力。应该看到，尽管他们最佳记忆力的时期已经过去，但是，由于他们具有一定的学习基础，文化素质和实践经验，因而，具有较好的智能结构和较强的理解能力。再加上，大多数学员内心存有学习的欲望，具备良好的内在动因。这一切，是我们能够搞好成人教改的客观因素。这些潜在的动力因素，有待于教师去认真的开掘，努力把学员原有的内在潜能迅速地变成现实的实际能量。诱导、引发是必要的，那种培养主动探求精神、激发研究兴趣、形成具有创造性学习品格的教学实践，是行之有效的、很好的教学方法。其次，基于以上因素，在教学中，适时地通过教学实践和研讨活动来加深对知识的理解和掌握是非常必要的教学方式。

我们在判断教学效果的时候，不应当单纯检查学生了解了多少概念和定义，而应该力求判明学生对这些概念和定义的理解程度以及利用它来解决实际问题的能力。这无疑对普通教育对象是重要的，而对成人教育对象则显得更为重要。我们只有让他们在实践中去研究、去探索、去切磋、去琢磨、去体味、去寻求，才能使他们对原理、定义、概念等这些抽象的理论加深理解，易于把握。现行的专题研究班即属此类。在正常的"达标"教学实践中，同样可以采取这种灵活多样的教学方法，使用诸如影视、直观、讨论、实验等方式进行教学，其效果比单纯的讲授要好得多。

第二，注意开辟多层次、多渠道、多形式的办学途径。

在达标任务基本完成之后，进修院校的办学模式必将趋于多样化，适时地建造起一种灵活、应变、富于弹性的多方位的全新的办学模式，则成为眼下的当务之急。就现阶段，根据实际需求，可采取以下三种不同层次的办学方式：

1. 岗位培训。 所谓岗位培训，就中小学教师而言，即指在岗教师的业务培训，旨在通过培训使未达或已达本岗学历要求的现岗人员，能达到岗位职责要求，具备完成该岗教师本领，胜任本岗教学任务。这里有两种情况，需要加以区别：①符合学历要求的年轻教师，应参加"教材教法研究班"的学习，以提高他们的教学能力和教学水平。②不符合学历要求的教师（一般年龄较大）可以参加以中小学职称评定标准为依据的"岗位职责培训班"学习，以提高他们的实际水平。

2. 业务再提高进修。所谓业务再提高进修系指那些已达到中小学教师（这里主要指中学）学历要求的，具有多年教学经验的骨干教师。他们也需要进行业务上的再学习、知识上的更新、信息上的输入。这部分人，一般可采取两种方式进行培训：

（1）专题研究。根据文理两科的不同情况和需求，采取高层次的专题讲座、信息传递、边缘学科等进修班形式，定期举行。这是属大学后继续教育中高档次范畴的培训。它不是一般的"上学"而是"再学"，它所强调的是"教与学"的结合与交流，而不是单纯的"传授教学"，它往往通过提高自学能力把知识的传授逐步变成"同志"间的相互切磋、知识传递和信息交流。它是属于"更新"这个继续教育中最高层次的办学形式。

（2）开办中小学教育科学研究培训班。目的在于推动中小学科研活动的开展，提高教师的科研水平，它以中小学进行科研活动的意义、方式、方法及科学论文的写作为内容，培养中小学教育科研的骨干力量。此项重要工作，是当前的形势需要，也是学校骨干教师，特别是学科带头人和教研组长渴望已久的大事。他们深切地感到，单靠自己的局部、片面的经验，已不能适应急剧变化的形势发展，必须以科学经验为指导，用教育理论来剖析教学实践中出现的种种问题，并不断予以总结，继之创新，从战略眼光来直视瞬息万变的现实。

3. 等级培训。按中小学职称评定系列要求，制定不同层次、级别及晋升的培训规划。大体可分两步进行：第一步，对已取得中高级职称的教师的培训，使其名实相符；对符合职称系列学历要求的教师，特别是非师范院校毕业的教师，着重教育理论和教育科研方面培养；对未达到相应学历要求的部分教师，分层次地开设相应学历的文化补缺。在这里重点传授的是具有一定新的知识和技能,以便使之达到所规定的大学专科或本科程度的某种而不是全部基本理论和技能水平。第二步,对未取得中高级职称的教师(含中级未取得高级者)开设根据教师职称系列要求所规定的标准,分别开设不同层次的相应进修班。教师职称的评定和晋升应与文化知识水平、基本技能训练相联系起来,一定层次(职称)的教师要达到与之相适应的知识和技能水平。因此,具有一定文化程度及其基本理论水平和专业知识是晋升某种职称的必要条件。原则上,依据职称系列要求的德、绩、责、能、识的范围,定向培养;开设相应门类的课程,规定学时,学满课时后经考试合格,并据此考察实际水平,予以晋升相应职称。

为了切实完成上述培训任务并使之有章可循,有法可依,必须制定有关政策条文,同时必须制定相应的教学大纲,教学计划和有关教材、资料,以保证此项工作的真正落实。

(原载《黑龙江教育学院学报》1990年第二期)

沉静与反思

举世瞩目,一年一度的"龙门"大考虽已"落幕",但是,那些令国人"目瞪口呆"的舞弊事件,却让人们久久地陷入了深深的反思之中。

当"浩浩荡荡"的(由127人组成的)"代考"大军(枪手)"从武汉跨越长江,北上中原"投入"战斗"的惊世壮举横空于世的时候,着实让心地善良的国民大吃一惊,长吁不已!

"大考"作弊,古来有之,无须惊怪,仅从清代袖珍《四书备旨》一节中,即可得知历代应举作弊者并非罕至,且具有完备的应对之策,甚至造就了一套同规共贯的系统工程。但这等招法,在当时也仅仅是局限于一定的极小范围之内,时而施之的雕虫小技;而像当今,如此大胆,擅动"雄师"跨省而行的"阵地"大战者则绝无仅有,一大奇观!

这一不争的事实,说明了什么呢?我想,除了法治、规定尚有缺失之外,重要的则是应从教育本体以及国民对教育实质的认识上寻找原因,并进行认真思考和彻底反思,从而找出准确的答案来。

我以为,当教育一旦变异成以市场运作方式来完成经济指标的商业行为,成为以盈利为主要目标的文化产业,升学率则必然成为获取最大利润的谋求手段。它顺理成章地在高考乃至中考中成为整体运营机制中的无形巨手,钳制和指挥着面前的教育现实。由此，必然衍生出，学生一生以此为赌，拼富拼贵；社会高科作弊，金钱操控等各种丑恶行为，败坏社会，践踏线端，应讨伐之，消灭之。然而在这种以"应试教育"为直接（或曰真正）动力的所谓"素质教育"，实际上，不仅背离了素质教育自身的应有之义，阉割了它的本质内涵，而且必将逐步地蜕变为自欺欺人、蛊惑人心的一种宣传口号。

应试教育，由来已久，随时而变，花样翻新；而"标准化考试"与"标准化答案"的测试方式，已成为目前应试教育（大、中、小学）的固定模式。遗憾的是，这种早在上世纪八九十年代已被西方教育，特别是美国教育视为敝屣而彻底抛弃的僵化的思维方式（教育），如今，却被我们奉若神明，视为"至宝"，顶礼膜拜而啧啧称羡地承袭下来。（岂非怪事！）

在视升学率为命根，视升学率为崇高理想和终极目标的今天，如果我们及时地掉头转向，从宏观战略高度审视教育现实，学习科学理念，研究这一关系到培养社会（有用）人才的根本和关键问题，并给予恰当的总结和普及，势必将成为一项非常重要而必须进行的基础工作。因为，它毕竟是千百年来，古今中外教育传统中始终热议而又不断发展的中心话题。因此，认真探讨、重新学习、严格遵循（已被事实证明了的）教育科学自身所固有的客观规律和基本原则，乃是真正落实和切实实施素质教育的关键所在，是根除一些社会丑态的济世良方，是十万火急的应策之举。

（原载《枫叶·卷首语》2014年第三期）

浅论启发式教学

教学方法是完成教学任务的一种实施手段或称实施办法；它是由教师的"教"和学生的"学"两种方法综合而成，是教与学的综合体。在古今中外的教育发展史上，相继形成了两种根本对立而又截然不同的教学手段：注入式和启发式的教学方法。

世界上最早创立启发式教学法并勇于实践者，首推中国的伟大教育家孔老先生。他曾对弟子有这样的教导："不愤不启，不悱不发，举一隅不以三隅反，则不复也。"（《论语·述而》）"启发"二字即由此而来。之后《学记》又发展了这一思想，进而提出所谓"道而弗牵，强而弗抑，开而弗达"的宝贵主张。

可见，调动学生学习的主动性、积极性乃是古今启发式教学法的实质和根本所在，它不是一种具体的教学方式，而是教学方法总体上的指导思想和理论基础。那么，什么是启发式教学法泥？

我以为启发式教学的意义就在于，教师在教学过程中，应按照人们认识事物的客观规律，为学生寻求一条便于思考、理解、活动的线索，调动学者同教者一起活动、一起思考、一起前进；让他们在认识上每提高一步都要经过自己头脑的思考，从而获得必要的基础知识和基本技能。这就是我们通常所说的启发式教学法的基本内函。

这种教学方法，要求教师一定要把教育对象看成是教学活动的主人（主体），而且是活生生的具有主观能动性的主人（主体）。教师的责任是激发、诱导他们学习的兴趣、愿望和创造精神，为他们积极主动地学习而辛勤劳作，教师的任务就是为学生"创造条件，促使内因起作用""把精力集中在培养分析问题和解决问题的能力上"。（《矛盾论》）

实践证明，采用这种方法，往往需要教师花费很大精力和时间才能取得良好的教学效果的。而注入填鸭式的教学则是最省事而最简单的办法了。

这种教学方法需要的则是"少而精"的教学内容，惟其如此，我们才能很好地完成预期的教学任务，达到预定的目标要求。所谓"少而精"，指的就是在众多的教学内容里面，根据特定的目的、要求和知识的内在联系以及学生在实际活动中的需要和可能所选取（或决定）的教材重点、难点、关键和中心等等，这些具有决定意义的东西作为此时此刻即时所需的教学内容。

少而精的"精"是精华，是质量、是关键。"少"是数量要求，是教学重点，是主要问题。只有教学内容"少而精"，才能保证学得精通，才能做到举一反三，运用自如，才能做到精讲多练，事半功倍，提高效率。要求教师在课堂上讲得少一些，精练一些，就是这个道理。

任何事物都有它的内容，也有它的表现形式，从某种意义上说，"少而精"即指教学内容，"启发式"则为它的表现形式或称载体，指教学方法、方式。但同时，前者又是制定教学内容而且必须遵守的原则；后者，不但是教学活动中教学手段的制定原则，又是为完成这些内容而采取的具体的实施办法或称战略、战术。二者互为表里，相互依存，浑为一体，相得益彰。

启发式教学法是总的教学原则，它是需要通过多种具体的教学方式而完成的，概括说来有如下几种：

一、提问

要把提问作为启发的手段，就要求教师必须有计划、有步骤地把教材中的重点、难点、关键、中心等等学生难于领会的内容，变成几个具有思考意义的问题，用这些问题引领学生正确地活动、帮助他们同教师一起思索，一同前进。这是充分调动学生学习积极性很好的方法。

这种提问与过去所谓"谈话法"中的提问是根本不同的。"谈话法"中的提问，是不分主次，杂乱无章，"好、对、能、行"式的简单问答，而启发式提问则是对其重点、难点和关键问题的一针见血的突破。

二、读书

书是一定要读的，语文要读，数、理、化、外同样要认真读。在教学实践中，有的教师不太注意培养学生读书的习惯，非常喜欢自己"一言堂"的讲授，这是一种不恰当的教授方法。这里所主张的读书乃是一种有计划、有指导、带着一定问题而进行的教学活动，让学生在积极、认真的读书过程中，寻求解决问题的办法和答案，做到师生一起深入探讨研究，从而找出解决问题的办法来。

三、讲授

这里所说的讲授非指注入式满堂灌，无轻重、无主次的滔滔不绝的演说和包办代替的填鸭式硬灌，而是在诱导、启发基础上画龙点睛式的点拨，这种点拨往往是在关键时刻、转折地段、充分起到教师在教学过程中的主导作用。这种主导作用体现在教师要教给学生一把发现真理的钥匙上。

四、讨论

讨论是启发式教学中一种行之有效的极好方法。因为"有许多事情，我们不知道，因此不会解决，在辩论中间，在斗争中间，我们就会明了这些事情，就会懂得解决问题的方法"。

实践证明，集体讨论，它可以集思广义，加深理解，活跃气氛，激发学生的积极热情。

一般来说，在以下两种情况下，可以采用这种教学方式：一种是在教师启发、诱导之后，由于学生的能力、水平、经验等条件限制，暂时还不能解决而需要外界帮助；另一种是在学生已经掌握一定知识的情况下，再让他们进一步领会，加深理解而需要交流。这种讨论，是有着互相启发、促进深化、活跃思想、交流经验功效的。

五、实践（活动）

在教学过程中，教师应该引导学生把所学得的理论知识拿到实践中去检验、去证明、去应用。"因为如果将理论和实践结合起来，就可以把他们从书本上学来的理论变成自己的东西"。这里所说的实践，有两个方面的意义：一方面是指走出学校的社会实践；另一方面是指对书本上的理论知识的具体运用。通过社会实践，可以进一步了解社会，学习社会，丰富人们的社会知识；通过对书本知识的运用，使学生掌握把理论转化为运用自如的技能。这就是理论与实际相结合的原则。

还有一点需要提及的，就是教师的备课，在整个教学实践中的重要作用。

"凡事预则立，不预则废。"备课对教师而言，就是战前的计划、准备和部署。备课、钻研教材对教师来说，就是对客观事物进行认识的过程，是教师主观思想的确立过程（方案的制定过程）。如果我们战前准备，不符合客观实际，那必定要打一场失败的战争。因此，教师的主观思想的确立关乎整个战局的成败得失。而正确思想的形成，往往需要以做好以下两项工作，作为前期准备的重要前题。

1. 调查研究。教师既要摸清学生的实际水平，又要研究学生对知识理解和接受的客观条件，从而制定出合乎实际的教授方案。

2. 根据知识的内在联系，找出学生在解决实际问题时所急需的东西，抓住主要问题，再根据特定的目的、要求，决定它的基本内容，制定突破它的方式、方法。

总之，既要备人，又要备己；既要备内容（教材），还要备方法，做到"知"与"行"的完美统一。只有这样，才能做到孔子所提倡的"举一隅"而反"三隅"的良好的教学效果。

（初稿于 1964 年 12 月。载《鸡肋存余》首卷）

教与学的辩证法

人们在初学一点什么的时候，往往觉得好像是已经懂了会了。可是要把它完满地教授给别人，则常常是说道不清、讲解不明的。甚至于说来说去，连自己也不知所云了。这种现象，确乎是常有的事。

我国古代教育理论《学记》，对"教"与"学"之间的关系，曾提出了如下的见解："虽有佳肴，弗食不知其旨也；虽有至道，弗学不知其善也。是故，学然后知不足，教然后知困。知不足，然后能自反也；知困，然后能自强也。故曰：教学相长也。"

《学记》的作者，虽然还不懂得什么是辩证唯物主义，但是它却深刻地揭示出"教"与"学"两方面的辩证关系。

首先，它指出：接触是认识的基础。大凡世界上任何真、善、美的东西，当你还未接触它时，自然是不知道它的特征和妙处的。一桌丰盛的宴席，你不吃它，自然是不知道它的味美。有很好的道理，你不学它，自然是不知道它的玄奥妙理的。因为"认识的过程，第一步，是开始接触外界的事情"的，所以作者把接触事物放在首要地位，是合乎人们认识规律的。

然而，对事物的初步接触，只不过是对它了解的开始；第一次见到的东西，总是在人们头脑中留下了一些并不深刻的印象（这是深化的基础），这种印象，仅仅是一种肤浅的"表象"认知，它是似知而非真知的，因为当这种印象被深化时，即由所谓"似知"向"真知"发展的时候,便对这种过去的"似知"产生了种种疑问。这种疑问的出现即所谓"学然后知不足"的具体反映,也就是人们对于问题认识的进一步发展。"不足"又当促使你进一步学习,即所谓"知不足,然后能自反也",很显然,疑问多了,必然要解决它,要解决它,又必然促使你更进一步反复地学习,反复地认识。这又是《学记》作者为我们揭示的认识深化的第二种关系:对立统一的关系。毛泽东同志在《矛盾论》里说:"人类的认识总是这样循环往复地进行的,而每一次的循环(只要是严格地按照科学的方法)都可能使人类的认识提高一步,使人类的认识不断地深化。"

建立在一定认识基础上的"教",对于"学"则更有直接的现实意义。"教然后知困"即将"教"与"学"的这种矛盾指了出来。"困"即对所学知识的疑问、困惑。由于"教",使得平时不易发现的问题,弱项或疏忽,全然显现出来,因而,很多不解之题,须重新解决,必然促使你重新地,深一步地钻研、理解和领会,促使自己由一杯水变成一桶水,进而变成源源不断、波浪起伏的一条江河之水,使教者左右逢源,游刃有余;学者甘露育苗,苗壮成长。这正是所谓"知困,然后能自强也"的道理所在。由"知"变"真知",由"学"变"实学",自然会产生良好的教学效果。

由此看来,从"学"到"教"是要经过多次循环往复的深化过程的,一个矛盾解决了,新的矛盾出现了,教与学的关系就在于互相促进、互相提高。"教学相长"则是古人对师生在教学过程中二者不断深化、不断升华这种辩证统一关系的经典总结。

(初稿于1963年3月。载《鸡肋存余》首卷)

对一个教学口号的哲学思考

"以教师为主导、学生为主体"的口号，在相当长的一段时间里，似乎成为教育界、理论界乃至各级教学人员中所恪守不渝的一项基本准则，不曾有人对它产生过怀疑。假如我们对它从哲学意义上予以考察，便会发现这个命题在认识论上违背了唯物辩证法。这是因为：

1. 它忽视了教与学是一个能动的运动过程。在这个过程中，学生的学习（本身）不是一种消极的受动过程，它要随着教师"教"的活动的不断深入和影响，随时调整和控制着自身的心理和生理机制，去迎接随时出现的各种"挑战"。"教"与"学"在全部教学过程中，其作用和地位在随着矛盾运动的发展、变化而进行着"必然"的规律性的调整和转化。"教"就"学"而言，毕竟只是一种外界条件，而学生自身的种种因素才是它的内在动因，即决定因素。作为外因，教师的教无疑是将学者的这种内在潜能开掘激发并迅速将其转化为实际能量的实施过程；在这里，教师所起的仅仅是一种拨云破雾、指导方向、开启动力的"条件"作用，而绝不是相反。

2. 就对客观事物——如知识体系、教材内容等——客体的认识而言，师生都是主体。他们尽管在时间、方式、具体内容上不尽相同；但就认识论说，都是认识事物及其过程，揭示本质规律、特征的主体。不论教师还是学生都是在实践过程中来认识、把握客体的。

然而，在教学过程中，就二者担负的任务而言，其主体的内涵却迥然有异。教师是实现教学任务的主体，学生则是实现学习任务的主体，在教与学这个过程中，学生始终保持着它的主体内涵。在整个实践活动中，二者的地位和作用是在相互交叉、相互渗透中交错进行的，而"以教师为主导、学生为主体"的口号，则是孤立、片面地强调教师在这一过程中的决定作用，并把他确定为全部过程中的终极动因。其实质是把变化过程中的一瞬间视为固定不变的模式了，这样势必重蹈形而上学的覆辙。实际上是所谓教学"双主说"和教师"决定论"的重新翻版。

因此，我们既不能忽视教师在教学过程中一定条件下的重要的指导作用，更不能无视学生在学习过程中起决定作用的主体地位。我们的任务则在于，要弄清教学过程中的这种人类特殊的认识过程，而给它们各自以适当的位置。

（初稿于 1993 年 4 月 5 日。原载《学术信息》第 72 期）

试谈文言文中的语句教学

在文言文教学中,经常出现这种情况:学生学完了一篇文章,了解了文章的主题,也说出了在写作方面的一些特点;但是让他们确切地讲解文章里的一些句子,却成了一个很大的难题。试想,学了半天文章,连句义还没有弄懂,怎么能深刻地领会文章的思想,又怎么能谈得上举一反三、从所学文章里学得作文的方法呢?那么,提高阅读文言文的能力,岂不成了空话?

针对这种情况,我们认为,有必要加强对文言文教学的研究,以企切实提高语文的教学水平。本文仅就文言文中语句教学,谈几点意见。

一、剖析语句——"变换词序,对号入座"

讲授文言文,一般经常采用串讲的方法。但有些句子,由于古代使用习惯的不同,其词序的排列不尽一致。因此,简单地串讲是不能完成确切理解句义这个任务的。为了讲解,我们必须帮助学生进行语句的剖析工作。把原句中的一些词语的顺序,按照现代汉语的习惯,把它们调整过来。如:"苛政猛于虎也",这句话的意思是:苛刻的政治比老虎还要凶猛(厉害)。为了让学生准确地理解句中每个词的意义,我们把原句中"猛"字移到"虎"字的后边去。它的词序排列就成为:"苛政于虎猛也"。

同样道理，"吾尝疑乎是"，也只有把"疑"字移到"是"字后面去，才能使学生了解"我曾经对这句话（表示）怀疑"的确切含义。

我们感到，只有在"变换词序，对号入座"基础上的逐字讲解，字字落实，才能让学生准确而牢固地掌握句子的意义，使之知其然，更知其所以然，避免了囫囵吞枣的毛病。同时，也培养了他们认真读书、一丝不苟的良好习惯，克服了粗枝大叶、不求甚解的不良作风。

二、审度句式，添补成分

有些句子，由于成分不全，常常给串讲课文带来一定的困难。所以，我们在讲解过程中，必须视其情况予以适当地添补。

1. 添补原句中所省略的部分。凡句中省略动词（或介词）宾语的地方，应该补上宾语。如《岳飞》一文中："愿与交欢""亲为调药"。这两句中，在"与"和"为"字后边都省略了宾语"之"，补后应该是："愿与（之）交欢""亲为（之）调药"。凡句中省略介词的地方，应补上介词，如：《叶公好龙》中"于是龙闻而下之"一句，在动词"下"字后面省略了一个介词"于"字，在讲解时应补为："闻而下（于）之"。（下到叶公居住的地方。）像以上两种情况的省略，在文言文中是极普遍的，必须让学生掌握。

另有一种情况就是，在一句话中，它既省略了"于""以"等介词，又省略了动词（或介词）后边的宾语。此二者兼略者，也应分别予以添补。如：《曹刿论战》一文中的"衣食所安，弗敢专也，必以分人。"它既在"必以分人"的"以"字后边省略了"之"，又在"分"字后边省略了"于"。它添补以后的句子应该是这样的："必以（之）分（于）人"。意思是：一定拿这些东西分给别人。这里，"之"是指衣食所安之物，"于"即介词"给"的意思。又如：《黔之驴》中"黔无驴，有好事者船载以入"一句。为了清楚起见，我们必须把"船载以入"一句中的省略成分全部补上。它应该是："（以）船载（之）以入"。我们添补的"以"字是介词"用"，"之"是动词"载"的宾语"它"（指驴）。原文中的"以"字则是用来连接状语和中心词"载"的连词"而"的意思。所以，这句话的意思，就很明白地摆在面前（"用船把驴运进贵州"）。无须费事，学生便不讲自通了。

2. 添补一些原句中未有的成分。在串讲过程中，特别是在叙述中，有些句子成分本来原文中不曾有，我们为了保持串讲时句子的连贯性，有时也需要添补上一些附带的成分。如"蒋氏大戚，汪然出涕曰……"，按我们讲解的习惯应写成："蒋氏（听了我的话）非常悲痛，眼泪汪汪地哭诉着说……"对照原文，括号内的那些话是我们补加的，这是很有必要的话。加上了它语句就更加连贯，意思更加完整。因此，在添补时，一方面要向学生讲清意义、目的；另一方面要告诉他们在行文中必须加上括号，以示所加。

三、分析特殊句式——宾语的前置

在学生掌握了一般句式以后，我们应着手对特殊句式的研究，让他们逐步地掌握规律和特点。如：《石钟山记》："古之人不余欺也。"按现代汉语的习惯，宾语"余"应在动词"欺"之后，此句宾语则前置。文言文中的这种宾语前置的特殊用法，则是古汉语语法变化的规律之一。又如："唯命是听"，"命"是动词，"听"的宾语，因"是"的帮助，宾语"命"前置了。（"是"是提宾助词又是其前置标志。）此为其语法变化规律之二。再如：《曹刿论战》中，"何以战？"的

"何"是介词"以"的宾语,但它前置了。这种疑问代词作动词(或介词)宾语,放在它们的前面的用法,是与现代汉语的结构所不同的。此种用法又是古汉语变化规律之三。这点也应该让学生明白。

只有这样分析,才能让学生理解并掌握文言文的特殊句式的规律,逐步培养他们自行阅读、分析文言文的能力。

此外,归纳、总结和对比等等,也是文言文教学中经常使用的好办法。这里就不赘述了。

总之,我们必须重视文言文中的语句教学,抓住重点,具体分析,努力提高学生的阅读文言文的水平。

(初稿于 1978 年 4 月 18 日)

对当前文言文教学的一点建议

长期以来，在文言文教学，特别是中学文言文教学中，形成了一种似乎无可置疑的惯例和固定不变的"模式"。先是逐字、逐句、逐段乃至逐篇讲解（实则是文、白对照的刻板翻译），尔后，就是主题分析、写作特点的归纳等等。这些活动，作为环节，在整个教学过程中，无疑是必要的。但是，如果我们（师和生）把主要精力全部贯注到翻译文句、架空分析和技巧研究等种种"枝节"上，而忽略甚至无视学生阅读能力这个"根基"上的培养，其结果，只能是除了机械地死记译文和背诵几条抽象的筋架之外，毫无所得。那么，确切地领会文中含义，深入理解文内意蕴，便成了空话。试想，学生学了半天文章，对其内在意蕴全然不解，甚至连文句的意思还没有弄懂，那还谈得上什么举一反三，学习借鉴人家作文方法、提高我们的教学质量呢？

在很长的一段时间里，有一种思想倾向是值得注意的，那就是，言必称翻译。在一些人看来，学生只要学习文言，就必须学翻译，教师教文言，就必须搞翻译。这种非正式的教学"规定"和"法则"，始终捆绑着人们的手脚，弄得人们不敢逾越雷池半步。这种现象，必须改变。有人曾经这样说过：讲授文言文，必须进行翻译，必须搞出译文，即使"对以供人欣赏为主的文言文，译文应是作为欣赏原文的理解基础而存在的""文言文的翻译可以写在书面上，也可体现在口头上，甚至停留在脑海中，只是书面翻译较后二者有更大的确定性罢了。"①照此看来，翻译则是讲授文言的唯一出路，是理解，欣赏和玩味文章之潜层结构及其内在蕴藉的"物质基础"，定而无疑了。

且不说"翻译"这个术语，用在这里是否适宜，是否规范和科学。仅就教学而言，上述种种观念，就有许多值得商榷之处。

首先，翻译的内含是什么？所谓翻译，照一般理解应是指一种语言文字的意义用另一种语言文字表达出来；或者把一种电码符号翻写成文字表达方式的工艺流程。（参见《新华词典》和《词海》）

根据这样的认识，似乎可以清楚地看出：第一，翻译是指两种不同的语言和文字，而这两种语言和文字又是不相通融的；第二，翻译是沟通两种语言文字及其表达方式之间障碍的中介。这个中介，无疑对于地域、语言、文字、文化、风俗、习惯互不了解的两种界域中的人们在沟通思想、文化、科学、生活等方面具有特殊意义，否则人们对于异国他族的语言、风情、信息便无从了解、传播和交流。这是对两种语言文字相近或相关意义的观照。（严格说来，世界上还没有任何两种语言、文字在意义的规定性上是完全相同的，无论是在相对意义上，还是在绝对意义上、在宽泛与狭窄上。）一般界域为两个不同的国度或民族。

而对于同一国度里面的同一种语言、文字（当然在发展中，也出现了变异，但总的来说，还是相对稳定的。）把仅仅在表达方式上的不同（口语与书面语）予以适当的谕解和沟通，亦称之为翻译，恐怕就不妥当了。

---

①拙文《谈"翻译"》（见《光明日报》1985.11.22"教育科学"版）一文发表后延边师专中文系一同志提出异议，有《也谈"翻译"》一文，与本人研讨。

其次，翻译，不是沟通同一种语言两种（语言）表达方式的中介。任何一个国家或民族（当然是指发达、文明的民族），都存在着两种不同的语言表达方式即口语和书面语。中国文字和语言的发展同样如此。文言和白话是我国文化史上的相对独立而又相互关联的两种表达方式，是语言发展长河中所形成的两大支脉。古人有古语，今人有今语。在古代的语言中，同样有"文""白"之分，"口语"和"书面语"之分的。文言不过是一种古代书面语言。古代人们口头语言也是白话。比如，古代的白话小说、评话以及著名学者的一些格言语录等。在远古时代，这两种语言表达方式是同一的，由于后来逐步分家，便形成相去甚远的两种语言表达方式。书面语言即文言文，大约定型于两汉之后，它在长期的发展和使用过程中变化甚微；而口头语言在其自身发展中，却得到了极大的丰富和拓展。

在如何把这两种语言表现形式沟通起来，以达到相互理解，贯通以至融汇沟连的地步，历来成为语文教学中的难题。在这个问题上，古人是有办法的。他们并不是采用现代人所惯用的"桥梁"——翻译（或称直译），而是巧妙而谨慎地使用一种铺垫、沟通之法。他们的讲解则采用训诂和诠释的方法。

在正式讲授文言文之先，他们通过"韵语集中识字"的办法，做好两项准备工作。第一，集中识字；第二，教读一点韵语及有关名物、掌故知识。这些知识是要求记忆的，学生字识得多了，知识记得多了，为以后的语文学习打下良好基础。

古代教育家不仅在教学内容上，比如识字、教授基本常识等知识，而且在释词、训字、理句的"垂训"上也"多用韵语"。（见项安世的《项氏家说》）

他们在正式讲授文言文之前所进行的韵语集中识字以及名物、掌故等读物的习读，则为今后学习古文做好了必要的物质准备，又由于他们对文章理、义、神、髓诸方面的高度重视和具体指导，其教学效果就甚为显著。这些都是值得我们今天认真研讨并加以借鉴的。①

由于学生从识字开始就已接触了浅近文言，耳濡目染，自然而然就熟悉了文言文这种书面的语言习惯、构词方式以及语感特点，一俟正式受读古文就会水到渠成，不觉唐突了。据《小学义塾规条》载："塾中功课，未识字者先识方字一二百，即授小学诗（新刻《续神童诗》，为人道理都已说到，尤妙在句句明白，如《续千家诗》及《孝经》《弟子职》《小儿语》各种，如有余力皆可接读。其每日讲说，则以学堂日记、学堂讲语为最），务须尽二月内训毕一二本，细与讲说，一面恳切训诲，教以身体力行，照所读之书做人，方不差误。"实际上，这种韵语知识读物就是跨越横亘于白话和文言文之间鸿沟的一座桥梁。在文言文时代，它是从识字走向阅读的一种很好的过渡。

现代人学习古代文言，应在借鉴古人行之有效的基本方法基础上，要把注意力放在对学生学习能力的培养上，因此，研究和制定出合于实际又切实可行的科学的教授方法，则成为广大语文教师的重要课题。②

（本文获1989年全国语文教学研究优秀论文奖）

---

①作为一个中学生经过六年的古文学习，虽不能人人成为精通古文的"专家"，但是经过这样一个工艺流程的锤炼，力争使他们获得一种学习的本领，我看是可以做到的，会收到一定的效果。笔者曾按上述流程，兼之提倡利用"三余""三上"之法加以辅助，鼓励学生将其所学文言在自学基础上加以理解，诵背、玩味、揣摩，未须许久，古文关顺利通过。（可参见拙文《谈"三余"》1986.3.15《天津青年报·课堂内外》）。

②参见拙文《古文教学"三格"》，见《南开教育》1999年第四期和《一部具有中国特色的文学基础理论专著》见《天津教育学院学报·哲学社会科学版》1989年第一期。

古文教学"三格"

长期以来,在我国的文言文教学中,形成了一种似乎不可改变的固定"模式",这种以逐字、逐句、逐段乃至逐篇的文白对照式的刻板翻译为启始,以主题分析、写作特点为归结的定式格局,已成为数十年来古文教学的"规定"和法则,从未引起人们的任何怀疑和否定。但是,如果我们从切实提高学生的学习能力,增强他们的探求知识欲望来考察,就有非打破这种局面不可的必要了。

古往今来,有许多大家在如何提高古文教学质量和学习能力上,提出过许多宝贵的意见和卓有成效的教学方法,遗憾的是,这一切并未能引起人们足够的重视和真正的理解。

现代人学习古文,无非是借助这把钥匙,打开历史宝库大门,去了解古代社会的政治、经济、科学、文化等历史状况,文言文教学正是为学生日后阅读古籍打好一点较为坚实的基础。因此,这里能力的培养是非常重要的。把培养和提高学生阅读古文的能力,作为我们研究和处理问题的前提和归宿,这是根据语文(大学、中学)教学的历史和现状作出的合于实际的判断。舍此,便没有科学的预见,行动则必将是盲目的行动,效果也必然与预想相反。那么,如何才能培养和提高学生的这种能力呢?

笔者以为,必须从识字、释词、理句、悟篇等每个教学环节上为学生提供一种良好的学习环境和条件,构建一个跨越三个层次、进入三种境界、达到一个目的的三格构式的教学构架。唯有如此，才能实现豁然贯通、明理畅达、自为而至的理想境地。三格构式的基本格局是：一曰通义，二曰晓理，三曰体味。

一曰通义。疏通文义，垫铺基奠。古人云："论学而不求之语言文字之间，则道亦泯矣。"为了梳理句义、文义而探究文字之意是非常必要的。因此，串讲是不可或缺的（这里所说的串讲，不是通常所说的"翻译"）。"串"即贯串神理，"讲"则讲其实意。串讲是古往今来教授古文的通行之法。程端礼说："每句先逐字训之，然后通解一句之意，又通解一章之意，相接续作去。明理演文，一举两得。"（《读书分年日程》卷一）但是，对今天的初学者来说，真正做到程氏所言之"明理演文，一举两得"绝非易事。这是因为，我们所处的时代，离古人毕竟久远，他们的语言习惯、使用语汇及其内涵与今人存义甚殊。这些，为讲授古文带来了许多困难。因此，在此阶段必须抓好"讲、记、读、背"四个环节。

"讲"即串讲，叙其梗概，引入境地。过去人们常讲"信、达、雅"。"信"就是"准确无误"。教师的讲解，应该力求仔细、扎实、确切而绝不含糊，尤其是一些实词和虚词。若观其大义地讲解，恐难达到确切理解句义（即信）的目的。因此，我们必须让初学者谙熟古今语言在意义和使用习惯上的不同，使他们在诸如字音的辨读、字义的变异、词序的排列、句式的特殊、成分的省略等等古今差异上下功夫。让他们懂得、了解了这一切，就会变坎坷犹为坦途，行崎岖如履平地。

"记"即对实词的意义的识记，字音、词义、一词多义，何种情况采取何种意义，皆须加以记忆；对虚词的意义和用法，同样也要记忆、积累。这种记忆不是那种通过中间"转换"式的机械、死板的强记，而是以直接领会其内在含义的办法、灵活、理解的识记（如，见某词即知其意），以便在不断地积累中扩大知识库存中的信息量。①

"读"即在加强语感、加强理解和体会风格的过程中，熟悉古代书面语言的使用习惯。文章之所以要读，就在于它是深刻领会文章内容必不可少的教学手段。所谓"读书千遍，其义自见"就是这个道理。读得熟了，则不待解说，其义便可自明。

"背"。背诵对记忆更是重要的，它是巩固、加深理解内容的一种重要方式。这种对语感、句式乃至文章知识的识记和习读，便为古文的深入学习做好了充分的物质准备，加之尔后对文章理、义、神、髓诸方面的指导与点化，其教学效率必然显著。

这就是所谓"心求通而未得"之第一境界（即浅层格局），是基础环节。

二曰晓理。晓其文理，遂得其意，此第二境界（即中层格局）。在疏通文义的基础上，发挥要旨，开宗明义。古人云："读书固不可不晓文义，然只以晓文为是，只是儿童之学。须看意旨所在。"我们提倡在教学中加强对学生在字义、词义、句义和篇章能力上的培养，其目的，不仅在于让他们既知文字、句义上的"其然"和"其所以然"，同时还要诱发他们沿文以讨其源、潜心以致顿悟的"理喻"和明理。孙犁说："面壁十年，白文在案，潜心默记，直至彻悟，终生不忘。"若略观大义，必至穿凿附会，失去立言之本。那种囫囵吞枣、执意直译的方法，那种让学生死记译文的方式，是断然培养不出灵活运用、深伏潜层的阅读能力的。

这种境界的到达，是深谙文理之后的理喻、自省，是非熟

---

① 参见拙作《谈"翻译"》（见《光明日报》1985.11.22"教育科学版"）

读精思所能达到的,是对潜在深层结构的趋于领悟的高一层次,是上下环节的中介过渡。

三曰体味。潜心领会,反馈其间。此第三境界(深层格局)。

以上所论,仅及表层,尚未深入潜层结构上的探讨。下面才是深入潜层意义上的研究。由表层进而对文章,特别是文学作品的揣摩、体味以至顿悟,才是渐趋深化,转而向着它的深层发展的阶段了。

王昌龄在《诗格》中,论诗味时,曾有三境之说:一曰物镜,二曰情境,三曰意境。这三种境界,物境外露,情境内蕴,意境深邃。这是就"诗歌"这种文学体式的体味而言的一般规律。作为文言文教学,其范围和内涵则远比此类更为宽泛,更为广阔,因而也就呈现出更加丰富多彩、绚丽多姿的色彩和内容来。从文学作品的深层结构去开掘那些鲜为人知的内涵底蕴则成为古文教学(尤其是高三和大学中文系)的一项重要任务。因此,对文学作品而言,悟化、体味、鉴赏则是对其教学提出的更高的指标要求:它必须让学生有一种超越文字载体的表层意义,而去捕捉那些内在固有的、深沉、独特的潜在气质的更高追求。这种只能借助艺术思维末梢才能触及,只能透过形象系统的细微剖析,才能确切把握的能力的培养,只有教师才能承担得起。仅以文字理解,甚至死记译文为足,是决不济事的。实质上,这是对学生审美能力的培养,是对作品美学价值的肯定。

孙犁又说:"不潜心理会,误执旧见,拘泥不通",便会"文意不明,岂云晓文义乎?"这里所谓"潜心理会"就是对"学习古文"这个系统工程构架中的深层结构——体味和审美鉴赏活动——的生动表述。它是对以上两层格局的反馈与验收。

因此,古文教学,必须由浅入深,由表及里,螺旋递进式地引导学生登堂入室,使他们在训字、诠词、释句、明篇、悟理、捉神诸方面能有更多的自觉性和主动性,获得更大的"自由",从而使他们从"文"(字、词、句、)与"道"(情、理、神)的结合上把握一篇文章的精髓、要意,通晓它的立意和主旨。只有这样,才能由"心求通而未得"的心领阶段,逐步发展到"口欲言而未能"的欲言及至启开其意,发达其辞的"发言"阶段,进而达到物之隅"举一可知其三"的反馈阶段。

总之,三层格局,三种境界,实际上是内含不同、层次有别、深浅各异的不同范畴。前两层格局是仅从文字、意义上考察的外部表层结构,是立足于横向联系的近似平面的组合;而后者则是深入作品之中(潜层)探求底蕴的内部结构,是一种纵向联系的立体组合,无论在深度、广度与力度上,都与前者有着明显的差异(阈值和要求)。因此,只有二者紧密结合,才能构成一种纵横交错、深浅有致的三格立体的教学构式。

这里所说的三格构式,仅就一般古文教学而言,在实际教学中应因时制宜,因文而异,不可机械照搬。这是不言而喻的。

(原载《南开教育》1999 年第四期)

要创造一个培养人才的良好环境
——教学行政管理点滴

教育必须"面向现代化、面向世界、面向未来",否则,我们将一事无成,永远落后于现代化建设和新的技术革命形势的后面。这个道理已被越来越多的人所理解、所接受。但是,如何把这种认识变为人们的实际行动,却还须花费一定的时日,付出一定的艰苦努力的。在这个过程中,基础教育负着极其繁重的任务。而作为培训教师的进修院校怎样才能适应这种形势的需要,培养出具有开拓型和创造精神的教育人才,去完成历史所赋予我们的神圣使命,这一直是我们师资培训工作者长期思考而又未能解决的问题。近年来,在此方面,曾有过许许多多有益的探讨,其中确有不少富于创造性的意见。我们以为,作为教师培训工作之"母机"的进修院校,为广大教师和学员创造一个较为舒适的学习条件,创造一个宽松、和谐的培养人才的良好环境和氛围乃是诸因素中首要的因素,是最为关键的一环。因而它是至关重要的。因此,笔者就此试从以下四个方面,略谈一些尚不成熟的意见:

一是要提倡教师注重激发学生良好的心理品质,培养学生独立探索、主动获取知识的能力。

就一般教学而言,教师在传授知识的同时,"引导学生积极主动的学习,培养他们举一反三、触类旁通的学习能力,是教学工作的一项重要的任务"。然而,就培养创造型人才而言,仅限于此，显然就不够了。创造型的人才，不仅需要有合理的知识结构、合理的智能结构，还要有良好的认识能力。就是说，要有运用知识和智能、把握事物发展方向、预测未来的综合能力。积极、主动地学习是培养和提高这种综合能力的重要前提；因此，我们的教学重点，应该把着眼点放在培养和发展学生的创造能力上，而不是一般的技能训练和知识的传授，让他们不仅掌握知识和技能，更重要的是学会创造性的思维方法。比如，在小学师资培训的物理教学中，针对学员和现行物理教材的两个实际，所创造的"自学与实践相结合，提高学生综合（认识、操作）能力"的教学方法，就是这种能力培养的具体实践。教师根据小学《常识》课的内容，删减了原物理学中的一些不适宜的理论，有针对性地增加实验，在自学的基础上（教师帮助学生拟订自学计划，布置提纲，提出具体要求），通过大量的物理实验，使学生掌握物理学中的基本理论，学得了实际操作本领，提高学生的动脑、动口、动手的综合能力。在学期结束时，通过别开生面的"试讲"，检验教学效果（即，每位学生自己设计一节小学常识课并人人走上讲坛，进行演示）。实践证明，学员不仅学到了物理知识，了解了小学自然课中许多现象的"所以然"，同时，也学到了讲授小学《常识》课的教学方法，激发了学习物理的兴趣。

　　真正有作为的创造者，他们在事业上的任何一点成功，无不饱含着他们良好的心理品质。这是因为，良好的心理品质乃是创造力的动力因素。只有在心理品质的伴随下，他们的创造力才能得到充分而深刻的发挥。这个实验，正是在教师的积极引导下，充分调动了学生的积极性，使他们在学会知识、技能的同时，产生了勇于实践的强烈愿望和"百折不回"的坚强信念，增强了敢于学习、敢于探求的信心。因此，他们得到了充分思考、分析、判断和推论的自由。

二是要提倡教师指导学员创造性地学习，培养他们研究问题、解决问题的实际能力。

教学必须根据学生已有的知识水平，逐步地在其深度、广度上加以不断地升华和深化，并注意用新的信息来充实他们的头脑，以便产生新颖、独特、具有一定社会价值或社会意义的"新产品"的能力。

在中学师资培训的中文系《现代汉语》课的教学中，教师把教材的基本理论和基本知识同当代世界技术革命向我们提出的挑战联系起来，积极组织学生进行"从信息时代看文字改革问题"的专题研讨：为学生编选了数万字的信息资料印发给他们，并悉心给予指导，组织学生实地考察，从汉字是否适应信息时代的要求到汉字的优与劣；从汉字要不要改革，到汉字如何进行改革等等问题进行了广泛而认真的研究，大胆而严肃的探索，撰写出四十余篇专题论文；研讨会上，学员各抒己见，百家争鸣，其中确实涌现出一批具有独特见解的文章，这些论文结集出版后，得到了有关专家教授的好评。这种在认真、严肃的教学活动中，所确立起的坚实理论基础上的大胆探求和突破性的专题研讨，对开阔学员眼界、打开思路、培养他们的创造性思维能力是大有好处的。

学生能否在学习过程中独立地提出问题、发现问题、分析问题以至最终解决问题，是检验学生是否具有创造性思维的关键。而这种能力的培养对于进修院校的学员来说，尤其具有特别重要的现实意义。一般说来，学员提出问题和发现问题的能力，是他们日后进行创造性劳动的基础。如果失去了前者，那么，后者便失却了存在或产生的依据。第斯多惠曾经说过："一个坏的教师奉送真理，一个好的教师则教人发现真理。"现代汉语课的实验，确实是教给了学生一把发现真理的钥匙。

三是要创造一个良好的学术空气，鼓励教师突破拘谨，大胆创新，提高自己的教学和科研水平，从而建立一支具有创新精神的教师队伍。

学校教育对培养创新型的人才，具有极为重要的作用。其作用的大小，与学校中处于教学主导地位的老师有着非常密切的关系。如果我们的教师只满足于以往的知识灌输，不谙思考，不善于用最新的"信息"更新、充实自己的知识"仓库"，不用崭新的方法教授学生，那么，我们是断然培养不出具有扩散思维、创新精神的学生的。"法乎上，得乎中；法乎中，得乎下"，所谓"名师出高徒"就是这个道理。

因此，学校把提高教师的教学能力和学术水平作为工作的中心环节是十分必要的。比如，鼓励教师结合教学，从事科研活动，形成一种"人人搞课题，科科有项目"的浓厚学术空气，等等，就我校而言，在这种氛围内，仅一年中教师就撰写了四十二篇质量不等的学术论文。有二十六篇在各级各类年会和报刊上发表；论文覆盖面为专业教师总数的95%以上。此外，还有二十五种、数百万字的资料、教材相继出版。

实践证明，环境，条件和氛围的积极影响与广大教师在这种环境影响下所形成的心理品质一经结合，就会产生出巨大的推动力量，计划得越周密，涉足人员越广，其收效就来得越显著，情况发展就会越迅速。

四是要充分发挥教师的智力优势，鼓励为社会多做贡献。

就培养创新型学生而言，除了某些智力因素外，非智力因素是绝不可忽视的，诸如，理想、志向、事业心、顽强意志、创新和献身精神等等；就进修院校的教师而言，创造条件，发掘他们的内在潜力，促其成为创新型的人才，非智力因素同样是重要的。马克思说："激情、热情是人强烈追求自己的对象的本质力量。"（《马克思恩格斯全集》第四十二卷 P169）列宁也说过："没有'人的情感'就从来没有也不可能有人对真理的追求。"(《列宁全集》第二十卷 P32)因此,教师对事业的强烈追求(这是重要的"情感"因素)便成为他们个人行为的巨大动因。全国第一所"家庭教育函授学校(幼儿段)"的创办,就是最为有力的证明。他们以巨大的雄心,勤奋的努力,克服重重困难,用自己的行动,获得了丰硕成果,赢得了社会各界的赞誉和社会名流的关注。许多著名的教育家、心理学家、学者、教授成为学校的顾问和兼职教师,学员遍及全国29个省、市、自治区;办学一年多,培养了成千上万个孩子和他们的父亲、母亲,使之受到了较为系统的幼教理论和育儿常识的教育,成为他们的"知心朋友"。

凡此种种,可以看出:环境、条件和教育乃是影响和造就优秀人才的重要因素。只要我们努力创造条件,造就环境,并采用一定有效的教育方法,广大教师的积极性是完全可以调动并充分发挥出来的;有了这些富于创新精神的教师,那创新型学生的培养就有了重要的前提和可靠的保证。也只有这样,才能在现有的条件下,积极、稳妥地培养出更多、更好的优秀人才来。

(本文获 1986 年南开首届教育科学优秀论文二等奖)

致《老年报》编辑

现将几首小诗呈寄给你们。

我已年愈古稀且已退休在家。每天似乎仍有许多要做的事情，忙忙碌碌，心甚欢悦。在阅读和收听广播的时候，我发现有许多人，尤其是中年人，对自己年届四十岁即有感慨之声，似乎有来日无多之叹，这是应该引起人们，特别是媒体的警觉。如果不加以正确引导，往往会产生不良的后果。这种心理暗示与舆论导向，会愈发使其心理年龄更加强化，甚至促其生理年龄迅速老化。我曾建议有关部门，不要强化年龄上的界限，如老年、中年、青年。应从心理年龄上让他们年轻十岁。这样才能促使其生理年龄与之年轻化，更加健旺，才能与世界接轨，才不至于言必称"中年"矣（即"日已过午"）、"老年"矣，（即"夕阳西下"）。其实四十岁正是日正中天，何言过午？而老年的始限亦应推迟，如七十六岁才进入老年，等等。不要一过五十岁即生老矣之叹。近日从报中看到一些老年人的正面事例，很有感触，百岁老者倘能如此，半百之人岂能老乎？

致毓红先生

蒙颁寄样报,感愧非一,得见尊刊,慰为欣然。家庭教育实为大计,然社会对之关注欠多。足下所为乃立功、立德、立言之本也。此高尚之举,"其功德当不在禹下"。望多为力,祉福天下。

家庭教育是社会教育之根本,是学生成人成才之保证。这虽是国人目前之共识,但真正落实,却非易事。家庭问题甚为复杂,头绪繁乱,尚待疏理,唯此,方能辨症施治,显其效验,然时下真正亟须援助者,千分之一,急功近利者,沸沸扬扬;斥金寻方者,众,笃实潜润者,寡。形似求,实则非。愚见:敬祈一剂灵丹而获神效者,盖天下未之闻也。阁下之春风化雨,润物无声之所为,必将成其大业者。此诚"天降大任于斯人也",是语不虚。

余于 21 年前(1985 年),曾与《光明日报》携手创办南开家庭教育函授学校,以同名《家庭教育》月刊为教材,似风云一时,覆面全国,读者约以数万计,学校诚邀全国名流为其顾问并兼撰稿,其影响沸然,彼时曾得《人民日报》《光明日报》《中国信息报》及《天津日报》等报刊之关注和报道。然正值盛势,却缘人为,仅出五期,半途而归。作为时任主编和主管领导的敝人,回想往昔,深感愧疚,其酸甜苦辣,自不待言。尔后,某日忽得一函,系黑龙江省暨佳木斯市家庭教育研究会理事长王慧智先生所寄。其言,看到当年报纸后，旋致函问，并赞称远见、开拓、创新之词。词虽多溢美，却矢中要的，阅之潸然，于感动之余，信笔留下打油诗两首，以记其事。

> 百啭无能解话缘，何曾申秀付豪端。
> 同怀领略其中意，胜又于人道此言。
> 荜路艰辛敢做先，春风时雨化流泉。
> 可惜太半面湖月，难却神州第一班。

后因弃教从政，于此便渐疏远。然时逢孙辈到来，对家教又萌兴味，仅此而已。时过境迁，并无举动。近接阁下"专刊"，深感"物"正逢时，好不快哉！于兴动之余，聊写数语以寄微忱。谨谢不宣。颂安。

欢呼博爱义举

公等壮举，愚表贺衷。立博爱之心，将恩泽四海，惠及子孙，其功大焉。值仰信崩溃，道德沦丧，人欲横流之际，拯日下之风，唯为此焉。芳老义举，非圣贤而能为之，常人所不能者。其缘在于："用菲薄薪金过着极度贫困日子的同时，以辛勤汗水所得一点劳酬，全部的、无私的贡献给了素不相识的学子，以至年终寿寝"，这是何等的高尚呵！芳公之为远超先贤如武训义学之功。此奇国人之骄傲，津门之荣幸，其荫庇必泽于子孙万代焉。故余曾赠诗曰："德配天地问可循，千年师表圣为尊。义学漫道成佳话，奇叟浇园忍自贫。"又赠之曰："三喜临门老寿君，势夺山岳屹千寻。若非及雨时时下，点翠何来万木春。"

以上两首，为芳老事迹披露后相继写得，虽与芳老素未谋面，但神交已久，从看到他事迹的第一天，就一直关注着他的情况，且数以诗寄之。后芳老病逝，余甚悲之，即日，又赋得小词《诉哀情》一阕，见之报端，聊以述怀。词曰："桑梓阔久念春风，总为故人情。含辛茹苦资重，何顾味薄浓。 行万里，过层峰，日匆匆。勤躬一世，似有盟约，席却从容。"

致曹文娟

　　人皆有求生之欲，然于危难，大都先从内心解除武装，精神崩溃，致使失败乃至生命的丧失。而曹文娟则不然。她于大难当头，泰然自若，以坚强的求生意念，以"绝不能死"的精神支柱，支撑着物与我的生死较量，以其微弱的血肉之躯，抗衡着死神的巨大冲击，从而赢得了生存的动力，这是何等巨大的精神力量啊！在这种特定的条件下，精神的支撑力便可转化为无穷的物质抗拒力。所谓精神变物质，恐此意也。生命即是如此，万物何如不然。年仅十七岁的曹文娟为我们谱写了一曲动人心魄的生命之歌。她不愧为"秀发上生命拔河"中的勇士。我要为她欢呼，为她歌唱：气贯丹田意唤生，云鬓何惧力无穷。命悬捐去颅见骨，玉手天擎屹苍穹。

东风好作阳和使　逢草逢花报发生
——回忆父母教我们做人的点滴小事

人们常说，孩子的第一任老师是他们的父母，有什么样的父母就会有什么样的子女，孩子是家庭的一面镜子。父母的言行是铸造孩子人生的起点。我们在为人父乃至为人祖之后，回想起昔年往事，才有了许多较为深刻的理解和人生感悟。

"你们一定要先做人，后成才。成才固然重要，成人才是根本。如未成才，于世并无大碍，若不成人则遗害无穷矣。"这是父母经常告诉我们的一句挚言。它萦绕耳边，已有六十余年，并时时成为我们处事警钟。我们的父母是极其平常的父母，父亲为人谦和，晓通礼义，商务繁冗，少有绕膝之怡，然一旦相聚，却有可亲的和蔼与凝和的亲力。母亲是位普通的家庭主妇，性情刚直，为人忠厚，虽不知书，然却达礼，相夫教子，事必躬亲。他们先后虽生有十个子女，却从无厌烦、愠怒、鞭笞之举。他们说：做人要实诚、厚道、善良、仁义、近贤、为公。

所谓实诚，就是要讲信义，"人而无信，不知其可也"。对人、对事、对亲朋、对好友、对同学、对邻居、对自己乃至对乞丐，都要以诚相待，不要撒谎，不要骗人，要脚踏实地地做人做事，几十年来在我们的记忆中，他们从来没有对孩子、对外人撒过谎，也不允许孩子撒谎。正因如此，近至亲眷，远至朋友，往来如云，因挚诚相待，持之有度，君子之交者，终生未改,父辈及子辈挚交长达六七十年者不乏其人。达不骄矜,穷不尤人。

所谓厚道,就是对人要宽厚容人。"待人宽以约,责己重以周。"对人、对事要替别人着想,自己不愿做或不想做的事情,不要推给别人,这叫做"己所不欲,勿施于人"。别人不想或不愿做的小事(不是坏事),你们要抢着去做,比如,扫地和扫雪,这些看来是微不足道的小事,它却是做大事的积累,"不积跬步,无以至千里"。从幼时我们就养成了一个清晨早起,打扫庭除的习惯,无论五风六月,还是数九隆冬,每天早晨都有我们兄妹清扫院子内外劳动的身影,这种习惯一直保持到搬进楼房有了物业管理为止,几十年"久耕"不辍。幼时每逢下大雪,我们都高高兴兴地去清扫积雪,这无形中成了一种规矩。这种环境的公益劳动既锻炼了我们的意志,又培养了我们热爱劳动的品质。

如果遇到好的事情,人人都抢着去要的时候,你们就要退让出去,不要跟人家争斗,不要斤斤计较。比如,老师要展览作业,或奖励等荣誉的事情,你们要退后,不要争竞。这叫"人取我予"。记得,当年每有售鸡蛋的老妇人来家卖鸡蛋时,总看见母亲小心翼翼地从篮子里把小个鸡蛋放进自己的托盘里,把剩下的大个鸡蛋让人家拿走,次次如此,后来卖鸡蛋老妇人问道:"人家都挑大个的买,您怎么专拣小个的买呢?"母亲笑道:"我若挑大的,剩下小的你卖谁去呀!"老妇听后眼泪涟涟,感激万分,此事至今已六十年过去,此情此景,仍历历在目。每遇此际,我们都会照她老人家的办法处理,这叫做"人弃我取"。这恐怕就是所谓"勿以善小而不为,勿以恶小而为之"的道理,千里之遥的善行,应从微末细小的琐事开始吧!

善良。善良是人的本性,但是由于社会的异化,人们原本善良的天性变得扭曲了。"人之初,性本善。性相近,习相远。"在孩子为人之初,我们的父母就教导说:要以慈善悯人之心待人,不管是谁,应该一样看待,绝不可因豪富而卑躬,因寒贫而矜傲。对有困难之求助者,要尽己所能而资助,能尽十分力绝不尽九分,几十年来,不管是富足日月,还是窘迫时节,母亲总是把钱粮资助给贫寒的远近亲友和左邻右舍。记得在三年困难时期前夕的1958年,母亲把多年积蓄的几十斤面粉,分赠给受灾害的山东表叔和河北表兄。但是,对转瞬而至的城市"节粮渡荒",却毫无所料,对随之而来的"饥饿"以至由此引发的乳癌后果却从无怨言,眼看儿女饥肠辘辘和"瓜菜充饥",表现得异常平静,绝无懊悔。现在看来,实在是伟大啊!这是善良中的善待他人。同时,还让我们要善待自己。如遇困难,也不要苛刻地折磨自己,在个人实在无力解决的情况下,可以适当地求助别人而渡过难关,但绝不能依赖别人。

近贤。结交朋友要有标准,在他们看来最重要的标准是:"礼义廉耻",在国为纲,在人为本,此乃大则。他们说过:"交朋好友,必讲礼义为先,不知荣耻乃碌碌小人,切勿接近,知耻则勇,凡贤德之人宜近之 交之,奸佞之辈,应远离之,绝不交往。要知朱墨之理,从小要知荣廉,明辱耻,绝不可做为人所不齿的伤天之为、害理之事。不要图 虚名,逐微利,不要做非得让人知道的"好事",要悄悄地做不为人知的无闻善举。

义者气也。仗义疏财是父亲的为人准则,凡有张口者必以财疏之,不拘远近,不计亲友。记得我的表兄在分得田地的当年,急需一头耕牛种地,坦言相求,父亲当时手无现金,随即将手上的罗马表摘下给他,嘱其换钱购牛。我当时在场,甚为惊讶,问其缘由,答曰:"民以食为天,耕种锄刨,农家之本，财钱无他，犹水流耳。"

为公。"修身、齐家、治国、平天下"，这是古代贤士修炼的过程，我们的母亲虽不知这套处世理念，但她朴素的教子方略，却与之相符。从小她就告诉我们，做事要想着别人；小则他人，大则国家。比如，扫院子先从别人门口扫起，扫胡同，先扫别人家门口，于是我们都养成了先人后己的习惯。当43年前（1963年秋季）洪水几近津门的关键时刻，学校组织了抗洪抢险突击队，我也报了名，但心存疑虑，母亲见状，一语解惑："孩子，大水临门，人人遭殃，这是大家的事，要去，要痛痛快快地去！"听罢，我感动得泪水流了下来，立即投身突击中去了。一句话，激起我心中的千重浪。她虽不是顶天立地的革命英雄，但她的为公思想，却使人感佩而永世难忘。

大学毕业后的去向问题，曾使我魂牵梦绕，食无甘味，父亲随之告诫我，"我平生走南闯北，了无牵挂，天地间何方水土不养人？汝兄年方二十，即远赴西北，从事石油工作，尔毕业去向又算的了什么？大不了东北、西北，大丈夫生而何欢，死而何惧！去向自可定夺！"这句话，说得我面红心跳，一个共青团员，一个老的团干部，却不如一位年迈的老者豁达、乐观。于是把心中的疑虑和私心，一扫而空，高高兴兴地服从了分配，走上了革命道路。

经过几十年的生活历练和时日积淀，深感父母的言传身教，对子女人格铸造的巨大作用。每有所及，便无限感慨，父母并没给我们留下多少财产，却给我们留下了在我们看来十分丰厚的精神财富。它使我们人人自立，个个成人，如今，我们虽或已逾古稀，或年届花甲，或已过半百，都精神矍铄而兴致勃勃，胸无芥蒂而神清气爽。在眼下，因遗产分割而利益不均的骨肉相残中，这种和睦自得、和谐美满的愉快生活，显得多么珍贵。我们由衷地感谢生我们养我们的父亲母亲，没有他们的谆谆教诲，这一切均无可能。谨此怀念父母之际敬录旧作《谒祖茔感怀六首》之中悼念二老的两首小诗，以抒缅怀之忱。

疏财仗义必当先，何曾惨淡为几年。
无限金银来又去，生死与之并无缘。

性情刚烈太夫人，气节操守信为尊。
严督子女习濡墨，亦为天下亦为民。

良师益友 重教楷模
——回忆刘毓忱先生

刘毓忱先生病逝已经两周年了。然而，先生的风范音容却常常浮现在我的目前。他生前的许多事情，在不时地牵拨着我的怀念心弦。

毓忱先生是我的良师，也是益友。我们的相识可远溯到上世纪六十年代初期，那时，他给我们讲授中国古代小说《三国演义》和《水浒传》。二十年后（上世纪八十年代初），我又来到了他的身边，聆听他的中国古代小说专题讲座。使人难以忘怀的是在与他促膝谈心过程中，所受到的许多教益。他倾心而谈，不知疲倦，为了谈话，有时竟忘了吃饭。素常，若去访他，不管清晨、晌午还是晚上，他都满腔热忱地放下手头的工作热情地与你交谈。在如涓涓细流的攀谈中，给了你研究课题上的指导和治学中的方法，常常还慨然赠送他苦心经营的宝贵资料。

他曾借助与吴祖缃先生的谈话来教育我们说："'吴先生，您的学生，包括我（指刘）在内，在一些学术观点和材料上曾用过您的资料，您说可以吗？'吴先生爽朗地回答道：'有什么不可以？我的观点、材料就是给你们的嘛！错误的地方由我负责，正确的东西算你们的！'"刘先生兴奋地说："错误的怎能由先生负责呢？我们是同意之后才使用的嘛！"这里，先生一方面，对吴老先生的崇高的蜡烛精神，推崇备至视为楷模；

另一方面，也表明了他在认真地实践着老一辈知识分子的谆谆教导，发扬舍己为人、甘为人梯的高尚品格。他不仅这样说，也是这样做的。作为他的学生，我们都亲受过这种殊遇。他的讲义从不马虎送人，总是在进行了仔细校对、认真装订之后，整整齐齐地送到你的手中。

他为人正直，作风简朴，谦逊谨慎，毫无一般知识分子常有的那种傲气。他虽然久任领导，但从不妄自骄矜，而是平易近人。他平时对学生要求非常严格，以身作则。他常说："孟志荪教授上课时，提前十五分钟来到课堂。"他也如此，每逢上课，总是提前来到教室，做好上课准备，认真地要求学生起立，行注目礼，而后，他恭恭敬敬地还礼就坐，经常检查学生笔记，与学生谈心，因势利导。他经常谦逊地说："咱们同是十年动乱中荒废年华的一代，都要努力地向老一辈先生学习……"

一九八三年三月十五日，我去南开大学办事，路遇先生，他高高兴兴地告诉我，校系两级"纪念马克思逝世一百周年大会"，刚刚开完，问我怎么没来参加，并告诉我一会儿到家里去拿大会文件。等我办完事，到他家去的时候，他的孩子说："办事未归。"竟未料到，此次邂逅，却成了日后的诀别！

二十天之后的一天，我去访他。当我因"小扣柴扉久不开"怏怏而退的时候，竟尚不知，这位忠厚的长者业已做"古"。在此后不久的一天，偶闻刘先生病故，我怎么也不敢相信，正当风华正茂，年富力强，努力拼搏的时候，却猝然而逝。于是，急往学校打听。确凿的事实证实了上面尚存疑惑的"传言"。

当时，我默然许久，思绪万千。这是一位多么好的师长，多么好的朋友啊！他竟悄然离去了。我清楚地记得，在先生辞世的半年前，曾因过度劳累，而又无人照料（时老伴仍居山东老家），轻度中风，已有预警，然而这种健康信息中的不良信号，非但没有引起他的高度警觉和适度调理，反而促使他更加努力地投身于教学与科研中去，终因积劳而身毁一疾，每念及此，我便潸然泪下。中国的知识分子，是多么好的社会财富，他们就是这样具有为了革命，义无反顾，鞠躬尽瘁，死而后已的崇高献身精神！

我想，先生在兢兢业业的教育工作中，所树立的风范会久为人们敬仰，他未竟的事业，必将由后来者所继承。

这后者，恐怕是先生所殷切期望的吧！

一九八五年三月十五日

附：忆毓忱师（用韩愈《石鼓歌》诗韵）

  毓忱师友性古拙，回肠荡气欲心歌。少年不知辞盛意，晚岁却晓是非多。曾借其师传受益，旁引师语问如何。湘老慨然应承诺，观点材料任扑捉。谬误流传恐遗憾，倘为可取凭斟酌。苟无传承非教义，枉为人师费蹉跎。挚情无语应称赞，毓忱此言堪楷模。身为师长位居上，竟无傲气令炙灼。尝以孟荪为师表，每于临堂先一刻。细析笔记成传统，谦言尔我类同科。孑然一身书作伴，秉烛浩卷挥天戈。拣选存留凝精粹，毫发谵误恐传讹。浅漏流俗皆摒弃，掎摭星辰无尾蛇。经营惨淡三步走，一读二编三琢磨。惜哉两步方初定，提笔运筹尚揣摩。心力交瘁精气尽，积劳成疾染沉疴。小恙忽患以先兆，息事宁人愈猛沱。专著未成身已去，精粹编讫已规模。修剪枝蔓沥心血，镌功凿石并雕琢。词严义密皆珠玉，鸾翔凤翥龙腾梭。睹物思人情意重，叹其苦生泪滂沱。济公好义豪气壮，侠肝义胆势磅礴。训导后学多耐性，欲语未言弃先夺。忆昔促膝谈心志，点拨迷津除坎坷。熟读兵书胸战策，出奇制胜定山河。圈圈点点当心话，拨云破雾体味多。曾记南开园中见，行迹匆匆如过客。约后不日再相聚，扣门无迹费思索。愧哉湖边话别日，竟成永诀两世隔。吾失挚友于交臂，憾有心事未相托。今生不得再相见，永世无缘复砺磨。

（本诗载《风物集·步韵诗存·卷三》，宁夏人民出版社 2009 年版）

文約卮言

引言

讲究文章的开头和结尾,历来是人们十分关注、极度重视并热议论辩的重要话题。就创作而言,它是关系文章成败得失的关键之举,是关系整体框架中结构、部件的筑建谋略和实施方术的根本问题。一句鲸鲵拨浪、一击千里的起句开篇,便能涌现出一部江河横溢、狂风飙起、不可遏止的巨制宏篇;一首"突兀起手"而"高山坠石,不知其来"的"惊绝"(吴沆语)之作(如王维、杜甫的优秀华章),则必然成为日后人们极为仰慕的经典诗篇。所谓"开卷夺目""一见而惊""不敢弃去"(李渔语)的生动表述,便是开篇启首所具有决定意义的经验之谈。

刘勰曾在《文心雕龙·附会》篇中明确提出:文章要"统首尾",顾"相援";白居易则倡导"首句标其目,卒章显其志"的创作主张;明代更有"起句当如爆竹,骤响易彻;结句当如撞钟,清音有余"(谢榛语)的写作要求;而近代林纾甚至把文章的结尾与做人的晚节并论相提:"为人重晚节,行文看结穴。"这些宏论、见解,无疑对当今的我们是有着重要启迪和指导意义的。

在文章结尾的多样性上,古往今来的作家们也是各有其说的。清人沈祥龙《论词随笔》曾经说过这样一段话:"结有数法,或拍合,或宕开,或醒明本旨,或转出别意,或就眼前指点,或于题外借形……"无论如何,总的来说,不外三种情况：一是辞尽意不尽，发人深省；二是辞意俱尽，恍如所得；三是意尽辞不尽，觉拓新意。

清代戏剧大家李渔的"终篇之一刻，临去秋波那一转，未有不令人消魂欲绝者也"（《窥词管见》）和沈偶僧、江丹崖之"众流归海，要收得尽，又似尽而不尽者"（《古今词话·词品》）颇有见地的理性阐释则是开启人们艺术之门的珍贵法宝。

可见，文章好的开头和好的结尾是何等重要。因此，必须充分重视它，认真研究它并切实下一番真功夫，把这一带有根本性且具有决定作用的重要"部件"做好做实。只有这样，才能达到始如爆竹、终似响钟，奇句夺目、一见而惊、篇竟意存、似尽犹涌的艺术效果，从而产生不同凡响的感染力量。

至于文章的布局谋篇、照应、承接以及过渡等等，则各有技法，自当别论。

总之，这部关于文章首尾技法谈，借鉴了古今中外许多作家创作经验和撰述方法，所得内容，似杂芜繁乱且为卮言晬语，然细品之，或许有所得于读者诸公；鉴此，弗敢大论其道，故仅以《文酌卮言》名之，诚在敬祈教焉。

抹去云边一半月 林疏放过遥山出
——谈"开门见山"

万事开头难，写文章也不例外。古往今来，许多大作家时常为一个好的开篇大伤脑筋。据说，大文学家苏轼在写《潮州韩文公庙碑》时，因无好的开头，数易其稿，放笔盘旋多时，直到"匹夫而为百世师，一言而为天下法"一句出现时，才文思顿开，振笔直书，一挥而就。可见，文章的开头对写好一篇文章具有多么重要的意义。开头的方法，有多种多样，最常见的是开门见山。

所谓开门见山即开宗明义。它是指文章的开头或隐或显，或远或近地接触主题，以企引起人们对所要描写的人物、事件、道理的注意和思考。比如朱德的《回忆我的母亲》开头：

得到母亲去世的消息，我很悲痛。我爱我母亲，特别是她勤劳一生，很多事情是值得我永远回忆的。

文章一开始就提出了"她勤劳一生，很多事情是值得我永远回忆的"，为后文追述母亲平凡而伟大的一生铺平了道路。

朱自清《背影》的开头是这样的：

"我与父亲不相见已二年余了，我最不能忘记的是他的背影……

文章一开头就突出了主题——"背影"。

鲁迅先生的《论雷峰塔的倒掉》也使用了同样的开头：

> 听说，杭州西湖上的雷峰塔倒掉了，听说而已，我没有亲见。但我却见过未倒的雷锋塔，破破烂烂的映掩于湖光山色之间，落山的太阳照着这些四近的地方，就是"雷峰夕照"，西湖十景之一。"雷峰夕照"的真景我也见过，并不见佳，我以为。

文章伊始便提出雷峰塔倒掉之事，为下文之发表议论作了导引。

这种"见山"之法，古今作品（无论是记述性还是议论性的文章）皆多用之。比如，苏洵的《六国论》、王充的《订鬼》即是。

开门所见之山，有远近之分。上引诸文，便是门前之山，谓之"近山"。另一种就是"远山"。"远山"是人们在创作实践过程中，所总结的一种含而不露的表现方法，古人谓之藏锋。

清代王夫之曾提出要见远山的说法，他说：

> 有所谓开门见山者，言见远山耳，固以缥缈遥映为胜。若一山壁立，当门而峙，与面墙奚异？（《船山遗书·夕堂永日诸论外编》）

王夫之这个很有见地的意见，对我们进行写作颇有借鉴意义。

绘画中的"意远笔简"之法，就有妙笔生花之效。宋人马远的《晓雪山行图》，画幅短小，笔墨微少，布景简洁，由于着眼远景，经过渲染即把山水之间的"苍茫迷远"的景色，活现于画幅之中,给人以真切、空阔、迷茫的无限深邃的感受。远近、大小、浓淡,对绘画艺术来说是极为重要的格局,而对文章的写作,同样具有重要艺术价值。

文贵远,远必含蓄。昔人论画曰:"远山无皴,远水无波,远树无枝,远人无目。"远则味永,只有远才能有"穿云入雾"之妙,才能给人以"雾罩朦胧""山色有无"的含蓄、深沉之感。所谓"抹去云边一半月,林疏放过遥山出",即为缥缈遥映、意境深远的生动写照。

对于记叙性或抒情性的文章,如果开门即见近山,"若一山壁立,当门而峙",往往失于直露,弄得不好,显得有些浅薄、粗俗。

古今中外的许多大家都在为自己的文章思索着、寻求着一个好的开头。列夫·托尔斯泰《安娜·卡列尼娜》的开头、鲁迅《秋庄》的开头以及曹禺《雷雨》的开头等等,都是含英咀华的绝妙之笔。我国现代散文家也不乏其例。他们也在一避常规,大都注意采用"远山"之法。比如,吴伯箫《歌声》的开头是这样的:

> 感人的歌声留给人的记忆是长远的。无论哪一首激动人心的歌,最初在哪里听过,那里的情景就会深深地留在记忆里。环境,天气,人物,色彩,甚至连听歌时的感触,都会烙印在记忆的深处,像在记忆里摄下了声音的影片一样。那影片纯粹是用声音绘制的:声音绘制色彩,声音绘制形象,声音绘制感情。只要在什么时候再听到那种歌声,那声音的影片便一幕幕放映起来。
>
> 我以无限恋念的心情,想起延安的歌声来了。

作者开篇并未直截了当地触及主题,而是远远地从一般"歌声"娓娓而谈,直到首段完了才点出作者所要赞美的主题——延安的生命之声。这样能造成一种文章的气势,引起人们的思考。

再如,秦牧《土地》的开头是:

> 我们生活在一个开辟人类新历史的光辉时代。在这样的时代,人们对许许多多的自然景物也都产生了新的联想、新的感情。不是有无数人在讴歌那光芒四射的朝阳、四季常青的松柏、庄严屹立的山峰、澎湃翻腾的海洋吗?不是有好些人在赞美挺拔的白杨、明亮的灯光、奔驰的列车、崭新的日历吗?睹物思人,这些东西引起人们多少丰富和充满感情的想象!
>
> 这里我想来谈谈大地,谈谈泥土。

作者为了赞美大地、赞美泥土,并未单刀直入地来写土地,而是把妙笔远远放开去,从与大地相关的万物——朝阳、松柏、山峰等等写起,由远而近及至所要赞美的主体。这种远山之法的运用,常给人以睹物遐想的余地,产生强烈的艺术感染。

开门见远山在古代文学中运用最妙的,当推宋代欧阳修的《醉翁亭记》:

> 环滁皆山也。其西南诸峰,林壑尤美,望之蔚然而深秀者,琅琊也。山行六七里,渐闻水声潺潺而泻出于两峰之间者,酿泉也。峰回路转,有亭翼然临于泉上者,醉翁亭也。

欧阳修的这种藏锋不露、独辟蹊径的远山开头,确实颇有滋味，给人以目中恍然别有洞天的"意新异常，词高出众"审美的感受。其实，欧阳修的这句"环滁皆山也"的五字开篇，得来并非容易。据《朱子语类》卷一百三十九载：

> 顷有人买得他《醉翁亭记》稿，初说"滁州四面有山"，凡数十字。末后改定，只曰："'环滁皆山也'五字而已。"

可见，写好一篇文章的开头，是多么的不容易！要想词高为奇，意深为工，求新含蓄，须下何等功夫呵！

万影皆因月　千声各为秋
——谈"缘起"

文章的开头常常由文章的内容、文体的性质和写作的要求而定，并无固定的模式。明代王世贞说："诗有常体，工自体中；文无定规，巧运规外。"王若虚所谓"定体则无，大体须有"也是这个意思。

由于内容的需要，特别是文体性质的需要（议论文），有时在文章开篇就把写作的缘起明确地加以说明。比如，鲁迅的《为了忘却的纪念》：

> 我早已想写一点文字，来纪念几个青年的作家。这并非为了别的，只因为两年以来，悲愤总时时来袭击我的心，至今没有停止，我很想借此算是竦身一摇，将悲哀摆脱，给自己轻松一下，照直说，就是我倒要将他们忘却了。

再如，毛泽东的《青年运动的方向》：

> 今天是五四运动的二十周年纪念日，我们延安的全体青年在这里开这个纪念大会，我就来讲一讲关于中国青年运动的方向的几个问题。

这两篇的开头，有个共同特点，即在文章之始，就交代写作的动机和缘由，以便使读者了解全貌并唤起人们思想上的共鸣。我们常常把这种开头叫做"缘起"之法。

金圣叹在《读第五才子书法》中说过这样一段话：

> 看来作文，全要胸中先有缘故。若有缘故时，便随手所触，都成妙笔；若无缘故时，直是无动手处，便作得来，也是嚼蜡。

在他看来，无缘无故作起文章，便无"动手"之处，即使勉强为文也味同嚼蜡，可见"缘故"之重要了。

金圣叹的见解是异常深刻的，它道出了为文的道理。任何一篇文章，总有一个写作目的、缘故、宗旨，而这个目的、缘故、宗旨，在某些特定情况下，或受到某种外界条件影响下，有时也会陷入一些不甚明确，甚至是模糊不定的徘徊、纠结状态之中。这种状态，只有在写作过程中，在对事物的不断审视、不断分析、不断深化理解中，人们对它的认识才能不断明朗化、不断深刻化。这是因为，作为人们的精神产品的文章的生产，它总要经历一个艰苦的、复杂的"生产过程"，这种属于创造性的生产流程，有着它自身的特殊规律性。文章的作者们在采花酿蜜的过程中，始终在寻找着、捕捉着他们所要摄取的内容（材料）和把它恰当地表现出来的方式。其间，逐步形成所谓"创作发现"，产生创作冲动。正是在作者的仔细观察、揣摩、酝酿中，在对宏观事物的剖情析理序列中，将原本模糊不清、迷离恍惚的物情妙理，逐渐地明确起来、确定起来，写作的目的、缘故、宗旨，也就随之而更加清晰、更加豁朗起来了。

在这种明确、豁然的目的、缘故、宗旨的指导下，一种

"非吐不能显其志""非言不能骋其情"的冲动出现了。这种冲动,在经历了一阵暗中摸索,当突然的闪光点射出,找到了突破口(开头)的时候,那久蓄胸中的话语,便像悬泉瀑布,一泻千里。明代李贽在《杂说》中生动地描绘过这种一吐为快的情景:

> 且夫世之真能文者,比其初皆非有意于为文也。其胸中有如许无状可怪之事,其喉间有如许欲吐而不敢吐之物,其口头又时时有许多欲语而莫可所以告语之处,盖极积久,势不可遏。一旦见景生情,触目兴叹;夺他人酒杯,浇自己之垒块;诉心中之不平,感数奇于千载。既已喷玉唾珠,昭回云汉,为章于天矣,遂亦自负,发狂大叫,流涕恸哭,不能自止。

这种"发狂大叫,流涕恸哭,不能自止"的精神状态,就是"蓄极积久,势不可遏"的情感找到突破口的生动表现。那种"见景生情,触目兴叹""以发其端"的"因缘"就是金圣叹之所谓"缘故",黄庭坚之所谓"宗旨"。

缘故,就是我们所说的目的。宋代文学家黄庭坚曾从文章的内容和形式的结合上,从写作的目的、宗旨的明确性上,强调作文的法度。在《答洪驹父书》中,他说:

> 凡作一文,皆须有宗有趣,始终关键,有开有阖;如四渎虽纳百川,或汇而为广泽,汪洋千里,要自发源注海耳。

"发源注海"中的"源",即"头",即始,"海"即文。倘无其始,岂能有文?所以,无为文之源始,不会有"汪洋千里"

注流于海的文章了。他要求人们不仅要注意文章的结构布局，还要注意内容和形式的统一；更要注意在作文的目的、立意、宗旨的明确性上及首尾的呼应、连贯性上多下功夫。

宗旨、目的，这是作文者必须"了然于胸"的关键。如果目的不明确、不清晰，那文章写起来，也就会模糊一片，捉摸不定，不知所之，就失去了作文的意义。如果我们在观察、孕育文章的过程中，将事情的来龙去脉、细枝末节、矛盾冲突、逻辑层次等等都能明确地加以把握，从中彻悟出深刻的道理并恰如其分地抓住突破点——开头，那么，我们的文章就会产生"骤响易彻"的艺术效果。

古人常将作文分为两类，一类是有意为文，一类是无意为文。"有意为文"，就是在写作时，时刻不忘成规俗套，常常被"定法"所框住，把自己的情感死死地捆绑于固定的模式中，不能畅言。"无意为文"则刚好相反，它往往指"蓄极积久，势不可遏"的话语，借"触目兴叹"的"因缘""以发其端"。"顷刻千言，随物赋形，一日千里"，而不自知所之者。

那种有内容而囿于定法，无内容而有意呻吟的所谓"有意为文"，和我们所说的"有意"即有目的性，是大相径庭的。我们提倡作文要有意，要有目的是从文章对社会所产生的效果而言的，我们要努力把有目的性的写作动机渗透于"无意为文"的创作过程中去，使人们的写作达到一种"忘笔"的境界，使自己的文章达到似"从自己胸臆流出""顷刻千言，如水东注，令人夺魂"的程度。

由于写作上的需要，把这种"十月怀胎"所得的"苦心"——目的，呈现在文章之始，有时会取得异乎寻常的效果。

王安石在上皇帝的奏章《本朝百年无事札子》一文中是这样开篇的：

臣前蒙陛下问及本朝所以享国百年,天下无事之故。臣以浅陋,误承圣问,迫于日晷,不敢久留,语不及悉,遂辞而退。窃惟念圣问及此,天下之福,而臣遂无一言之献,非近臣所以事君之义,故敢昧冒而粗有所陈。

这是一篇指陈时弊、深中肯綮的政论文章,它举纲张目,组织严密,在文之始,先交代一下呈此奏章的缘起,这对提携全文,起到纲举目张的作用。

王安石的《答司马谏议书》的开头是:

　　某启:昨日蒙教,窃以为与君实游处相好之日久,而议事每不合,所操之术多异故也。虽欲强聒终必不蒙见察,故略上报,不复一一自辨。重念蒙君实视遇厚,于反复不宜鲁莽,故今具道所以,冀君实或见恕也。

在这篇简明严整、措词委婉而又颇有骨力的驳论中,王安石辨明了强压在他头上的侵官、生事、征利、拒谏、致怨五大"罪状",作者以简洁、锋利而又委婉的开头,申明了复书的缘起。

范仲淹的《岳阳楼记》的开头是一个很好的说明,它全文共分五段,首段即说明写作目的,交代了时间、地点、人物和事件,为后四段的写景、抒情和议论作了铺垫,从而产生使读者急于了解全篇的欲望,收到引人入胜的极好效果。

　　庆历四年春,滕子京谪守巴陵郡。越明年,政通人和,百废具兴。乃重修岳阳楼,增其旧制,刻唐贤今人诗赋于其上。属予作文以记之。

以上三篇言简意赅、凝练明快的开头,对全文内容的表达产生了强烈的艺术效果。只要根据文章的主题、体裁、风格等不同需要而采取恰当的开头方法,就会把"万斛泉源""滔滔汩汩""一日千里"的思想内容(道),凭借"行云流水""行于所当行""止于不可不止"之优美形式(文),完满地表达出来。

山晓月初下　江鸣潮欲来
——谈"环境渲染法"

唐人张轸有诗云:"山晓月初下,江鸣潮欲来。"意思是:山峰明朗的时候,月亮刚刚落下,江海轰鸣之时,潮水即将来临。这个意境颇有唐朝许浑《咸阳城东楼》诗中"山雨欲来风满楼"的味道。许浑诗的前半首是这样写的:

　　一上高城万里愁,蒹葭杨柳似汀洲。
　　溪云初起日沉阁,山雨欲来风满楼。

这一充满辩证法的诗句,就是对如下哲理的一种形象化的表述:宇宙间的万物,无时无刻不处于运动、变化状态之中,而事物的任何突变,在其变化之前,必然会有端倪、征兆出现,比如"月晕而风,础润而雨";而这种端倪、征兆,无疑是它"质变"过程中的序曲和前导,为尔后之飞跃(突变),渲染一种氛围。

写文章又何尝不是如此呢?比如,文章的高潮好比是事物发展的飞跃阶段;开头好比是其前导。作者有时为了充分表达文章的中心,在文章开始有意地透露、提示一下事情的征兆,为情节、矛盾的展开作一下铺垫;对事件发生、发展的环境(自然环境和社会环境)、气氛作适当地渲染;对事物发展的进程,作背景上的交代;等等。这些征兆、铺垫、渲染、交代、导引就是文章的开头,我们把这种开头的方法,通常叫做环境渲染法。

这种方法,可以使文章自然地展开,可以借助对风物形态的描摹,以展丰采,托物言志,烘托气氛,使之色彩更加鲜明,增添感染力量。请看叶圣陶的《多收了三五斗》的开篇:

> 万盛米行的河埠头,横七竖八停泊着乡村里出来的敞口船。船里装载的是新米,把船身压得很低。齐船舷的菜叶和垃圾被白腻的泡沫包围着,一漾一漾地,填没了这只船和那只船之间的空隙。

文章这样的开头,为后面矛盾的展开作了很好的准备。

一般说来,对环境的渲染有两种方法:一种是舒缓、平和的,一种是突兀、遒健的。比如,苏轼的《前赤壁赋》:

> 壬戌之秋,七月既望,苏子与客泛舟游于赤壁之下。清风徐来,水波不兴。举酒属客,诵明月之诗,歌窈窕之章。少焉,月出于东山之上,徘徊于斗牛之间。白露横江,水光接天。纵一苇之所如,凌万顷之茫然。浩浩乎如冯虚御风,而不知其所止;飘飘乎如遗世独立,羽化而登仙。

作者以明快、平和的笔调描绘了初秋的夜景,渲染了月夜泛舟的气氛,为后边的主客问答、议论风生、充分抒发主人公旷达的胸襟、不以得失为怀的精神风貌作了极好的渲染。文章娓娓而谈,如行云流水,显露着优美之妙。

再看:《小英雄雨来》的开头:

晋察冀边区的北部有一条还乡河，河里长着很多芦苇。河边有个小村庄。芦花开的时候，远远望去，碧绿的芦苇上好像盖了一层厚厚的白雪。风一吹，鹅毛般的苇絮就飘飘悠悠地飞起来，把这几十家小房屋都罩在柔软的芦花里。因此，这村就叫芦花村。十二岁的儿童雨来就是这村里的。

这是一幅优美、生动的风景画。这种潺潺流水式的环境描绘，就是为此后主人公小雨来的成长、故事的发展所作的充分准备。

另一种情况，就是突兀遒健的。这样的起势，在许多作家的文章中是不乏其例的。茅盾先生的《大泽乡》就具有这个特点：

算来已经是整整的七天七夜了，这秋季的淋雨还是索索地下着，昨夜起，又添了大风，呼呼地吹得帐幕像要倒塌下来似的震摇。偶尔风势稍杀，呜呜地像远处的悲笳；那时候，被盖住了的猖獗的雨声便又突然抬头，腾腾地宛然是军鼓催人上战场。

作者借助自然景物的描绘、环境气氛的营造，预示了革命风暴的即将到来，衬托了陈涉、吴广这支农民起义力量的不可阻挡，气势雄浑，惊魂动魄，显示了恢宏的刚阳之气。苏轼《念奴娇·赤壁怀古》一词的开篇更是大势磅礴的生花妙笔：

大江东去，浪淘尽，千古风流人物。故垒西边，人道是，三国周郎赤壁。乱石穿空，惊涛拍岸，卷起千堆雪。江山如画，一时多少豪杰。

词以"狂风卷浪，雄浑猛烈"为开篇，描绘了古战场的雄奇景色，借周瑜在赤壁战中卓越功勋的往事，以抒发词人的情怀。这种如鲸鲵拨浪、一击千里的气势，便形成了苏轼"豪放词"派中的"今古绝唱"。

艺术构思立意之高下，直接反映着作者的认识能力和精神特质，同时也决定着它融化和重组客体生活内容的格调。正如沈德潜在《说诗晬语》中所说："有第一等襟抱，第一等学识，斯有第一等真诗。""此中真际，有不俟远求，不烦致饰，而跃然在前者，盖实理、实心、显之为实镜也。"（《皋兰课业本》）所谓"志当存高远"就是这一理论原则的艺术表述。

就一篇文章的气势而论，它的形成主要取决于作者个人的主观因素的弛张力度。所谓"因情立体，即体成势"就是主观因素和外部条件（客观因素）相统一的结果。因此，努力加强自身的修养（包括思想修养和艺术修养）提高主观因素的扩张力是形成文章及其开篇气势的重要前提。

总之，环境渲染法的具体运用，是依据文章的具体内容、作者的情感表达的具体情况而确定的。既不可故作姿态，虚张声势；也不可平庸无奇，毫无生气。要以自己的阴柔之美，抑或阳刚之美的开头"以奇句夺目，使之一见而惊，不敢弃去"（李渔语），紧紧地抓住读者。

隔窗知夜雨　芭蕉先有声
——谈"由此及彼式"开头

唐代大诗人白居易有一首叫做《夜雨》的五言绝句，诗中说：

> 早蛩啼复歇，残灯灭又明。
> 隔窗知夜雨，芭蕉先有声。

这是一首很有特色的即景诗。它的特色在于：诗人并没有正面写雨，而是借诸耳之所闻、心之所想，来达到描绘目之所见——秋夜雨景（意境），进而抒发冷落、凄楚之情的艺术效果。这种构思独具匠心，它借助"见微知著"的联想，由此而及彼的推测来构思作品，值得借鉴。

诗人在屋中之所以能够准确地判断出外面正在下雨，是因为他听到了窗外的雨打芭蕉之声。

世界上任何一种现象都不是孤立存在的。只要我们观察、触摸到了事物的此端，便可顺导、推断出它的彼端。鲁迅说："以过去和现在的铁铸一般的有事实来测将来，洞若观火！"这是事物的客观规律，只有按照这个规律办事，事情才能成功，否则将一事无成。我们在写文章的时候，往往也有这种情况，比如，把由此事物而引起对彼事物的联想或回忆，放置在文章的起始，顺理成章地引起下文，这种开头的方法，一般称为由此及彼法。这种方法无论是对于记叙类还是议论性的文章都是适用的。

古人作文有所谓"弄引"之说，即"有一段大文字，不好突然便起，且先作一段小文字在前引之。如索超前，先写周谨；十分光前，先说五事等是也。"（金圣叹语）这个"前引"就是我们所说的开头。而由此及彼之法，就是这种前引的具体实施之一。庄子之所谓"始于青萍之末，盛于土囊之口"，《礼记》之所谓"鲁人有事于泰山，必先有事于配林"就是这个道理。

为了突出文章的中心，引起读者对"弄引"的高度重视，往往采用这种方法。由于具体情况的不同，它大概又可分两种方式：

一种方式，叫做相反相成，或称抑扬之法。

对立统一规律是宇宙的根本规律。世界上的任何事物都是矛盾的统一体，否则就不称其为世界。美与丑、真与假、好与坏是相对立而存在、相斗争而发展的。因此，在写文章时，采用一正一反的方式，欲扬先抑的办法，会增添文章的表达效果，有引人入胜的功效。比如：杨朔的《荔枝蜜》的开头就这样的：

花鸟草虫，凡是上得画的，那原物往往也叫人喜爱。蜜蜂是画家的爱物，我却总不大喜欢。说起来可笑。孩子时候，有一回上树掐海棠花，不想叫蜜蜂螫了一下，痛得我差点儿跌下来。大人告诉我说：蜜蜂轻易不螫人，准是误以为你要伤害它，才螫；一螫，它自己耗尽生命，也活不久了。我听了，觉得那蜜蜂可怜，原谅它了。可是从此以后，每逢看见蜜蜂，感情上疙疙瘩瘩的，总不怎么舒服。

文章的中心是赞美勤劳、可爱的小蜜蜂及其"贡献于人的多""要求于人的甚少"的"奉献"精神,而开头却对小蜜蜂进行了"贬抑"。这种欲扬先抑的方法,仔细推敲起来,对后文"我"的思想感情的变化,起了很好的衬托作用。

再如,鲁迅的《藤野先生》的开头:

> 东京也无非是这样。上野的樱花烂熳的时节,望去确也像绯红的轻云,但花下也缺不了成群结队的"清国留学生"的速成班,头顶上盘着大辫子,顶得学生制帽的顶上高高耸起,形成一座富士山。也有解散辫子,盘得平的,除下帽来,油光可鉴,宛如小姑娘的发髻一般,还要将脖子扭几扭。实在标致极了。

这段文字,生动地刻画了某些清国留学生的丑态,于夸张之中,含着辛辣的嘲讽。这种贬抑,与下文对藤野先生的赞颂形成强烈的对比,对表达作者爱憎分明的深厚感情起到了两相对照的强烈作用。

以上两种抑扬之法的运用,就其性质来说,有着很大的差异。前者是表明作者对同一事物(蜜蜂)前后两种不同态度的转化;先抑是为了后扬,用以说明作者主观感情上的飞跃,此抑毫无贬斥意味。而后者则是作者对两种不同事物(清国留学生和藤野先生)所采取的截然相反的两种态度。这里的抑(贬斥)是为了否定、批判;扬(褒奖)是为了肯定、赞颂。二者虽同取抑扬之法,其性质却迥然有异。

另一种方式,就是相辅相成,即从旁类及法。这种方法,与上边所说的不同。它在叙述过程之中,往往把性质相同或接近的几件事物联系起来,由此及彼,从旁类及。这个方法运用得好,就可以收到烘云托月、推波助澜的艺术效果。比如韩愈

的《送杨少尹序》一文的开头,就是这样:

> 昔疏广、爱二子,以年老,一朝辞位而去。于是公卿设供帐,祖道都门外,车数百辆;道路观者,多叹息泣下,共言其贤。汉史既传其事,而后世工画者,又图其迹,至今照人耳目,赫赫若前日事。国子司业杨君巨源,方以能诗训后进,一旦以年满七十,亦白相去,归其乡。世常说古今人不相及,今杨与二疏,其意岂异也?

这篇文章是歌颂杨巨源的"以年满七十"而"归其乡"的"辞位让贤"精神。作者为了表达对这种品质的赞扬,在文章的开头,写了与此本质接近的二疏辞官归里的史迹,这种从旁类及的方法,对歌颂杨巨源的品格有很好的衬陪作用。

再如,韩愈的另一篇文章《为人求荐书》,开头是这样写的:

> 某闻木在山,马在肆,遇之而不顾者,虽日累千万人,未为不材与下乘也。及至匠石过之而不睨,伯乐遇之而不顾,然后知其非栋梁之材,超逸之足也。

作者从山中之木,肆中之马说起,为下面表述推荐意见,作了很好的导引,创造了气氛,使论述更加深入,引起人们的思考。

两篇开头,虽皆以从旁类比发句,却有鲜明不同。前者以性质相同(近)的两事类及,后者则以人、物喻比,其形式虽然不同,却有异曲同工之妙。

金圣叹在《读第六才子〈西厢记〉法》中曾说过这样的话:

> 文章最妙,是目注彼处,手写此处。若有时必欲目注此处,则必手写彼处。一部《左传》,都用此法。若不解其意而目亦注此处,手亦写此处,便一览已尽……

金氏所言极是。我们写作任何文章都要讲究蓄势,都要切忌"一览已尽"(一览无余)。所谓欲扬先抑或先抑后扬、从旁类及等等都是如金圣叹所说文章妙法的具体运用。记叙文可以如此,议论文同样可以如此。比如在记叙文的写作中,如果我们在文章的开篇先声东而后击西,给读者留下一个悬念,使后文的内容,逐渐展开,那就会引起读者的极大兴趣。在论说文中,根据情理的需要,先"王顾左右而言他"来龙结穴,引导读者顺理攀枝,步步逼向结论,必定会收到释理精微、摇曳多姿的艺术效果。

18世纪法国启蒙运动思想家狄法罗说过:"任何东西,假使不是一个整体就不会美;正是第一个情节决定了整个作品的色彩。""假使人们由一个有力的场面开始,剧本余下的部分就必须同样有力,否则就中途泄气了。被开头毁掉的剧本不知有多少呵!戏剧作家怕在开头弄得冷冰冰的,因此他的场面显得如此有力,而结果他终于无法把他给我的最初印象坚持到底。"(《论戏剧艺术》)可见文章的起始有多么重要呵!真是一着棋走错,全盘俱成空呵!

知君此去足佳句　路出桐溪千万山
——谈"交代人物式"开头

高明的作者往往在文章的开头总是力求避免一些痈赘、浮泛的议论和空洞无物的说教，而是在一开始就以丰满的艺术形象吸引着读者，并促使他们仔细、认真地阅读下去。记叙文如此，议论文乃至优秀的说明文也无不如此。当然，由于文体的不同，在以人物描写（或叙述）作为文章开头的时候，却有着不尽相同的特点。

首先，来说记叙文（按照语文教学上的需要，把小说、报告文学等文体均视为记叙文体。）由于文章内容和表达上的需要，以描写人物作为开篇，一般有以下两种方法：

一是单刀直入法。文章伊始，主人公亮相，故事就此展开，直截了当，遂入界境。

> 九岁的凡卡·茹科夫，三个月前给送到鞋匠阿里亚希涅那儿做学徒。圣诞节前夜，他没躺下睡觉。他等老板、老板娘和几个伙计到教堂做礼拜去了，就从老板的立柜里拿出一小瓶墨水，一支笔尖生了锈的钢笔，摩平一张揉皱了的白纸，写起信来。

开篇第一句，就把主人公推上了舞台，直截了当，痛快淋漓。王愿坚的《普通劳动者》的开头也是这样描写的：

> 林部长走下公共汽车，解下脖子上的毛巾，把脸上的汗擦了擦，便急急忙忙地扛起行李往工地上走。
> 走在后面的刘处长紧走了几步赶上来，把手里的零碎东西往将军面前一递，喘吁吁地说："部长，把背包换给我。"
> "算了吧，你也不是小伙子。"将军看了刘处长一眼，笑了笑说，"咱俩彼此彼此。"

这样的开篇，一下子就抓住了读者，促使人们要看个究竟，不得不把它读下去，从而引起人们的阅读兴趣。

二是从旁切入法。人物的出场，不是先让故事的主要人物出场，而是先让其他人物登台，制造气氛，拉开帷幕。欲此而先彼，形成一种气势，增添表达效果，在中国古典小说中比比皆是。毛宗岗曾在《三国演义》的回评中，称赞了罗贯中的这种高妙之处。他说："此卷极写孔明，而篇中却无孔明。盖善写妙人者，不于有处写，正于无处写。"罗氏写玄德三顾茅庐，而累次所见皆非孔明，从其僮、友、弟、丈之古拙、高远、旷逸、通达之中以显诸葛之淡远、俊妙，玄德于此之中，便"已不觉入其玄中"三顾而不悔也。在现代文中也有类似情况，当然性质有所不同。比如：小学《语文》课本中有篇文章叫做《二虎子》，它的开篇就有类乎此法之处：

> 天快亮的时候，冀中平原的一个村子被一百多个日本兵包围了。消息很快传到二虎子家里，二虎子的妈可急坏了，她怕老王被敌人抓走。老王是区上的干部，头天来这里开会，还没走，住在二虎子家里。

作者并未一下子让主人公二虎子出场，而是先让其母登台，二虎子母亲视干部如亲人，时时惦记着他们的生命安危，有这样抗日爱国之心的母亲在身边，其"虎子"安能弱乎？颇有贯中相衬、渲染之法的余波。

记叙文中以人物描写开头，就其视角而言，有上述两种，就其描写内容而言，尚有以下几种表现方式：

(1) 简略介绍。这种方式只对全文起引导作用，故事本身尚未展开。

莫泊桑的《项链》的开头是这样的：

> 她也是一个美丽动人的姑娘，好像由于命运的差错，生在一个小职员的家里。她没有陪嫁的资产，也没有什么法子让一个有钱的体面人认识她，了解她，爱她，娶她；最后只得跟教育部的一个书记结了婚。

张天翼的《华威先生》的开头是：

> 转弯抹角算起来——他算是我的一个亲戚。我叫他"华威先生"……

这两段文字都是对主人公的简略介绍，前者对玛蒂尔德身世、背景的介绍，为全文表现其铸成大错的悲剧发展起了铺垫作用，后者为故事的开展作了引导。

(2) 在环境渲染的同时引出人物。

安徒生《卖火柴的小女孩》的开篇则显现出与上文不同的情形：

> 天冷极了，下着雪，又快黑了。这是一年的最后一天——大年夜。在这又冷又黑的晚上，一个乖巧的

小女孩，赤着脚在街上走着。她从家里出来的时候还穿着一双拖鞋，但是有什么用呢？那是一双很大的拖鞋——那么大，一向是她妈妈穿的。她穿过马路的时候，两辆马车飞快地冲过来，吓得她把鞋都跑掉了。一只怎么也找不着，另一只叫一个男孩捡起来拿着跑了。他说，将来他有了孩子可以拿它当摇篮。

这段开头为表现挣扎在死亡线上而最后失去性命的小女孩悲惨命运和彻底揭露资本主义的残恶本质的主题，作了氛围、背景上的烘托，产生极其感人的力量。

鲁迅的著名小说《药》的开头又与此有所不同：

秋天的后半夜，月亮下去了，太阳还没有出，只剩下一片乌蓝的天；除了夜游的东西，什么都睡着。华老栓忽然坐起身，擦着火柴，点上遍身油腻的灯盏，茶馆的两间屋子里，便弥满了青白的光。

这段文字，为华老栓悲惨的命运及其愚昧、无知的举动渲染了气氛，给故事的展开打了通路。（哀其不幸，怒其不争）于凄清阴冷之中透露着一股悲凉之气。

（3）外貌描绘的开头。外貌刻划，在记叙文的写作中是描写人物的重要手段，在文章的开头，一针见血地从外貌描绘人手，有时会起到意想不到的效果。叶圣陶的小说《夜》的开头是这样写的：

一条不很整洁的里里，一幢一楼一底的屋内，桌上的煤油灯发出黄晕的光，照得所有的器物模糊、惨淡，好像反而加浓了些阴暗。桌旁坐着个老妇人，手里抱一个大约不过两周岁的孩子。那老妇人的状貌没有什么特点，额上虽然已画上好几条皱纹，还不见得怎样衰老。只是她的眼睛有点儿怪，深陷的眼眶里，红筋连连牵牵的，发亮；放大的瞳子注视着孩子的脸，定定的，凄然失神。她想孩子因为受着突然的打击，红润的颜色已转成苍白，肌肉也宽松不少了。

文章的开头对老妇人的外貌进行了具体描绘，从而表现她的悲痛的心情和怯弱的性格特征；这就为之后此人物的心理变化——由悲痛到愤怒、由怯弱到勇敢——作好了充分的准备，使其顺理成章，水到渠成。

（4）心理描写的开头。文章一开始就将主人公的内心世界毫无掩饰地袒露于开篇之中。杨沫的《坚强的战士》的开头：

道静这一夜再也不能睡着觉。她的伤处使她痛苦：腿上被铁筈烙伤的地方已经溃烂化脓，浑身的骨头像捣碎了似的。而最叫她不能入睡的还是郑瑾对他们讲的那个故事，那些话。李伟这坚强的布尔什维克，直到最后一息还在战斗。她想到敌人虽然没有再审问她，可是她应当准备着——准备在法庭上和敌人斗争。这时她不再想到死了。"我们要争取活下来，活到共产主义在中国实现。"郑瑾的话这样有力地鼓励着她，她欢喜，又痛苦。

沙汀《在其香居茶馆里》的开头也有此特点：

坐在其香居茶馆里的联保主任方治国，当他看见正从东头走来，嘴里照例扰嚷不休的那么吵的时候，简直立刻就冷了半截，觉得身子快要坐不稳了。

从心理层面上丰富多彩的描写，便能使人物形象更加丰满充实，深邃流宕，对整个故事情节的发展，人物性格的展现打下了良好基础，同时使文章结构，章法灼然，突兀奇特，相互依赖，相得益彰。

(5) 以描写人物的行动作为文章的开头。为了突出人物的性格，快速展开情节的进程，往往在文章的开始即将主人公的行动呈现在读者的面前。郭沫若的《歧路》的开头就是这样的：

  一种怆恼的情绪盘踞在他的心头。他没精打采地走回寓所来，将要到门口的时候，正常的步伐本是要分外的急凑，在今天却是十分无力。他的手指已经搭上门环，但又迟疑了一会，回头跑出弄子外去了。

巴金的《灯》的开头也是如此：

  我半夜从噩梦中惊醒，感觉到室闷，便起来到廊上去呼吸寒夜的空气。

以描写或叙述人物的动作作为文章的开头，不仅在叙述性的文章经常运用，即使议论性的文章有时也在某种时候加以运用，同样也收到良好的效果。在议论文中经常表现为"勾勒"形象。比如：王安石的《伤仲永》就是个很典型的例子：

  金溪民方仲永，世隶耕。仲永生五年，未尝识书具，忽啼求之。父异焉，借旁近与之，即书诗四句，并自为其名。其诗以养父母、收族为意，传一乡秀才观之。自是指物作诗立就，其文理皆有可观者。邑人奇之，稍稍宾客其父，或以钱币乞之。父利其然也，日扳仲永环谒于邑人，不使学。

作者为了说明：要想成为一个有真才实学的有用人才，必须认认真真，脚踏实地地努力学习，不断充实、提高自己；否则即使是个天才，如不努力也会变成蠢才、白痴的道理。文章的开头，先具体地讲述了仲永这个神童的出身和先天特异的才能，这样开头对后文议论提供了有力的依据，寥寥数语，言简意赅，精练生动，发人深省。

苏轼的《范增论》的开头也属此类：

汉用陈平计，间疏楚君臣，项羽疑范增与汉有私，稍夺其权。增大怒曰："天下事大定矣，君王自为之，愿赐骸骨，归卒伍。"未至彭城，疽发背，死。

文章以简括的语言，勾勒出所要论述的人物形象，为下文的深刻议论提供根据，增强表现、说服力量。

一篇好的说明文，为了引起人们的兴趣，有时也采用这种方法。比如，贾祖璋的《南州六月荔枝丹》的开头就是这样写的：

幼年时只知道荔枝干的壳和肉都是棕褐色的。上了小学，老师讲授白居易的《荔枝图序》，读到"壳如红缯，膜如紫绡，瓤肉莹白如冰雪，浆液甘酸如醴酪"实在无法理解，荔枝哪里会是红色的！荔枝肉像冰雪那样洁白，不是更可怪吗？向老师提出疑问，老

师也没有见过鲜荔枝，无法说明白，只好不了了之。假如是现在，老师纵然没有见过鲜荔枝，也可以找出科学的资料，给有点钻牛角尖的小学生解释明白吧。

览物集

这是一篇介绍关于荔枝的科学知识的说明文，作者在注意准确性和科学性的同时，还注意了文艺性、趣味性；文章的开头，以幼时读书以及老师讲课所留存的疑问等令人回味的情景作为开篇，很有兴味，颇能引起广大读者特别是中小学生的阅读兴致，这样，无形之中增强了文章的客观效果。

纵谈今古事　吐论多英音
——谈"议论式"开篇

如果能够在写文章之前，寻找出一个出乎人们意料之外的开篇，那么文章就等于成功了一半。我国现代著名小说《药》就是一个很好的明证。它情节的安排，文章的格局乃至文章的开头之所以出人意料，完全在于作家的巧妙构思。

我们在写文章的时候，如果也选择一个巧妙的开头，紧紧地抓住读者并使之爱不释手，乐于卒读，那文章的艺术效果也就显而易见了。

鲁迅先生曾写过一篇题目叫做《忆韦素园君》的文章，内容虽属一般性的纪念，但开篇却非同一般。文章开头是这样的：

> 我也还有记忆的，但是，零落得很。我自己觉得我的记忆好像被刀刮过了的鱼鳞，有些还留在身体上，有些是掉在水里了，将水一搅，有几片还会翻腾、闪烁，然而中间混着血丝，连我自己也怕得因此污了赏鉴家的眼目。
>
> 现在有几个朋友要纪念韦素园君，我也须说几句话。是的，我是有这义务的。我只好连身外的水也搅一下，看看泛起怎样的东西来。

这段文字感慨极深,对所怀念的"亡友"其纯真、诚挚之情,明光可鉴,对某些人的憎恶、仇恨,溢于言表。这样的开头,怎能不引起读者卒读全篇的欲望呢!

这种意蕴深刻、情意盎然的起句,就是所谓"议论性"的开头。它往往在叙述事情、议论事件之前,先或明或暗,或隐或显,或直或蓄地发表见解、表明态度、渲染气氛,为后文的展开创造良好的条件。刘勰之所谓"赞者明意,评者平理"陈骙之所谓"载事之文,有先事而断以起事也"云云,就是对这种方法的具体阐释。

由于文章体裁和内容的不同,在使用议论开篇时,往往有多种不同方式,大体有:

一、蓄意方式

所谓蓄意方式系指在议论中将作者的真情、意旨蕴藉于概括的叙述之中,或则积蓄力量,引弓特发,或则虽不具陈,然又峥嵘可见。这种方式在记叙性和议论性的文章中是屡见不鲜的。苏轼的《超然台记》的开头,就是这种蓄意式的开篇。

> 凡物皆有可观。苟有可观,皆有可乐,非必怪奇伟丽者也。哺糟啜醨,皆可以醉;果蔬草木,皆可以饱。推此类也,吾安往而不乐?

他以超乎常规、寓于变化的方式突破了"雷同铺序,使览者厌倦"的规囿,以深邃的哲理论说,领起全文,从"苟有可观,皆有可乐"的"乐"字拓开,推出"吾安往而不乐"之问,为下文的议论、叙事、抒情打下了基础。这种铺垫为全文展开起到了统领、提携的重要作用。

东坡文如其人,"虽典雅风华而肝胆必须剖露。""一支健笔……有必达之隐，无难显之情……"其绝人处在乎议论英爽……举重若轻……似不甚用力而力已透十分矣。"（赵翼《欧北诗话》）。

二、明意方式

明意方式是指在议论中结语端直，意气骏爽，劲健有力而一泻如注的表达方式。如龚自珍的《病梅馆记》的开头就属此种方式：

> 江宁之龙蟠，苏州之邓尉，杭州之西溪，皆产梅。或曰："梅以曲为美，直则无姿；以欹为美，正则无景；以疏为美，密则无态。"固也。此文人画士，心知其意，未可明诏大号以绳天下之梅也；又不可以使天下之民斫直，删密，锄正，以夭梅病梅为业以求钱也。

文章起笔就指出文人画士的愚腐并以梅病、夭梅来揭露封建统治者束缚、压制和摧残人才的罪行，为下文建造"病梅馆"和"疗梅"作了奠基，增强了文章的力度。

再如，魏巍的《谁是最可爱的人》的开头：

> 在朝鲜的每一天，我都被一些东西感动着；我的思想感情的潮水，在放纵奔流着，我想把一切东西都告诉给我的祖国的朋友们。但我最急于告诉你们的，是我思想感情的一段重要经历，这就是：我越来越深刻地感觉到谁是我们最可爱的人！

文章一开始，即扣住读者的心弦，引起感情上的共鸣，产生不得不读的客观效果。

三、阐明动机的方式

张溥的《五人墓碑记》的开头是这样写的：

> 五人者，盖当蓼洲周公之被逮，激于义而死焉者也。至于今，郡之贤士大夫请于当道，即除魏阉废祠之址以葬之；且立石于其墓之门，以旌其所为。呜呼，亦盛矣哉！

作者以"激于义而死"的论议阐明了立碑标志的原由，赞扬了五位壮士激昂大义、蹈死不顾的英雄气概，怒斥了魏党的滔天大罪，揭露了明朝末年的社会黑暗，这无疑为后面的叙事和进一步发表议论作了引导，打好基础。

韩愈的《师说》也有这样的特点：

> 古之学者必有师。师者，所以传道受业解惑也。人非生而知之者，孰能无惑？惑而不从师，其为惑也，终不解矣。生乎吾前，其闻道也固先乎吾，吾从而师之；生乎吾后，其闻道也亦先乎吾，吾从而师之。吾师道也，夫庸知其年之先后生于吾乎？是故无贵无贱，无长无少，道之所存，师之所存也。

文首以"为师之道"的宏论，显示了写作此文的目的，既巧妙灵生又酣然有力。

四、指明结果的方式

这种议论方式，可以引起人们对所论问题的深入思考，从

而激发阅读的兴趣。请看诸葛亮的《出师表》的开头:

> 先帝创业未半而中道崩殂。今天下三分,益州疲弊,此诚危急存亡之秋也。然侍卫之臣不懈于内,忠志之士忘身于外者,盖追先帝之殊遇,欲报之于陛下也。诚宜开张圣听,以光先帝遗德,恢弘志士之气,不宜妄自菲薄,引喻失义,以塞忠谏之路也。

文中所议:政局颓败,侍臣如此,何也?以此开篇便自然地导引出(刘禅)应继承遗志,远奸近贤,坚定信念,以成大业的主旨。语言恳切周详,具有强烈的感染力量。

方志敏的《清贫》的开头,同样具有这个特点:

> 我从事革命斗争,已经十余年了。在这长期的奋斗中,我一向是过着朴素的生活,从没有奢侈过。经手的款项,总在数百万元,但为革命而筹集的金钱,是一点一滴的用之于革命事业的。这在国民党的伟人们看来,颇似奇迹,或认为夸张;而矜持不苟,舍己为公,却是每个共产党员具备的美德。所以,如果有人问我身边有没有一些积蓄,那我可以告诉你一桩趣事……

这种开头,由于是表明作者对其所叙述人物、事件的看法,评价以及对其本质意义的直接揭示,因此,切忌在议论中进行空洞、抽象的思辨论证,而要带韵以行,要紧紧地依傍着形象,要"简短精辟,画龙点睛,一语中的",只有这样,议论才能于"笔力奇横无匹中"见着"一片深情"(陈廷焯语,见《白雨斋词话》),使得叙事、抒情和议论相互依存,仪态万方,深邃流宕,相得益彩。

转轴拨弦三两声　未成曲调先有情
——谈"抒情式"开头

在写文章的时候，有时因内容的需要，以浓重的抒情文字，作为自己的开篇，借以引出下文的展开，我们通常把这种开头的方法叫做抒情开头法。它可以起到扣人心弦、激起共鸣的作用。在记叙文或议论文中是经常可以见到的。抒情开头，一般有两种方式，三种具体方法：

一、直接抒情

所谓直接抒情，即指作者毫无掩饰地表现其喜怒哀乐，悲愁恐惊，直抒胸臆。这种方式能触发人们的情思、拨动读者的心弦。陶渊明的《归去来辞》的开头就是这样的：

> 归去来兮，田园将芜胡不归！既自以心为形役，奚惆怅而独悲！悟已往之不谏，知来者之可追，实迷途其未远，觉今是而昨非。

作者以极其浓重的笔调，坦露了自己对过往"为官"从政生活的悔恨之情。它既是沉痛的自白，又是对封建官僚制度所提出的（愤怒的）抗议。这段文字就是作者所作的直接抒情。

闻一多的《最后一次的讲演》同样具有这个特点：

> 这几天，大家晓得，在昆明出现了历史上最卑劣最无耻的事情！李先生究竟犯了什么罪，竟遭此毒手？他只不过用笔写写文章，用嘴说说话，而他所写的，所说的，都无非是一个没有失掉良心的中国人的话！

闻先生以满腔怒火，直接喊出了人民的心声，抒发了对国民党反动派的无比愤怒之情，收到感人至深的艺术效果。

再如，韩愈《送董邵南游河北序》的开头：

> 燕赵古称多感慨悲歌之士。董生举进士，连不得志于有司，怀抱利器，郁郁适兹土。吾知其必有合也。董生勉乎哉！

文章的开头作者便以慷慨之声，抒发了对董生的无限同情、劝勉之意。这种直接抒清，往往并不借助于外物，不结合叙述、描写等表达手段，而是运用生动、形象的语言剖露肝胆，表达自己对所要描写（或叙述）人物、事件的爱憎感情，从心灵上打动读者。

直接抒情，虽然是直述胸怀，然而也忌浅露、轻薄，力求深沉、凝重。司空图说："取语甚直，计思匪深。"因此，作者要善于将处于激荡状态中的感情波涛蕴含于深沉、凝重的语言表达之中。若不俟远求，不须掩饰，"浮躁浅露，竭尽无余，岂复有宏深境界"在乎？（见《皋兰课业本原解》）

二、间接抒情

所谓间接抒情系指作者的抒情是借助一定人物、事物、环境、景物的描写将其思想感情含蓄地表现出来的方法。它不是直接呐喊、直述情怀，而是有所依附、有所借托的抒情。

间接抒情的开头，一般有以下两种具体表现方法：

其一，借助环境、景物的描写抒发感情。这在记叙性的文体中最为常见。比如，鲁迅的《故乡》的开头：

> 我冒了严寒，回到相隔二千余里，别了二十余年的故乡去。
>
> 时候既然是深冬，渐近故乡时，天气又阴晦了，冷风吹进船舱中，呜呜的响，从篷隙向外一望，苍黄的天底下，远近横着几个萧索的荒村，没有一些活气。我的心禁不住悲凉起来了。

这段文字，通过对船外景色的描写，表现了主人公的悲凉情绪，这种借景抒情的表达方式就是间接抒情。情寄于景，借景抒情是抒情开头所常见的方法。自然景物丰富多彩，自然形态千变万化，常常为文章的作者表达某种思想感受涂上（自己的）情感色彩提供了广阔天地。

袁鹰的《井冈翠竹》一文的开头就与鲁迅的《故乡》的开头，呈现出迥然不同的感情色彩：

> 井冈山五百里林海里，最使人难忘的是毛竹。
>
> 从远处看，郁郁苍苍，重重叠叠，望不到头。到近处看，有的修直挺拔，好似当年山头的岗哨；有的密密麻麻，好似埋伏在深坳里的奇兵；有的看来出世不久，却也亭亭玉立，别有一翻神采。
>
> "井冈山的竹子，是革命的竹子！"井冈山人爱这么自豪地说。

文章通过对井冈翠竹的描绘，抒发了作者对毛竹的热爱、赞叹之情，含蓄地赞扬了井冈山人和中国人民的革命气节及革命精神，增强了文章的表现力。

间接抒情，不仅情寄于人、情寄于物、情寄于事、情寄于景，还可以借助于"势"来抒发作者隐藏胸中之情的。比如，杜牧的《阿房宫赋》的开头一段是这样写的：

> 六王毕，四海一；蜀山兀，阿房出。覆压三百余里，隔离天日。骊山北构而西折，直走咸阳。二川溶溶，流入宫墙。五步一楼，十步一阁；廊腰缦回，檐牙高啄；各抱地势，钩心斗角。盘盘焉，囷囷焉，蜂房水涡，矗不知其几千万落。长桥卧波，未云何龙？复道行空，不霁何虹？高低冥迷，不知西东。歌台暖响，春光融融；舞殿冷袖，风雨凄凄。一日之内，一宫之间，而气候不齐。

文章开篇即以泰山压顶之势，雄健突兀之力，超凡脱俗之笔描绘出阿房宫宏伟的气魄、时代的形势、帝王的奢侈；于意兴横逸、晬章绘纹、格高韵美的朗耀华辞中，隐含着作者对劳动人民的同情之心、对统治者的讽刺之意！这种借势寓意、婉而多风的抒情方式，具有何等的艺术感染力量，读者自会体味矣。

其二，借助人物、事件的叙述来抒发感情。李密的《陈情表》的开头就是这样的：

> 臣密言：臣以险衅，夙遭闵凶，生孩六月，慈父见背；行年四岁，舅夺母志。祖母刘，悯臣孤弱，躬亲抚养。臣少多疾病，九岁不行，零丁孤苦，至于成

立。既无叔伯，终鲜兄弟，门衰祚薄，晚有儿息。外无期功强近之亲，内无应门五尺之僮，茕茕孑立，形影相吊。而刘夙婴疾病，常在床蓐，臣侍汤药，未曾废离。

文章通过对祖母刘氏与自己的特殊关系和特殊命运的叙述，抒发了"侍汤药""未废离"的孝亲之情，情深意切，极为感人。亚里士多德曾说："只有在适当的时候，对适当的事物，对适当的人，在适当的动机下，以适当的方式所发生的情感，才是适度的最好的情感……"（见《尼科马克伦理学》）李密正是在适当的时候，适当地运用了适当的抒情方式，适度地表达了自己的孝亲之情，所以才打动最高统治者，产生了如此强烈的客观效果。

韩愈的《祭十二郎文》的开头也是如此：

年月日，季父愈闻汝丧之七日，乃街哀致诚，使建中远具时羞之奠，告汝十二郎之灵：

呜呼！吾少孤，及长，不省所怙，惟兄嫂是依。中年，兄殁南方，吾与汝俱幼，从嫂归葬河阳。既又与汝就食江南。零丁孤苦，未尝一日相离也。吾上有三兄，皆不幸早世。承先人后者，在孙惟汝，在子惟吾。两世一身，形单影只。嫂尝抚汝指吾而言曰："韩氏两世，惟此而已！"汝时尤小，当不复记忆。吾时虽能记忆，亦未知其言之悲也。

作者通过对往事的回忆，抒发了真挚沉痛的哀思，它于萦怀悲泣的叙述之中，表达了无限凄怆之情，情真意切，感人肺腑。

沈德潜在《说诗晬语》中说过："事难显陈，理难言罄，每托物连类以形之；郁情欲抒，天机随触，每借物引怀以抒之；比兴互陈，反复唱叹，而中藏之欢愉惨戚，隐跃欲传，其言浅，其情深也。倘质直敷陈，绝无蕴蓄，以无情之语而欲动人之情，难矣。"沈氏所谓"郁情欲抒，天机随触"，"借物"言情，"中藏"情感，等等，就是我们今天所说的间接抒情。在他看来，"质直敷陈，绝无蕴蓄"非"第一等真诗"；而"言浅""情深"、托物言情之作方为上品。这个观点是很有见地的。在文章的开头采用这种蕴蓄的抒情之法，以动人之情去扣打读者的心弦，必然会取得强烈的艺术效果。

　　欲使这种含蓄抒情的开头，达到情景交融的艺术境地，一般要通过两条途径：一是触景生情。作者要把隐藏在胸中的"欲抒"的情思，通过触景——这个"随触"的天机而生动地表现出来。二是移情入景。作者要把内在的"欢愉惨戚"之情，贯注于形象描写的情景之中，言浅而蕴深，寄寓而动情。

　　明人唐顺之说过，如果写作者"心地超然，所谓具千古只眼人也，即使未尝操纸笔呻吟，学为文章，但直抒胸臆，信手写出，如写家书，虽或疏卤，然绝无烟火酸馅习气，便是宇宙间一样绝好文字……"（《答茅鹿门知县》）唐氏所提倡的心底高远和具有高瞻远瞩的目力则是作者抒发感情的重要基础和真谛所在。

　　总之，文章的开头，不论是直接抒情，还是间接抒情都必须做到抒真情实感，言肺腑之言，切忌矫揉造作，无病呻吟。对间接抒情来说，更要紧紧傍依着鲜明、生动的艺术形象和丰满充实的事物本体。只有这样，才能对全文的表达起引导、衬托、辅助的积极作用。

何缘海棠开尽白　桃花欲落却红深
——谈"揭示主旨式"开头

宋人杨万里有诗云："秀溪何许好春容，最是溪深树密中。海棠开尽却成白，桃花欲落翻深红。"这是一首优美的风景诗，它生动地描绘了溪流深处的密林风景，很有意境，也颇为动人。

诗人于风景的描绘之中，揭示了一个富于思辨意义的道理，即世间的一切事物本不是按照某一种特定的划一的固定的模式和一成不变的规定性而发展的，而是于无穷的动态变化中呈现出异彩纷呈、千姿百态的多样性、复杂性来。海棠的"尽"白、桃花的红深，就是这种纷纭乱象中的一种奇观。

那么，何以使海棠在开尽之时成为白色，何由桃花于欲落之际呈现红深，这就需要人们在阅读之余加以认真思考了。

"何缘海棠开尽白，桃花欲落却红深"这种直接昭示问题缘起的思辨方式，就是人们所说的揭橥本旨、一语中的思维方法。我们在写作时，于开篇之始，即直接追索问题的缘起，并指明其中的要害，之后展开论证，这就是揭示本旨的开头方法。这种方法，不仅适用于议论文体，而且同样适用于记叙文和说明文。

在议论文中往往表现为直接揭示论题。在具体表达上，情况又略有不同。

一是总括题旨揭示论点。比如，毛泽东的《反对自由主义》：

我们主张积极的思想斗争，因为它是达到党内和革命团体内的团结并使之利于战斗的武器。每个共产党员和革命分子，应该拿起这个武器。
　　但是自由主义取消思想斗争，主张无原则的和平，结果是腐朽庸俗的作风发生，使党和革命团体的某些组织和某些个人在政治上腐化起来。

又如，刘少奇的《论共产党员的修养》的开头也是这样：

　　同志们：我要讲的，是共产党员的修养问题。现在来讲讲这个问题，对于党的建设和巩固，不是没有益处的。

这两段文字，一开始就把文章的主旨总括地提了出来，引起读者的注意，促使读者急于想读全篇，寻找答案。
　　二是开宗明义，统摄全局。魏徵《谏太宗十思疏》的开头就是这样写的：

　　臣闻：求木之长者，必固其根本；欲流之远者，必浚其泉源；思国之安者，必积其德义。源不深而望流之远，根不固而求木之长，德不厚而思国之安，臣虽下愚，知其不可，而况于明哲乎？人君当神器之重，居域中之大，将崇极天之峻，永保无疆之休。不念居安思危，戒奢以俭，德不处其厚，情不胜其欲，斯亦伐根以求木茂，塞源而欲流长也。

文章开篇即明确提出"居安思危，戒奢以俭"，国家才能重拱而治的奏疏主旨，随后具体列陈"十思"，要言不烦，醒点中心。

与此相类的另一篇文章也具有同样特点。毛泽东的《关于正确处理人民内部矛盾的问题》的开头是这样的：

> 关于正确处理人民内部矛盾的问题，这是一个总题目。为了叙述的方便，分为十二个小题目。在这里，也要说到敌我矛盾的问题，但是重点是讨论人民内部的矛盾问题。

这个开头同样把所要论述的主题总括提出，为下文逐步论述作了提示。

三是破题衍文，剖情析理。柳宗元的《封建论》便是其例。文章说：

> 天地果无初乎？吾不得而知之也。生人果有初乎？吾不得而知之也。然则孰为近？曰：有初为近。孰明之？由封建而明之也。彼封建者，更古圣王尧、舜、禹、汤、文、武而莫能去之。盖非不欲去之也，势不可也。势之来，其生人之初乎？不初，无以有封建。封建，非圣人意也。

文章开始就指明封建形成于"势"而非出于圣人之意的论题，随后逐步铺开，论点集中，开阖宏肆，笔力雄俊而深切，颇有说服力量。

《吕氏春秋·察今》的开篇同样如此：

> 上胡不法先王之法？非不贤也，为其不可得而法。先王之法，经乎上世而来者也，人或益之，人或损之，胡可得而法？虽人弗损益，犹若不可得而法。

四是开篇触题，依次论之。洪亮吉《治平篇》的开头是：

  人未有不乐为治平之民者也，人未有不乐为治平既久之民者也。治平至百余年，可谓久矣。然言其户口，则视三十年以前增五倍焉，视六十年以前增十倍焉，视百年、百数十年以前不啻增二十倍焉。

文章起笔就触及论点，随后依次展开论证，全文布局谨严，论议英爽，语言简洁，浅入步深，具有无傍前人的说服力量。

欧阳修《伶官传序》的开头也是如此：

  呜呼！盛衰之理，虽曰天命，岂非人事哉！原庄宗之所以得天下，与其所以失之者，可以知之矣。

论史衡文，点提要义，抽丝剥茧，启人心智。

记叙文和说明文也经常使用此种方法，一般表现为交代所要记叙或说明的事物。

一是交代所要记叙的事物。初中《语文》第二册中的《任弼时同志二三事》一文的开头即属此类：

  任弼时同志生前有"三怕"：一怕工作少；二怕麻烦人；三怕用钱多。这三怕，就是他的崇高品质的具体表现。凡是和弼时同志一起工作或一起生活的人，对于他的伟大人格，都有深刻的印象。

文章开篇即将任弼时的情况作了总括介绍，为下文追来溯往、叙述事例作了很好的引导。

再看范晔的《张衡传》：

> 张衡，字平子，南阳西鄂人也。衡少善属文，游三辅，因入京师，观太学，遂通五经，贯六艺。虽才高于世，而无骄尚之情。常从容淡静，不好交接俗人。永元中，举孝廉不行，连辟公府不就。时天下承平日久，自王侯以下，莫不逾侈。衡乃拟班固《两都》作《二京赋》，因以讽谏，精思傅会，十年乃成。大将军邓骘奇其才，累召不应。

文章重点是要全面记叙张衡在文学上、政治上和科学上的巨大成就。为了突出重点，作者在文章开始，以简洁的文笔概括地介绍了张衡一生粗略的全貌，给读者一个大概的轮廓和总体印象。这种开头，有利于掌握全文的内容，领会文章的要旨。

二是交代所要说明的事物。这是说明文中所时常采用的一种开头方法。钱学森的《现代自然科学的基础学科》的开头是：

> 现代自然科学，不是单单研究一个个事物，一个个现象，而是研究事物、现象的变化发展过程，研究事物相互之间的关系。这就使自然科学发展成为严密的综合起来的体系。这是现代自然科学的重要特点。
>
> 工程技术的科学叫做应用科学，是应用自然科学中基础学科的理论来解决生产斗争中出现的问题的学问。当然，基础学科中也有好多道理是从生产实践中总结提高而来的；而且没有工农业生产，基础学科研究也无法搞下去。所以基础学科之为基础是就其在现代自然科学体系中的位置而言的。我们一般提六门基础学科：天文，地学，生物，数学，物理，化学。这

>   六门是不是都是一样的基础呢？也不是。从严密的综合科学体系讲，最基础的是两门学问：一门物理，是研究物质运动基本规律的学问；一门数学，是指导我们推理、演算的学问。

文章开头第一句就对本文所要说明的事物——现代自然科学中的基础学科——进行简要、概括的说明，为下文具体分类说明打下了基础。

再如，《一次大型的泥石流》也具有这个特点：

>   在一些山区的沟谷中，由于地表径流对山坡和沟床不断地冲蚀掏挖，山体常常崩塌滑坡，塌滑下来的大量的泥沙石块等固体物质被水流挟带搅拌，变成黏稠的浆体，在重力的作用下急速奔泻。这就是人们常说的泥石流。

文章起始，即说明了什么是泥石流，在概括介绍之后，下文就对一次大型泥石流的爆发经过作具体综合分析和说明，挫笼参会，顺理成章，脉络清晰，开阔视野，丰富人们的科学知识。

弹筝奋逸响　新声妙入神
——谈"说明情况式"开头

为了叙述的方便，有时在文章的开头，先说一些应该说明的情况，然后再叙述所要叙述的人物、事件，或者论述所要论述的内容。这种说明情况的开头方法，在记叙文、说明文和议论文中都是常见的。

由于各种文体性质不同，因此，在采用这种方法时，其情况也略有差异。

在记叙文和说明文中往往表现以下几种情况：

一是点明时间。唐弢《同志的信任》的开头就是这样：

> 一九三五年冬天的一个傍晚，鲁迅先生在预先约定的地点，会见了一个陌生的女青年……

文章第一句就点明了事情发生的时间，其中蕴含着鲁迅与方志敏之间的同志的信任之情。《为了周总理的嘱托——记农民科学家吴吉昌》同样有此特点：

> 一九六六年一月。寒风呼啸，中南海的湖面上披着冰甲。周恩来总理刚在全国第五次棉花生产会议上作完报告，又立即请几十位植棉劳模来国务院会议室座谈。

冰心《小桔灯》的开头，简单明了地点明时间，直接引出下文：

> 这是十几年以前的事了。

这种量体裁衣、称身惬意而又朴素自然、明白晓畅的叙事开篇，便于读者对全文的阅读和理解。

二是交代地点。陶渊明的《桃花源记》是这样写的：

> 晋太元中，武陵人捕鱼为业。缘溪行，忘路之远近。忽逢桃花林，夹岸数百步，中无杂树，芳草鲜美，落英缤纷，渔人甚异之。复前行，欲穷其林。

文章开始，不仅交代了渔人发现桃花源的时间，而且还交代了所游的地点、经过以及沿途所见的丽景奇观。

《曹刿论战》开篇写道：

> 十年春，齐师伐我。公将战。曹刿请见。其乡人曰："肉食者谋之，又何间焉？"刿曰："肉食者鄙，未能远谋。"乃入见。

在这里，作者把战争发生的时间、地点以及齐国进犯、鲁国准备抗争的形势作了简要的交代，为下文的展开，作了很好的准备，手挥目及，俯仰自得。

三是交代相关的人物或背景。小学《语文》中的《做风车的故事》一文的开头是：

> 三百多年前，英国有位大科学家叫牛顿。牛顿生在

一个农民的家庭里。他在小学念书的时候,特别喜欢做手工。奶奶给他的零用钱,他总是攒起来买锯,买斧头,买凿子。他整天忙着做手工,学习成绩不怎么好。

这个开头,着重于概括简介所要叙述人的历史,为下面具体叙述事实作了铺垫。

有的文章的开头,先交代一下事情的背景和与主要叙述人相关的人物简况,之后再作详细叙述重点的人物和事件。比如,夏衍的《包身工》的开头就是如此:

旧历四月中旬,清晨四点一刻,天还没亮,睡在拥挤的工房里的人们已经被人吆喝着起身了。一个穿着和时节不相称的拷绸衫裤的男子大声地呼喊:"拆铺啦!起来!"接着,又下命令似的高叫:"'芦柴棒',去烧火!妈的,还躺着,猪猡!"

作者以生动的人物形象作为开篇吸引读者,交代包身工的生活环境和人物的概况,为下文揭露在半殖民地半封建的旧中国,帝国主义所采用的极为残酷的剥削方式——包身工制度——的罪恶作了很好的导引。我们再看看唐人柳宗元的《小石潭记》的开头:

从小丘西行百二十步,隔篁竹,闻水声,如鸣佩环,心乐之。伐竹取道,下见小潭,水尤清冽。全石以为底,近岸,卷石底以出,为坻,为屿,为嵁,为岩。青树翠蔓,蒙络摇缀,参差披拂。

作者采用所谓"移步换形"之法,于文章开头,展现了一幅山水风景画，交代了所游之风物、背景，为这篇游记增添了许多的光彩。

说明文中采用这种方法开头一般也有两种情况：一种情况，如上文曾经引述的钱学森的《现代自然科学中的基础学科》的开头，它概要地说明现代自然科学的特点，然后再说明物理、数学是基础学科之基础，结构严谨，条理清晰，通俗易懂，益智命篇。另一种情况则是抛开所要说明事物的本身，先简括介绍一下与此相关的事情。比如，法布尔的《蝉》的开头：

> 我有很好的环境可以研究蝉的习性。一到七月初，蝉就占据了我门前的树。我是屋里的主人，它却是门外的统治者。有了它的统治，无论怎样总是不很安静的。

这种笔法，自然风趣，可以引起广大读者，特别是青少年读者的阅读兴趣。

议论文使用这种方式，往往是作为论题前的导引，或是论据上的补充而出现的。一般来说，它在议论文中，既非揭示论点，又非列阵论据的非要素成分，但它却起着突出论点、丰富（论述）内容、纵横勾连、运化材料的重要作用。一般表现为以下几种情况：

一是介绍情况，交代背景。《实践是检验真理的唯一标准》一文的开头：

> 检验真理的标准是什么？这是早被无产阶级的革命导师解决了的问题。但是这些年来，由于"四人帮"的破坏和他们控制下的舆论工具大量的歪曲

宣传,把这个问题搞得混乱不堪。为了深入批判"四人帮",肃清其流毒和影响,在这个问题上拨乱反正,十分必要。

文章一开始,即指出,讨论"检验真理的标准是什么"这个问题的原因,这个交代背景的说明,便可自然导引出所要论述的具体内容。

再如,毛泽东的《纪念白求恩》的开头:

> 白求恩同志是加拿大共产党员,五十多岁了,为了帮助中国的抗日战争,受加拿大共产党和美国共产党的派遣,不远万里,来到中国。去年春上到延安,后来到五台山工作,不幸以身殉职。

文章以简洁的语言介绍了白求恩同志的事迹,为下文阐明为人民服务的道理,提供事实依据。《触龙说赵太后》的开头也是这样的:

> 赵太后新用事,秦急攻之。赵氏求救于齐。齐曰:"必以长安君为质,兵乃出。"太后不肯,大臣强谏。太后明谓左右:"有复言令长安君为质者,老妇必唾其面。"

作者只用简要的几笔,便点明了事件发生的历史背景,为后面的充分展开制造了悬念,使读者产生急于看个究竟的愿望。

二是简括事实,引发论点。毛泽东的《一个极其重要的政策》的开头是:

自从党中央提出精兵简政这个政策以来,许多抗日根据地的党,都依照中央的指示,筹划和进行了这项工作。晋冀鲁豫边区的领导同志,对这项工作抓得很紧,做出了精兵简政的模范例子。但是还有若干根据地的同志们因为认识不够,没有认真地进行。这些地方的同志们还不理解精兵简政同当前形势和党的各项政策的关系,还没有把精兵简政当作一个极其重要的政策看待。关于这件事,《解放日报》曾多次讨论,今愿更有所说明。

文章起笔即将讨论问题的必要性和中心论题紧密结合起来,充分表现了所论问题的现实针对性,引发读者阅读的强烈愿望。他的另一篇文章《湖南农民运动考察报告》的开头是这样写的:

　　我这回到湖南,实地考察了湘潭、湘乡、衡山、醴陵、长沙五县的情况。从一月四日起至二月五日止,共三十二天,在乡下,在县城,召集有经验的农民和农运工作同志开调查会,仔细听他们的报告,所得材料不少。

这里,作者说明了此次考察的范围、时间和报告所依据材料的来源,这个说明是必要的,它对整个调查报告的可靠性、广泛性、代表性、典型性和针对性起着非常重要的作用。

清桐城派初祖方苞在《书〈史记〉十表后》中说:"十篇之序,义并严密而辞微约,览者或不能遽得其条贯,而义法之精密,必于是乎求之,始的焉其有准焉。"所谓"义"即物,指要言之有物,"法"即序,顺次;"义以法为经而法纬之"

其文则成体矣。因此,我们写文章一定要在文章的立意、谋篇、布局,首尾及其表现形式上下功夫,它的制作过程,如同编织缝衣,只要量体裁剪,称身惬意,情深性挚,就自然会成为嘉惠于人、启迪神智的上好佳品。

览物集

九峰密锁疑无路　五洞潜通别有天
——谈"波澜骤起式"开头

透迤荡开的平和之法固然能给人以洒脱、自然的艺术直觉,然而,那种骤起波澜、突兀变化、疑困丛生,起伏跌宕之法,同样是可供借鉴的好方法。概言之,可有以下几种情况:

一、设疑的开头。"明诱游人无路山,转来却见花深处。"这种故意设疑的开头方法,能给人疑窦顿开、豁然开朗的艺术感受,使人在"山重水复疑无路"的疑困不解中,引起阅读的兴趣,产生"柳岸花明又一村"的艺术感悟。比如,柳宗元的《牛赋》的开头就是如此。

若知牛乎?牛之为物,魁形巨首。垂耳抱角,毛革疏厚。……

再如:彭端淑的《为学一首示子侄》:

天下事有难易乎?为之,则难者亦易矣;不为,则易者亦难矣。人之为学有难易乎?学之,则难者亦易矣;不学,则易者亦难矣。

以上两段开头,都是以设问开篇,为下文深入论述置下疑点,顺之而谈,疑窦遂解。

现代文也经常运用这种开头的方法。比如，碧野的《天山景物记》：

  朋友，你到过天山吗？天山是我们祖国西北边疆的一条大山脉，连绵几千里，横亘准噶尔盆地和塔里木盆地之间，把广阔的新疆分为南北两半。远望天山，美丽多姿，那长年积雪高插云霄的群峰，像集体起舞时的维吾尔族少女的珠冠，银光闪闪；那富于色彩的连绵不断的山峦，像孔雀正在开屏，艳丽迷人。
……
  如果你愿意，我陪你进天山去看一看。

文章伊始，就把读者引进了别有洞天的艺术境界，亲切自然，扣人心弦。巴甫洛夫的《给青年们的一封信》的开头也用了同样的方法：

  我对于我国献身科学的青年们的希望是：

文章以此句开始，引出了下文的三个论点：即一"要循序渐进"，二"要谦虚"，三"要有热情"，层次分明，详略得当，论述深刻。
  在以问句开始时，有时由于某种需要，不采用设问式而采用反问式的开头也会收到同样的效果。如，欧阳修的《伶官传序》：

  呜呼！盛衰之理，虽曰天命，岂非人事哉！原庄宗之所以得天下，与其所以失之者，可以知之矣。

这里，作者以此反诘，否定了国家兴衰、富贵由天的宿命论，指出社稷的安危实在于人事的谋略。宋人李涂曾在其《文章精义》中指出："欧阳永叔《五代史》赞首必有呜呼二字，固是世变可叹，亦是此老文字遇感慨处便精神也。"欧氏对此法之重视程度，可知矣。

再如，《遗黄琼书》（汉人李固著）的开头：

  闻已渡伊洛，近在万岁亭，岂即事有渐，将顺王命乎？

文章以此问句表明了自己对事态发展的态度，引起下文的纵横议论。

二、感叹式的开头。唐代大诗人李白有一首叫做《蜀道难》的诗歌，它的开篇是这样写的：

  噫吁嚱，危乎高哉！蜀道之难,难于上青天。

这"噫吁嚱"三字是惊叹之词，此一句开篇，便成为我国诗歌中的奇句。不这样写，无以表明蜀道之惊险；不这样写，也无以表现诗人雄健奔放的豪迈气概。因此，这种开头成为千古名句，势在必然。

同样，清代袁枚的《祭妹文》，也适用了这种形式的开头：

  呜呼！汝生于浙而葬于斯，离吾乡七百里矣。当时虽觭梦幻想，宁知此为归骨所耶？

这种由情真意切、哀婉凄绝、祭事开篇所引发的亲切动人、至情至理的血泪挚言，便构成了与韩愈《祭十二郎文》、欧阳修

《泷冈阡表》"鼎足而三"（王文濡《清文评读本》）的祭文名篇。

我们在写文章的时候，有时也用此种开篇，效率很好。比如，马南邨的《珍爱幼小的心灵》的开篇就属这种。

> 孩子们的心灵是多么纯洁可爱啊！当你走到一群天真烂熳的儿童中间去，听他们唱一曲儿歌，看他们做一节游戏，你马上会觉得心旷神怡，忽然又年轻了似的。不管古人有什么"性善"和"性恶"的争论，我们看到今天生活在社会主义制度下的儿童，对于春秋战国时代的荀子认为"人性皆恶"的意见是不能赞同的；对于孟子说的"人生皆有善性"的意见却应该表示基本上赞同。

再如，朱自清的《生命的价格——七毛钱》的开头：

> 生命本来不应该有价格的；而竟有了价格！人贩子，老鸨，以至近来的绑票土匪，都就他们的所有物，标上参差的价格，出卖于人；我想将来许还有公开的人市场呢！

以上两段文字，都是以感叹式的句子开头，抒发了作者的真挚情感。前者热情而挚诚，后者愤怒而感慨，皆为下文的展开营造了气氛。

三、以称呼作文章的开头。李白诗《将进酒》，第一句是"君不见，黄河之水天上来，奔流到海不复回。"这本是一句极为夸张、极有气势的惊人之句，如果将句首"君不见"三字去掉，那此句就会黯然失色了。因为只有唤呼起作为观赏主体的读者的注意,才能将这大势磅礴、自天而降的滚滚黄河之水,跃然目前,使人惊心,令人胆寒!这种惊人之笔其效果如何,自可想见。

在写作时,借鉴此法,也可收到良好的效果。比如,上海南洋模范中学华慧敏所写的习作《学校生活二三事》的开头就运用了这种方法,她写道:

> 朋友,你别小看我们学校生活。它有欢乐,也有忧愁;有挫折,也有进步。在校园里处处都能发现小小的闪光点,它虽然微乎其微,但一旦聚拢起来,就将簇成一团炽热的火球,放出光和热。

文章以称呼开头,能引起读者的注意,便于插入简要议论或抒情,引出后边所要叙述的内容。书信体的文章,多用这种开头方式。比如,冰心的《再寄小读者》:

> 亲爱的小朋友:
> 读到这封信的时候,你们一定已经上学了;休息了一个暑假,重新回到学校里,一定感到新鲜而兴奋吧。

这种称呼开头,便成为书信体式的一个有机的组成部分,不可阙如。

文章开头的方法是多种多样的,这里只是择其要者介绍一些常用的方法。其实,在如何开头、如何开好头方面,历来众说纷纭,莫衷一是。除有警语夺目、"峻嶒造势"的豪放说之外,还有力主从容、平和婉约之说。清人方东树在《昭昧詹言》中主张:文章起句当自从容、艳丽、庄重。其从容"要始知处女"，艳丽则"美如凤头"，庄重则力忌"浅近浮佻"。这些行之有效的创作主张，在历史的长河中都有着一定的影响。他的这种主张，是就宏观的整体布局、行文方式、气蕴体势以及语言风格而言的总体方略，而就作者的微观操作——写作过程而言，其形式和方法是绚丽多姿的，究竟使用哪一种方法效果显著，哪一种稍为逊色，还要看具体情况而定了，不可千篇一律地生搬硬套。实际上，有些文章，它不只用一种方法，而有时是将两种甚至三种方法融合在一起而加以运用的。学习开头方法的一般技巧，只能作为自己写作时的参考，而不要把它作为死板的模式来束缚自己的手脚。

暗水流花径　春星带草堂
——谈"暗式"过渡

构建一篇形式优美的文章结构，绝不是一件轻而易举的事情，需要花费作者许多心血和精力。这是因为，作者既要考虑对文章总体构架上的完整、统一、缜密、和谐、匀称等形式上审美要求的准确把握；还要考虑对文章内在气质上的意象、气势、情志、寄蕴、贯通等内容上的美学价值的准确把握。因此，从宏观的格局到微观的营造，无处不在审视着作者构建文章结构时的功力。

如果说开头和结尾是文章构架中的两大支柱，那么，过渡、照应和承接就是两大支柱之外的脊梁，而段落与层次便是这间架中的过木和砖石。这一切，就构成了宏大厅堂中的坚强的骨干。

先看过渡。所谓过渡，即指文章在时空、意念、思维上较大间断中的黏合和衔接。它将使文章意脉贯通、气势连贯、思路畅达。

一般说来，文章的层次、段落，不仅在内容上有着一定的逻辑联系，而且在文字的表达上还有着贯通文气、上下连接的承接作用。过渡就是解决这种构架严谨、前后连贯的必要手段。过渡的方式，总括起来有两种：一是"羚羊挂角"，一是"泾渭分明"。

所谓"羚羊挂角"即指在文章连贯的接合部是无迹可寻的

暗式过渡。它往往是根据文章在内容表达上的需要，通过某种共同的"中介物"连接把作者的思路从一处不知不觉地自然引导到另一处的方法，常给人们以简洁明快、机敏灵活的感觉。它往往通过转换视角的蒙太奇式的手法来表现。

客观存在着的事物是异常复杂的，它通常是一个由不同侧面、不同层次、不同关系相互联系而形成的整体。因此，作者在述说一件事情或阐述一个问题时，总要从问题、事物的多种侧面加以说明，这就要求作者在阐述时必须随着具体情况的发展而不断改变视角，使内容在"断"中求"连"，由"连"求"整"，从而产生"根下潜伏，静细无声；及见方觉，二溪相联"的艺术效果。

这种方式，大体采用以下几种方法来表现：

一、"字联法"

"字联，宾主对待。"在行文中，有时因内容在时空上的跳跃，视角变换颇大，作者往往以"字联"处之，圆润弥合，无迹可求。杨朔的《黄河之水天上来》一文中的部分内容就是这样处理的。文中是这样写的：

> （老工人）接着又说："这孩子，简直着迷啦，说梦话也是钢呀钢的，只想缩短炼钢时间。"我懂得这些炼钢手的心情。他们爱钢，更爱我们的事业。他们知道每炉钢水炼出来，会变成什么。
>
> 会变成钢锭，会变成电镐，会变成各式各样的机器……还会变成汽车。
>
> 看吧，那不是长春汽车制造厂新出的解放牌卡车？汽车正织成另一条河流，满载着五光十色的内地物资，源源不断地跑在近年来修成的康藏公路上。凉秋

> 九月，康藏高原上西风飒飒，寒意十足。……

作者巧妙地把从钢水而钢锭再电镐而机器，最后到汽车，再由"汽车"二字，引起下面与汽车相关的一段内容。自然过渡，毫无痕迹。

二、"句联法"

吴立夫云："句联，长短合节。"句联的过渡，又岂止长短合节呢？它不仅使文意长短合节，似断犹连，还会给人以不断拓展的感觉。比如，毛泽东就文艺批评的标准曾谈到：

> 文艺批评有两个标准，一个是政治标准，一个是艺术标准。按照政治标准来说，一切利于抗日和团结的，鼓励群众同心同德的，反对倒退、促成进步的东西，便都是好的；而一切不利于抗日和团结的，鼓动群众离心离德的，反对进步、拉着人们倒退的东西，便都是坏的……又是政治标准，又是艺术标准，这两者的关系怎么样呢？

再如，《马克思的好学精神》一文：

> 马克思侨居伦敦的时候，他的图书室里有他长期辛勤搜集的许多图书，可是这些书还不够用，他是伦敦大英博物院图书馆阅览室里的常客。这个图书馆，收藏着世界各国古今各种书籍。有许多年，马克思几乎每天从上午九时到下午七时都在这里读书和找资料，从来不知疲倦。为了写《资本论》，他

先后花了四十年的时间,阅读上千种书籍,并做了大量笔记。

马克思不仅广泛地阅读政治经济学、哲学、历史等书籍,他有空闲的时候,还阅读各种文学名著。他能背诵歌德和海涅的许多诗句……

从以上引文可以看出,这种句联过渡,确实能起到承上启下、拓宽内容、改变视角的作用。

三、"段联法"

"段联,奇耦迭生。"有些文章在层次或段落之间,常常加上一段较短文字,使变换了的视角,得以展开。比如课文《伟大的友谊》一文中就是这样过渡的:

恩格斯不但在生活上热忱地帮助马克思,更重要的是在共产主义事业上,互相关怀,互相帮助,亲密合作。

这段文字镶嵌在恩格斯在生活上帮助马克思与事业上亲密合作之间,使文章气脉贯通,衔接自然。还是这篇文章,又于介绍他们互相关怀之后,进一步叙述二人互相关怀的程度的时候,作者加入一段过渡:

马克思和恩格斯的互相关怀是无微不至的。他们时时刻刻设法给对方以帮助,都为对方在事业上的成就感到骄傲。

再如,魏巍的《谁是最可爱的人》一文,在开篇议论之后，记叙事实之先，中间镶入一段这样的过渡的文字：

　　让我还是来说一段故事吧。

作者在叙述三个典型事例之后，要议论、抒情了，于是，又嵌入了一段过渡：

　　朋友们，用不着多举例，你们已经可以了解我们的战士是怎样一种人，这种人有一种什么品质，他们的灵魂多么的美丽和宽广。他们是历史上、世界上第一流的战士，第一流的人！他们是世界上一切伟大人民的优秀之花！是我们值得骄傲的祖国之花！我们以我们的祖国有这样的英雄而骄傲，我们以生在这个英雄的国度而自豪！

陶铸的《松树的风格》一文也是这样过渡的：

　　我每次看到松树，想到它那种崇高的风格的时候，就联想到共产主义风格。

这个过渡是在上一段描写松树的崇高风格之后和论述共产主义风格之前，嵌入其中的，显得自然、和谐、毫无穿凿之感。

羽毛须独立　黑白本分明
——谈"明式"过渡

元人倪士毅曾说过:"一篇之中,凡有改段接头处,当教他转得全不费力"方为妙手。所谓"改段接头处"就是我们所说的文章层次之间的结合部,也就是过渡。暗式过渡已叙述过了。现在再来看看明式过渡,即"泾渭分明"的过渡方式。所谓"泾渭分明"是指标记明显,意思分明的过渡形式。它是指那些把上下文意不同、内容各异的局部内容黏合、衔接成有机整体的抒情、议论和说明这些游离成分的文字组合。它具有重要的连结作用,使文章一气贯通,构架严谨。通常有以下几种情况:

一、抒情、议论式

以抒情、议论的方式,将上下文的内容联结起来,使文章成为一个统一的整体。比如,鲁迅的《祝福》一文,作者为了点明叙述上的转换,于追述祥林嫂生平之前,用了一段饱含感情的文字进行过渡:

> 然而先前所见所闻的她的平生事迹的断片,至此也联成一片了。

这段文字无疑将"我"的目之所见与先前耳之所闻,连成一体,毫不费力地过渡到往事的回忆中去,收到了转换自然的效果。他的另一篇文章《一件小事》也采用同样的方法,文中于开头之后,有这样一段文字:

但有一件小事,却于我有意义,将我从坏脾气里拖开,使我至今忘记不得。

文中以深沉的自责,将文章前后两部分内容紧密地联结起来,形成鲜明的对比,突出了"小事"的意义。

再如,秦牧的《古战场春晓》一文中第三自然段与第五自然段之间过渡段,也是这样的,文章写道:

这一片阳光灿烂、山川明丽的大地,原来是一百年前的大战场!你在这里纵览低徊,会禁不住想起整个黑暗的十九世纪的事情。

这段议论使上文对今天"古战场"三元里情景的生动描绘与下文抗英斗争的史实,紧密地联系起来,从而消除二者在时间上的距离。

二、说明式

为了深刻、具体地记叙或论述一件事情或道理,有时在内容的转折处、结合部加上一些说明性的文字接联,使文章贯通一气。欧阳修的《醉翁亭记》中名句"醉翁之意不在酒,在乎山水之间也"就是这种过渡形式的很好例证。它把上文的"太守与客来饮于此,饮少辄醉,而年又最高,故自号曰醉翁也"与下文山中朝暮、四季景物的变幻,乡人的平和、恬静与宴游的欢乐喧闹,巧妙自然的结合起来。读者在体味作者醉翁的心情之中，不自觉地随着作者的笔锋转向了山水自然。

范仲淹的《岳阳楼记》中第二段也是这种过渡方法。文中说：

> 予观夫巴陵胜状，在洞庭一湖。衔远山，吞长江，浩浩汤汤，横无际涯；朝晖夕阳，气象万千。此则岳阳楼之大观也，前人之述备矣。然则北通巫峡，南极潇湘，迁客骚人，多会于此，览物之情，得无异乎？

这段文字，在概括地叙述岳阳楼的自然风光，说明对此大好景色前人之述备矣之后，以"然"字一转，就将"北通巫峡，南极潇湘"的"迁客骚人"们见景而生的不同感情点了出来，从而引出了下面两段文字来：

> 若夫淫雨霏霏，连月不开；阴风怒号，浊浪排空。……登斯楼也，则有去国怀乡，忧谗畏讥，满目萧然，感极而悲者矣。
>
> 至若春和景明，波澜不惊，上下天光，一碧万顷。沙鸥翔集，锦鳞游泳；岸芷汀兰，郁郁青青。而或长烟一空，皓月千里。……登斯楼也，则有心旷神怡，宠辱皆忘，把酒临风，其喜洋洋者矣。

文章以第二段为过渡，将"迁客骚人"览物之后的两种不同感情与上文巴陵胜状的洞庭奇观巧妙、自然、和谐地联结起来。

鲁迅的《从百草园到三味书屋》一文写"我"由活泼的

百草园转到呆板乏味的三味书屋，其间插入了一段说明性的文字：

> 我不知道为什么家里的人要将我送进书塾里去了，而且还是全城中称为最严厉的书塾。也许是因为拔何首乌毁了泥墙罢，也许是因为将砖头抛到间壁的梁家去了罢，也许是因为站在石井栏上跳了下来罢，……都无从知道。总而言之：我将不能常到百草园了……

这个过渡，把文章的前后两大部分有机地结合起来，成为一个完整的全篇，协和自然，毫无生涩、突兀之感。

三、标示数目

在记叙或议论文中，为了叙述和论述的方便，有时在行文中，以序数标其文目，以示过渡，使文章眉目清晰，层次分明，毛泽东的《改造我们的学习》即是，文章的开头是这样写的：

> 我主张将我们全党的学习方法和学习制度改造一下。其理由如次：

之后，为了记述的方便，依次列出若干点，即：一、二、三……

再如，穆青等人的《为了周总理的嘱托——记农民科学家吴吉昌》一文也使用了这种过渡的方法。全文从五个方面即：（一）普通农民吴吉昌在科学上的顽强的探索精神，及受林彪、"四人帮"的迫害；（二）"文化大革命"后吴吉昌又顽强地出现了；（三）1973年2月，吴吉昌的冤案得到平反，在总理的精神鼓舞下继续战斗；（四）应邀出席全国棉花栽培技术协作讨论会；（五）"四人帮"倒台后，他焕发了青春，揭开历史的新篇章，记叙了吴吉昌牢记"周总理的嘱托"自觉地为农业科学事业献身的崇高精神。文章以此方法组织结构，使内容丰富，含量加大，视野开阔，行文自如，增强了文章的表现力。

四、隔行过渡

在文章层次、段落的时空、视角、意义等方面的变转处，隔行行文，以示过渡。这种方法，通常称为隔行处理法。

伏契克的《二六七号牢房》就是这样的：全文共三十八个自然段，从层次上可分为三大部分，作者分别于十九段与二十段和二十五段与二十六段的两个搭界处，以空行"相联"，组构成篇，脉络清晰，衔接自然，富于变化，效果显著。

明式过渡在形式上踪迹可见，其意直遂；暗式过渡则蕴藏于浑然一体的内容之中，含而不露，舒卷自如。二者各有千秋，互见短长，恰当运用则交相辉映，留有余响。

凭雪辨踪迹　游子或可寻
——谈"有迹"照应

过渡之于文章结构中的位置、意义和作用在前面已经叙述过了。现在，再来看看前后照应。

所谓照应，按一般的理解，就是指文章前后内容的关照和呼应。前有所伏，后有所应，后之所述，前有所依。这样，可使文章结构严谨，脉络贯通。照应的方式也有两种：一种是有迹照应；一种是无迹照应。

先说有迹照应：有迹照应即明式照应，是指前文已出现的事件、论点后文中得到依次衍陈、开掘、升华、释析和回应，这种照应的方式，我们通常以有迹照应称之，一般有明显的标记。它往往给人们前后呼应、层次深入、规避重叠、浑然一体的感觉。它有以下几种表现形式：

一、标记照应（论点屡见式）。此种照应往往在文章的开始先把事情、问题或论点摆出，而后围绕着这一中心多次回应，使问题突出、观点鲜明。韩愈的《师说》就是这样安排的。这篇文章从理论上阐明老师的作用和从师的重要性，批驳了当时耻于相师的不良风气。作者为了突出"弟子不必不如师，师不必贤于弟子"的命题，于文章开始即提出"为师之道"。文曰：

　　古之学者必有师。师者，所以传道受业解惑也。

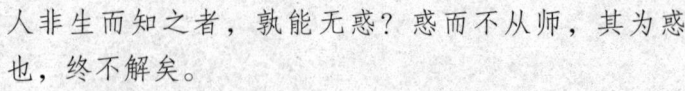

> 人非生而知之者，孰能无惑？惑而不从师，其为惑也，终不解矣。

为了阐明从师之道，文中层层牵及，累次关联，突出重点，纵向趋深。文中第二段写道：

> 生乎吾前，其闻道也固先乎吾，吾从而师之；生乎吾后，其闻道也亦先乎吾，吾从而师之。吾师道也，夫庸知其年之先后生于吾乎？是故无贵无贱，无长无少，道之所存，师之所存也。

这里，作者照应了"师道"，指出"道之所存，师之所存"的道理。随之，文章经过批驳时尚之后，又论及了以下内容，他说：

> 巫医乐师百工之人，不耻相师。士大夫之族，曰师曰弟子云者，则群聚而笑之。问之，则曰："彼与彼年相若也，道相似也。位卑则足羞，官盛则近谀。"呜呼！师道之不复，可知矣。巫医乐师百工之人，君子不齿，今其智乃反不能及，其可怪也欤！

巫医乐师尚能相师，而智者反不能及，这是一个怪现象，智者之所以为智，愚者之所以为愚，其原由，自可明矣。然后得出结论说：

> 是故弟子不必不如师，师不必贤于弟子，闻道有先后，术业有专攻，如是而已。

《师说》通篇对尊师之道进行了精辟的论述，结构严谨，层层深入，驱使入节，健笔如锋。

鲁迅先生《论"费厄泼赖"应该缓行》一文中的论点屡见，就是这种方式的具体运用。文中开篇的《解题》就提出了"打落水狗"的论点；"总而言之，不过说是'落水狗'未始不可打，或者简直应该打而已"。第二节又说："总之，倘是咬人之狗，我觉得都在可打之列，无论它在岸上或水中。"第三节又出现：对狗（叭儿狗）"尤非打落水里，又从而打之不可。"直到第六节的"无论其怎样落水……也则打之。"这种对中心论点的多次及论，就把痛打落水狗的基本观点充分地表达了出来。

在现代议论文和说明文中，有时为了突出中心和主题，往往在后文经常使用"前面说过""上文已述"等等字眼作为标记，使文章前后连成一体，则无冗赘、重复之嫌。

二、首尾照应。首尾照应是最常见的一种方法。白居易说的"句首标其目，卒章显其志"就是这个意思。它可以使文章头尾谐调、统一，产生概括全篇、突出主题的效果。比如鲁迅先生的《一件小事》一文的开头是：

> 我从乡下跑进城里，一转眼已经六年了。其间耳闻目睹的所谓国家大事，算起来也很不少；但在我心里，都不留什么痕迹，倘要我寻出这些事的影响来说，便只是增长了我的坏脾气——老实说，便是教我一天比一天的看不起人。
>
> 但有一件小事，却于我有意义，将我从坏脾气里拖开，使我至今忘记不得。

文章的结尾是：

> 这事到了现在，还是时时记起。我因此也时时熬了苦痛，努力的要想到我自己。几年来的文治武力，在我早如幼小时候所读过的"子曰诗云"一般，背不上半句了。独有这一件小事，却总是浮在我眼前，有时反更分明，教我惭愧，催我自新，并增长我的勇气和希望。

结尾中的"时时记起"和开头的"忘记不得"，此处的"文治武力……背不上半句"与上文的"所谓国家大事……都不留什么痕迹"遥相呼应，重点突出了一件小事的重大意义。

再如，毛泽东的《中国社会各阶级的分析》一文，它的开头是：

> 谁是我们的敌人？谁是我们的朋友？这个问题是革命的首要问题。……

结尾是：

> 综上所述，可知一切勾结帝国主义的军阀、官僚、买办阶级、大地主阶级以及附属于他们的一部分反动知识界，是我们的敌人。工业无产阶级是我们革命的领导力量。一切半无产阶级、小资产阶级，是我们最接近的朋友。那动摇不定的中产阶级，其右翼可能是我们的敌人，其左翼可能是我们的朋友——但我们要时常提防他们，不要让他们扰乱了我们的阵线。

文中首有提示，尾有总结；前后呼应，首尾相援；析释清晰，说理透彻。杨朔的《泰山极顶》同样具有这个特点。它的开

头说:

　　泰山极顶看日出,历来被描绘成十分壮观的奇景。

结尾说:

　　其实我们分明看见另一场更加辉煌的日出。这轮晓日从我们民族历史的地平线上一跃而出,闪射着万道红光,照临到这个世界上。伟大而光明的祖国啊,愿你永远"如日之升"!

作者借登山所见,把朝气蓬勃的祖国比喻成初升的太阳,歌颂了祖国的大好形势。始之所见,终之所扬,首尾连贯,浑然一体。
　　三、题首照应。这种照应,往往表现在文章一开始就触及标题,照应了题目,引起读者的注意。比如,魏巍的《谁是最可爱的人》一文,标题是《谁是最可爱的人》,开头是:

　　在朝鲜的每一天,我都被一些东西感动着;我的思想感情的潮水,在放纵奔流着;我想把一切东西都告诉给我祖国的朋友们。但我最急于告诉你们的,是我思想感情的一段重要经历,这就是:我越来越深刻地感觉到谁是我们最可爱的人!
　　谁是我们最可爱的人呢?我们的战士,我感到他们是最可爱的人。

　　再如,《一件珍贵的衬衫》,标题是《一件珍贵的衬衫》,开头是:

在我的家里，珍藏着一件白色的确良衬衫。这不是一件普通的衬衫。这衬衫，凝聚着敬爱的周总理对工人群众的阶级深情。每当我看到它，周总理那高大光辉的形象就浮现在我的眼前；每当我捧起它，就不由得回想起那激动人心的往事。

朱德的《回忆我的母亲》和刘白羽的《日出》也是这种形式的照应。《回忆我的母亲》一文的题目如此，其文章的开头也是这样的：

得到母亲去世的消息，我很悲痛。我爱我母亲，特别是她勤劳一生，很多事情是值得我永远回忆的。

《日出》题目是如此，正文的开篇也是如此的：

登高山看日出，这是从幼小时就对我有魅力的一件事。

落日有落日的妙处，古代诗人在这方面留下不少优美的诗句，如像"大漠孤烟直，长河落日圆""落日照大旗，马鸣风萧萧"。可是再好，总不免有萧瑟之感。不如攀上奇峰陡壁，或是站在大海岩头，面对着弥漫的云天，在一瞬时间内，观察那伟大诞生的景象，看火、热、生命、光明怎样一起来到人间。但很长很长时间，我却没有机缘看日出，而只能从书本上去欣赏。

苏轼的《喜雨亭记》的开篇即起笔触题，文终以歌作结，引歌之前则用"既以名亭，又从而歌之"转接，承上启下，文以"喜"始，结以"喜"终，贯串整体，头尾呼应，以穿穴翻簸，递进层层之法而形成绝妙之笔，人无及焉。

从以上几例可以看出，开头与标题照应，能给人以冲云拨雾、开门见山的感觉，对刻画人物、渲染气氛、展开故事的情节发展，起着极好的作用。

千淘万漉虽辛苦　吹尽狂沙始得金
——谈"篇末点题式"结尾

　　一篇好的文章，不仅要有一个好的开头，而且还要有一个好的结尾。有人把文章的开头比作音乐的定调，定准一首歌曲的调门往往需要下一番很大的功夫，所以古人常常发出文章"发句好尤难得"的感慨；而作为一曲"绕梁余响"的结尾，则更是人们竭力追求的目标。所谓："首句标其目，卒章显其志"中的"首句"，说的就是文章的开头，而"卒章"说的就是结尾。开头要标明文章的题意，结尾要点明文章的主旨，起到画龙点睛的作用。谢榛认为："起句当如爆竹，骤响易彻；结句当如撞钟，清音有余。"至于，有人把文章的结尾视为做人的"晚年气节"，那更见其重了。可见，开头、结尾在文章的表达上居于何等重要的位置是不言而喻了。

　　关于结尾的方法，历来众说纷纭，莫衷一是，这其中，当以清代沈祥龙的说法较为全面、深刻。他把结尾之法归纳为：拍合、宕开、醒明本旨、转出别意、眼前指点和题外借形等六大类别、三种境界。他说："结有数法，或拍合，或宕开，或醒明本旨，或转出别意，或就眼前指点，或于题外借形，不外《白石诗说》所云：'辞意俱尽，辞尽意不尽，意尽辞不尽'三者而已。"（《论词随笔》）

　　沈祥龙所见，今天看来，未必尽如人意。但是它却揭示了一个具有普遍意义的客观规律：文章的结尾要依据它的内容、文体以及写作的具体情况而因时度势地审慎安排，使它表里如一、首尾相援、恰如其分地表达文章的主题思想。

篇末点题是诸多结尾方式的一种。它是指在文章的结尾处，或点明全文的主旨，或点出文章的标题，从而鲜明地突出文章的中心。刘熙载的"一语为千万语所托命，是为笔头上担得千钧"即指此而言。

一、点明主旨。鲁迅的《一件小事》的结尾就是这样的：

> 这事到了现在，还是时时记起。我因此也时时煞了苦痛，努力的要想到我自己。几年来的文治武力，在我早如幼小时候所读过的"子曰诗云"一般，背不上半句了。独有这一件小事，却总是浮在我眼前，有时反更分明，教我惭愧，催我自新，并增长我的勇气和希望。

再如，《一件珍贵的衬衫》的结尾：

> 这件事已经过去四年多了。但是，这激动人心的一幕，却一直深深地印在我的脑海里。四年来，这件珍贵的衬衫，我精心地收藏着，没有舍得穿它一次。我深深知道，我经历的这件事，在敬爱的周总理一生的伟大革命实践中，不过是微乎其微的一件小事，然而，从这件小事上，我们看到的是周总理那平易近人的高贵品质，对劳动人民的深切关怀，一个伟大的无产阶级革命家的本色。

以上两段结尾，都以画龙点睛之笔，点明了文章的题旨，揭示中心，升华了主题。前者，语言挺拔、峻峭；后者，平易、挚诚，给人以深思、寻味的余响。

王愿坚的《普通劳动者》的结尾是这样的：

> 这回，将军却没有发觉。他一手扶肩，一手用开，挺直了腰，迈开大步向前走去。他走得那么稳健，又那么豪迈。当他带着他的连队走过荒无人烟的大草地时，就是这样走着的；当他带着他的团队通过日寇的封锁线时，当他带着他的师跨进"天下第一关"时，他也是这样走着的。

文章以一语双关的象征手法，将革命将士的光荣的革命传统同现实生活巧妙地结合起来，点明主旨，深化了主题，发人深思，耐人寻味。在议论文中，也有这种情况的结尾，贾谊的《过秦论》就是如此，其结尾说：

> 且夫天下非小弱也，雍州之地，崤函之固，自若也。陈涉之位，非尊于齐、楚、燕、赵、韩、魏、宋、卫、中山之君也；棘矜，非铦于钩戟长铩也；谪戍之众，非九国之师也；深谋远虑，行军用兵之道，非及向时之士也。然而成败异变，功业相反也。试使山东之国与陈涉度长絜大，比权量力，则不可同年而语矣。然秦以区区之地，致万乘之势，序八州而朝同列，百有余年矣；然后以六合为家，崤函为宫；一夫作难而七庙隳，身死人手，为天下笑者，何也？仁义不施而攻守之势异也。

作者以凝炼、警策、锋利的语言，一语千钧地点破了文章的主题，殿托了全文的中心，"结出一篇"的"主意"。

二、点明标题。杨朔的《香山红叶》的结尾就是这样的：

也有人觉得没看见一片好红叶，未免美中不足。我却摘到一片更可贵的红叶，藏到我心里去。这不是一般的红叶，这是一片曾在人生中经过风吹雨打的红叶，越到老秋，越红得可爱。不用说，我指的是刘四大爷。

再如：吴伯箫的《记一辆纺车》的结尾：

就因为这些，我常常想起那辆纺车。想起它就像想起旅伴和战友，心里充满着深切的怀念。围绕着这种怀念，也想起延安的种种生活。在党中央和毛主席的周围工作，学习，劳动，同志的友谊，革命大家庭的温暖，把大家团结得像一个人。真是既团结，紧张，又严肃，活泼。那个时候，物质生活曾经是艰苦的、困难的吧，但是，比起无限丰富的精神生活来，那算得了什么！凭着崇高的理想、豪迈的气概、乐观的志趣，克服困难不也是一种享受吗？

跟困难作斗争，其乐无穷。

以上两段结尾，都以简练的文字，回应了标题，并且进而深化了文章的主题。前者，于文末用形象的比喻，以物言人给标题翻出了新意；后者，推出"跟困难作斗争，其乐无穷"这个思想，深化了《记一辆纺车》的主题。

陈祖芬的报告文学《祖国高于一切》的结尾又是另一种情况了：

好了，伤感使人衰老，牢骚使人不思进取。王运丰毕竟找到了他的幸福。他从一九三八年出国留学时就希冀着幸福：为祖国奉献才能。人是要有信念的。

在古今中外人类发展史上，信念始终是动力。王运丰在科学的道路上探索了一辈子，他确认的最伟大而又最平凡的真理，则始终只有一条：祖国高于一切！

老舍的《济南的冬天》一文的结尾也是这样的：

> 那水呢，不但不结冰，反倒在绿藻上冒着点热气。水藻真绿，把终年贮蓄的绿色全拿出来了。天儿越晴，水藻越绿，就凭这些绿的精神，水也不忍得冻上，况且那些长枝的垂柳还要在水里照个影儿呢！看吧，由澄清的河水慢慢往上看吧，空中，半空中，天上，自上而下全是那么清亮，那么蓝汪汪的，整个的是块空灵的蓝水晶。这块水晶里，包着红屋顶，黄草山，像地毯上的小团花的小灰色树影。
>
> 这就是冬天的济南。

再看唐弢《同志的信任》的结尾：

> 鲁迅先生不是中国共产党党员，可是，在所有共产党员的心目中，他永远是一个能以生命相托付的、最可信任的同志。

以上三段结尾，都非常明确地回点了文章的题目。它们或以精彩、关键之笔，深化主题，增添表现力；或以优美、宁静的意境，给读者以深长的回味；或以简洁明快的语句，赞颂了文章所要描写的人物的精神。虽然所采用的方式不同，却收到了异曲同工之妙用。

千军万马九衢上　回首看山无一人
——谈"意尽言止式"自然结尾

自然结尾就是人们常说的"辞意俱尽"的收束方式。"辞"即言词,"意"即意义、意境。是随着文章内容所记叙、论述的事物、问题的完结而文章即行终止的结束方法,往往给人干净、利落、毫不拖沓的感觉,给人以首尾完整的印象。但是,事情往往是复杂的,在文章的结尾处,时常显现出不以人们的主观意志为转移的"非划一"性来。就叙事性文章的"意尽言止"的自然结尾而言,就出现了以下两种不同情况:

第一,事讫言止。这常常是记叙文中所惯用的结尾方法,它随内容的完结,戛然而止,结束全文。范晔的《张衡传》的结尾就是这样的:

> 永和初,出为河间相。时国王骄奢,不遵典宪;又多豪右,共为不轨。衡下车,治威严,整法度,阴知奸党名姓,一时收禽,上下肃然,称为政理。视事三年,上书乞骸骨,征拜尚书。年六十二,永和四年卒。

文章以其终年,结束全文,绝无枝蔓,干净而利落,事竟而言止。这种结法,在现代文中更为多见。它可以使文章所显示的精神、气脉随着叙述事件的结束而自然地跃然纸上。周而复的《截肢和输血》一文的结尾就是这样的:

　　白大夫和伤员的肘窝经过严格的消毒，用输血管插到静脉里，加拿大共产党员300cc血液静静地流到中国人民的八路军战士的身上。

　　由于得到新鲜的血液，伤员饮食增加了，体温正常了。三个星期以后，这个垂死的伤员就完全恢复健康了。

　　再如，黎金编写的《爱迪生》一文的结尾：

　　　　垂危的老人在检阅他那忙碌的一生，他并不为虚度年华而叹息，也不因碌碌无为而悲悯。他记起了在那次庆祝大会上自己讲的话：

　　　　"……如果我曾经或多或少地激励一些人的努力，我们的工作，曾经或多或少地扩展了人类的理解范围，因而给这个世界增添了一分欢乐，那我也就感到满足了。"

　　　　他带着宽慰的笑意，慢慢合上眼睛。时间是1931年10月18日清晨3点24分。

　　奥斯特洛夫斯基的《我的一天》的结尾是这样的：

　　　　……黑夜，我睡下，疲倦了，但很满意。这就是我的一天，虽很平凡，但却很重要……

　　第二，留有余味。它往往在事讫言止之后，使人掩卷而遐想不已。比如，《挺进报》一文的结尾：

　　　　按照集中营的惯例，凡是进行秘密组织或者宣传活动的人，立刻处死。许晓轩从息烽到白公馆，十年炼狱，早已把生死置之度外。他对敌人说："写报告枪毙我吧！我永远是一个共产党员。"敌人却没有写报告。因为报纸是管理室的，他们怕担"失职"的罪名。按照规定，失职人员要判处一年徒刑。案子似乎破了，烦恼的却是敌人自己，所长室直到半夜还没有熄灯。第二天，看守长召集看守员训话说："那张'纸条'的事，谁也不准再提！"

革命同志以无比的机智战胜了敌人，保全了党组织。

再如，彭荆风的《驿路梨花》的结尾：

原来她还不是梨花。我问："梨花呢？"
"前几年出嫁到山那边了。"
不用说，姐姐出嫁后，是小姑娘接过任务，常来照管这小茅屋。
我望着这群充满朝气的哈尼小姑娘和那洁白的梨花，不由得想起了一句诗："驿路梨花处处开"

以上两段结尾，虽然随着叙述事件本身的结束而文章收尾了；但是，它们所给予人们心灵上的余味却没有就此终止，而留下了无限遐想，可谓转掉自如，思之长深。

再比如，鲁迅先生的《论雷峰塔的倒掉》结尾，给人以何等的余味啊！

当初，白蛇娘娘压在塔底下，法海禅师躲在蟹壳里。现在却只有这位老禅师独自静坐了，非到螃蟹断种的那一天为止出不来。莫非他造塔的时候，竟没有想到塔是终究要倒的么？

活该。

文章以"活该"二字结束全文，干脆，利索，痛快淋漓。于简洁、凝练之中，蕴意深邃，无限遐想，深沉含蓄，隽味无穷。

在说明性的文体中，这种言尽意止的结尾方式也是俯拾皆是的。比如，《动物的远游》，为了说明动物具有超然的远游本领，在采用分类举例说明之后，便以下列文字结束了全文：

> 燕子、雁、布谷、夜莺都是定期迁徙的候鸟，著名的季候性游客。在英国做上了记号的燕子，曾经在南非被人捉到，它们飞了差不多两万里。第二年春天，燕子不但从南非回到英国，并且多半还回到原巢。还有一种在北美加拿大筑巢的千鸟，每年夏末飞往南美洲，飞行八千里，中途绝不停留。它们的耐性和毅力真使人佩服。它们要飞过茫茫的大海，有一半路程还得在夜间飞，这种认路的本领更使人感到惊异。有许多种鸟的雏鸟，在迁徙之前并没有得到老鸟的教导。像布谷和夜莺南飞的时候，它们的幼雏还不会飞；但是幼雏一旦羽毛丰满了，也就找着了迁徙的方向。这些奇怪的现象，生物学家还在研究。

再如，《鲸》一文的结尾是这样的：

> 鲸是胎生的，幼鲸靠吃母鲸的奶长大。这些特征也说明鲸是哺乳动物。长须鲸刚生下来就有十多米

长，七千公斤重，一天能长三十公斤到五十公斤，两三年就可以长成大鲸。鲸的寿命很长，一般可以活几十年到一百年。

这两篇文章的结尾都是"事与其来俱起，亦与其去俱讫"的。随着涉笔成趣的说明内容的完结，文章也就结束了。再无一句多余的话。前者，作者在依次介绍蜜蜂、鱼、鸟等远游特点之后，便以说明燕子、雁等候鸟的迁徙特点而告终；后者则是以鲸的重量、体征、食料、呼吸、睡眠以及繁殖等诸方面的特征来说明的。说明完了，自行终止，结构紧凑，毫无拖沓絮烦之嫌。当然，有的文章因内容表达的需要，于结尾处留有一定的余音，让人回味，当不在此议论之列。这里，仅就一般情况而言。

在议论性的文体中，自然结尾也是经常使用的。比如，魏征的《谏太宗十思疏》便是这种。它以历史教训为鉴戒，以"载舟覆舟"为警喻，具体阐述"十思"的奏疏内容，"十思"阐释完毕，即刻收尾，最后说道："总此十思，宏兹九德，简能而任之，择善而从之，则智者尽其谋，勇者竭其力，仁者播其惠，信者效其忠；文武争驰，君臣无事，可以尽豫游之乐，可以养松乔之寿，鸣琴垂拱，不言而化。何必劳神苦思，代下司职，役聪明之耳目，亏无为之大道哉？"文章就其所论方式而言，婉曲达意，中肯挚诚；章法上则"劈空而来，屹然而止"矣。

一般例行公文，比如，政府声明、工作报告等等也都具有这种言尽意止的特点。论述完毕，自然了结，言简意赅，具有一定折慑力量。

出师一表真名世 千载谁堪伯仲间
—— 谈 "议论、抒情式" 结尾

以议论抒情的方式为文、作诗,在我国由来已久,而以杂感诗式来论史、谈艺、衡人者,杜甫可谓第一人。如:《戏为六绝句》《解闷十二首》《自京赴奉先咏怀五百字》《咏怀》等,它不仅对同时代的诗人、作家予以评论,而且对前辈先人也不无论述。往往于精辟分析中顺导结论,于揶揄讽刺中以显真情,笔墨轻松,卓见分明。宋代伟大的爱国诗人陆游则继承了这一优良传统,他曾在《书愤》中这样写道:

> 早岁那知世事艰,中原北望气如山。
> 楼船夜雪瓜州渡,铁马秋风大散关。
> 塞上长城空自许,镜中衰鬓已先斑。
> 出师一表真名世,千载谁堪伯仲间。

诗人在这首抒愤诗中,追述了壮岁心情,处伤迟暮,感慨于世事多艰,小人误国,恢复中原的时机,一去而不可复得。结尾以"出师一表真名世,千载谁堪伯仲间"两句作结,抒其愤懑之志,议论横生,感慨系之,以《出师表》"兴复汉室,还于旧都"之语以明心志。这正所谓诗言志者也。

陆游诗中的结尾就是直接抒情议论的结尾方式。这种方式便于直抒胸臆,发表见解,抒发情感,一吐为快。容易激起人

们心中的感情浪花,引起读者的共鸣。一般说来,议论、抒情的结尾有以下几种方式:

一、直接议论、抒情

这种方式是极为普遍的,它往往是毫不掩饰、直抒胸臆、痛快淋漓、一泻千里。《白杨礼赞》的结尾就是这样的:

> 让那些看不起民众,贱视民众,顽固的倒退的人们去赞美那贵族化的楠木(那也是直干秀颀的),去鄙视这极常见,极易生长的白杨树罢,但是我要高声赞美白杨树!

魏巍的《谁是最可爱的人》的结尾是:

> 亲爱的朋友们,当你坐上早晨第一列电车驰向工厂的时候,当你扛上犁耙走向田野的时候,当你喝完一杯豆浆提着书包走向学校的时候,当你坐到办公桌前开始这一天工作的时候……朋友,你是否意识到你是在幸福之中呢?你也许很惊讶地说:"这是很平常的呀!"可是,从朝鲜归来的人,会知道你正生活在幸福中。请你意识到这是一种幸福吧,因为只有你意识到这一点,你才能更深刻了解我们的战士在朝鲜奋不顾身的原因。朋友!你是这么爱我们的祖国,爱我们的伟大领袖毛主席,你一定会深深地爱我们的战士,——他们确实是我们最可爱的人!

这两段文字,都是直接抒发自己的感情的,前者以斥责那些鄙视白杨树的人以标明自己赞美白杨而收尾;后者则是以作者炽热的感情，尽情讴歌了我们最可爱的人。二者在表现手法上虽各有相异，但在直抒胸臆这点上却是相同的。

再如，杜牧的《阿房宫赋》的结尾：

> 呜呼！灭六国者，六国也，非秦也。族秦者，秦也，非天下也。嗟乎！使六国各爱其人，则足以拒秦。使秦复爱六国之人，则递三世可至万世而为君，谁得而族灭也？秦人不暇自哀，而后人哀之；后人哀之而不鉴之，亦使后人而复哀后人也。

作者于结尾处，指出秦及六国所以被灭的原因，进而又推出后人应以此为戒的深义。文章跌宕起伏，直抒胸愤，荡气回肠，文尽而味无穷。

范仲淹的《岳阳楼记》的结尾是尽人皆知的警世格言：

> 嗟夫！予尝求古仁人之心，或异二者之为，何哉？不以物喜，不以己悲。居庙堂之高，则忧其民；处江湖之远，则忧其君。是进亦忧，退亦忧。然则何时而乐耶？其必曰"先天下之忧而忧，后天下之乐而乐乎。"噫！微斯人，吾谁与归？

作者于议论中，表明了自己的生活态度和对人生、仕途的看法，感情强烈，坚定不移。

二、间接抒情、议论

这是一种借物言情、寄情于景、寓议论于情景之中的收尾方式。比如，峻青的《秋色赋》的结尾：

我爱秋天。
　　我爱我们这个时代的秋天。
　　我愿这大好秋色永驻人间。

再如，夏衍的《包身工》的结尾：

　　黑夜，静寂得像死一般的黑夜！但是，黎明的到来，毕竟是无法抗拒的。索洛警告美国人当心枕木下的尸首，我也想警告某一些人，当心呻吟着的那些锭子上的冤魂！

　　这两段结尾都通过生动的艺术形象来表达作者的爱憎感情。前者，作者通过对秋色、秋景、秋天的爱，表达对大好祖国河山的热爱之情；后者，则通过"黑夜""尸首"和"锭子上的冤魂"的描写，形象地揭露出旧社会的黑暗，喻示了剥削阶级的残酷压榨必将激起人民反抗的暴风雨的到来。语言精当，寓意深刻。
　　有时作者为了表达某种沉深的感情，不愿直露胸怀而通过某种特定环境描写和事件的追述来加以表现，其效果也是很好的。比如，鲁迅的《藤野先生》的结尾就是这样的：

　　他所改正的讲义，我曾经订成三厚本，收藏着的，将作为永久的纪念。不幸七年前迁居的时候，中途毁坏了一口书箱，失去半箱书，恰巧这讲义也遗失在内了。责成运送局去找寻，寂无回信。只有他的照相至今还挂在我北京寓居的东墙上，书桌对面。每当夜间疲倦，正想偷懒时，仰面在灯光中瞥见他黑瘦的面貌，似乎正要说出抑扬顿挫的话来，便使我忽又良心发现，而且增加勇气了，于是点上一枝烟，再继续写些为"正人君子"之流所深恶痛疾的文字。

再如，朱自清的《背影》的结尾也是这样的：

……我北来后，他写了一信给我，信中说道："我身体平安，惟膀子疼痛厉害，举箸提笔，诸多不便，大约大去之期不远矣。"我读到此处，在晶莹的泪光中，又看见那肥胖的、青布棉袍黑布马褂的背影。

唉！我不知何时再能与他相见！

两段文字都以具体事情来表现作者的深沉、炽热而又诚挚的师生、父子之情的。前者用墙壁的挂相激励自己战斗的勇气以表示对老师的怀念；后者则以父亲背影的再现来体现对父亲的思念之情，情深意切，感人至深。

毛泽东的《星星之火，可以燎原》，虽不是记叙文，但它的结尾却给人以无限的遐想。文中说：

它是站在海岸遥望海中已经看得见桅杆尖头了的一只航船，它是立于高山之巅远看东方已见光芒四射喷薄欲出的一轮朝日，它是躁动于母腹中的快要成熟了的一个婴儿。

通过这种生动、鲜明的艺术形象来抒发作者胸中豪情的结尾，其艺术感染力之强烈是可想而知的。鲁迅在《故乡》一文的结尾所说的话同样具有如此的效果。

我在朦胧中，眼前展开一片海边碧绿的沙地来，

> 上面深蓝的天空中挂着一轮金黄的圆月。我想：希望本是无所谓有，无所谓无的。这正如地上的路；其实地上本没有路，走的人多了，也便成了路。

这种深刻、精当的议论是从形象的描绘中显露出来的，它显得含蓄、沉深而意味旷远。

此外，在文字的表达方式上，尚有启发读者的发问式和感叹式的结尾方式。前者，比如彭端淑的《为学》：

> 西蜀之去南海，不知几千里也，僧富者不能至而贫者至焉。人之立志，顾不如蜀鄙之僧哉？

这种结尾，往往可以给读者留下充分思考的余地。后者，比如，鲁迅的《记念刘和珍君》：

> 苟活者在淡红的血色中，会依稀看见微茫的希望；真的猛士，将更奋然而前行。
> 呜呼，我说不出话，但以此记念刘和珍君！

文章作者的心情已到愤怒至极的程度，也只能用这种难以抑制的感叹之句来进行表达了。议论抒情，既要健笔峻拔，纵横奇恣，又要起结规范，开阖井然；而绝不能脱离形象，作空洞抽象的推理论证。要"达"必达之"隐"，要"显"欲显之"情"，从容面对，举重若轻，如此，方能成为议论抒情的高手。"若浮躁浅露，竭尽无余，岂复有宏深境界乎！"

正是江南好风景　落花时节又逢君
——谈"人物描写式"结尾

览物集

人物描写是记人、记事这种记叙文体的中心环节。没有了人物描写，事情就失去了中心，事情也就无法表现，无人何以为事？如果人物失去了事情的垫托，那么它就失去了存在和依附的对象，无事又何以言人？人物必然显得苍白、无力。因此，人与事必须紧密的结合，才能创造出丰富多彩、绚丽夺目的文章来。

就记叙文体说，以描写人物作结，是一种简单易行、卓有成效的好方法。它可以使读者对文章所描写的对象给以更加鲜明、更加强烈的印象，从而激发人们情感上的共鸣，增添震撼人心的力量。请看都德《最后一课》的结尾：

> 忽然教堂的钟敲了十二下。祈祷的钟声也响了。窗外又传来普鲁士士兵的号声——他们已经收操了。韩麦尔先生站起来，脸色惨白，我觉得他从来没有这么高大。
>
> "我的朋友们啊，"他说，"我——我——"但是他哽住了，他说不下去了。
>
> 他转身朝着黑板，拿起一支粉笔，使出全身的力量，写了几个大字：

"法兰西万岁!"

然后他呆在那儿,头靠着墙壁,话也不说,只向我们做了一个手势:"散学了,——你们走吧。"

这样一个感人肺腑的结尾,给予读者一个多么强烈的感染力量!它使人们感受到了主人公此时此刻的巨大苦痛和内心创伤,从而,深刻表现了主人公的爱国主义精神。

茹志鹃的《百合花》的结尾,也是这样的:

"是我的——"她气汹汹地嚷了半句,就扭过脸去。在月光下,我看见她眼里晶莹发亮,我也看见那条枣红底色上洒满白色百合花的被子,这象征纯洁与感情的花,盖上了这位平常的、拖毛竹的青年人的脸。

柳青的《梁生宝买稻种》的结尾同是如此:

他头枕着过行李的磅秤底盘,和衣睡下了,底盘上衬着麻袋和他的包头巾。他掏出他那杆一巴掌长的旱烟锅,点着一锅旱烟,睡下香喷喷地吸着,独自一个人笑眯眯地说:"这好地场嘛!又雅静,又宽敞……"

他想:在这里美美睡上一夜,明日一早过渭河,到太白山下的产稻区买稻种呀!

以上两段文字同样给人以深刻的印象,有时为了更充分地表现人物的性格,作者从更多的方面来描写人物。《鲁提辖拳打镇关西》的结尾就是这样的:

鲁提辖假意道:"你这厮诈死,洒家再打!"只见面皮渐渐的变了。鲁达寻思道:"俺只指望痛打这厮一顿,不想三拳真个打死了他。洒家须吃官司,又没人送饭,不如及早撒开。"拔步便走,回头指着郑屠尸道:"你诈死,洒家和你慢慢理会!"一头骂,一头大踏步去了。

街坊邻居并郑屠的火家,谁敢向前来拦他。

鲁提辖回到下处,急急卷了些衣服盘缠,细软银两,但是旧衣粗重都弃了;提了一条齐眉短棒,奔出南门,一道烟走了。

这段结尾,作者从人物的语言、行动、心理诸方面进行了描写,展示了鲁达见义勇为、疾恶如仇的侠肝义胆。同时,又将主人公的于粗犷之中略见精细,寓智慧于爽直而巧妙脱险的性格特征表露无余,给人以极为深刻、强烈的印象。"奔出南门,一道烟走了"又拓新境,"别出一层"。

《林教头风雪山神庙》的结尾具有同样的特点:

林冲听那三个人时,一个是差拨,一个是陆虞候,一个是富安。自思道:"天可怜见林冲!若不是倒了草厅,我准定被这厮们烧死了!"轻轻把石头掇开,挺着花枪,一手拽开庙门,大喝一声:"泼贼哪里去!"三个人急要走时,惊得呆了,正走不动。林冲举手,胳察的一枪,先戳倒差拨。陆虞候叫声饶命,吓得慌了手脚,走不动。那富安走不到十来步,被林冲赶上,后心只一枪,又戳倒了。翻身回来,陆虞候却才行的三四步。林冲喝声道:"好贼!你待哪里去?"劈胸只一提,丢翻在雪地上,把枪搠在地里,用脚踏住胸脯，身边取出那口刀来，便去陆谦脸上搁着，喝道："泼贼！我自来又和你无什么冤仇，你如何这等害我！正是：'杀人可恕，情理难容。'"陆虞候告道："不干小人事，太尉差遣，不敢不来。"林冲骂道："奸贼，我与你自幼相交，今日倒来害我，怎不干你事！且吃我一刀。"把陆谦上身衣服扯开，把尖刀向心窝里只一剜，……提入庙里来，……再穿了白布衫，系了胳膊，把毡笠子带上，将葫芦里冷酒都吃尽了。被与葫芦都丢了不要。提了枪，便出庙门投东去。

这段结尾与上文所引《鲁提辖拳打镇关西》的结尾相似，它对突出中心，表现人物性格，乃至别出一番新意，都起到了良好的作用。

欧阳修的《醉翁亭记》的结尾别出心裁，富于魅力，以其精练简约的文字，笔意潇洒，摇曳多姿的景态，成为脍炙人口的千古名篇。其文曰：

已而夕阳在山，人影散乱，太守归而宾客从也。树林阴翳，鸣声上下，游人去而禽鸟乐也。然而禽鸟知山林之乐，而不知人之乐；人知从太守游而乐，而不知太守之乐其乐也。醉能同其乐，醒能述以文者，太守也。太守谓谁？庐陵欧阳修也。

作者把自身置于绮丽秀美、恬静闲适的环境之中，从而含蓄、深刻地表现出他那寄情山水、悠然自得的豁达心态。这是人物描写作结的又一种表现方式。

有时为了更好地突出文章的主题，于结尾处，再重现前文

已经出现的镜头。比如,方纪的《挥手之间》:

> 延安机场上送行的情景,又出现在眼前:主席伟岸的身形,站在飞机舱口;坚定的目光,望着送行的人群;宽大的手掌,握住那顶深灰色的盔式帽,慢慢地举起,举起,然后有力一挥,停在空中……
> 在他面前,无数的战士,正朝着他所指的方向奋力前进。

这段结尾,似乎给人一种忆顾上文的感觉。其实,作者是在忆顾之中赋予了一种"转出别意"的寄托,即在新的形势下,"无数的战士,正朝着他所指的方向奋力前进"。无形之中,让读者从回忆中迁复现实中来去体味、去遐想,深化了主题,增加了文章的感染力。

对于以描写人物为结尾的记叙文来说,简短有力的结尾是非常重要的。结尾一事虽系小道,然而,它却忌率、忌促、忌平、忌俗。它要随笔所至而达到言虽尽而意未止、绕有余响的境地。所以,作者必须善于处理结尾与全文的各种关系,使它既不能成为"画蛇"之中的多"添"之足,也不能使它们比例失重。因而,围绕主题、把握整体、均衡结构中各种部件之间的关系,全力以赴,一力千钧地进行收煞,则成为作者在写作过程中颇费心力的一种功夫。

曲终人不见　江上数峰青
——谈"援引诗文式"结尾

唐朝钱起有首叫做《省试湘灵鼓瑟》的诗歌，其中有联云："曲终人不见，江上数峰青。"曲终人去，好个似真若幻的美妙境界，转瞬即逝了，只有那淡淡的愁情似有若无地残留在那怅有所失的心绪之中。江上青峰点点，正好烘托这种思恋之情。因此，自古以来，皆称此联为用诗结尾的名句，恐取其缠绵忧思、理而不断、余味无穷之意。

在我们的写作过程中，往往为了说明问题，增强表达效果，在文章即将结尾时以引用诗歌名句或他人文献资料作为文章的收束，完全可以收到良好的表达效果。

引诗作结，似乎是我国古来作文的一个传统，它往往在叙事、议论之后，援引诗赋以充分表达文中之未尽之意。比如，东汉著名辞赋家赵壹的《刺世嫉邪赋》中的结尾：

> 有秦客者，乃为诗曰："河清不可俟，人命不可延。顺风激靡草，富贵者称贤。文籍虽满腹，不如一囊钱。伊优北堂上，抗脏依门边。"
>
> 鲁生闻此辞，紧而作歌曰："势家多所宜，咳唾自成珠；被褐怀金玉，兰蕙化为刍。贤者虽独悟，所困在群愚。且各守尔分，勿复空驰驱。哀哉复哀哉，此是命矣夫！"

这是一篇揭露当时黑暗政治、批判讽刺执政昏庸、奸佞得志、贤士失位的黑暗现实的大赋，作者以诗作结，重申主题，将满腔的激愤一倾而出，补充了原赋之未尽之意。

南朝时萧绎《采莲赋》也具有这个特点，他在赋之末尾引歌曰：

> 碧玉小家女，来嫁汝南王。莲花乱脸色，荷叶杂衣香。因持荐君子，愿袭芙蓉裳。

这篇小赋描绘了荷塘秀色，虽云"采莲"，然全赋却无采莲的描写，而到赋尾读到援引的歌词后，才使人顿悟到作者是把"媛女"比作"莲花"，从而表现"媛女"，希望"妖童"来择取它的愿望。

唐代李德裕在其《文章论》中，以引述《典论》肇始，以援引诗歌作结，富于文采，可谓生花之妙笔：

> 世有非文章者曰："……辞不出于《风》《雅》，思不越于《离骚》，摸写古人，何足贵也？"余曰："譬诸日月，虽终古常见，而光景常新，此所以为灵物也。"余尝为《文箴》，今载于此曰："文之为物，自然灵气。恍惚而来，不思而至。杼轴得之，澹而无味。琢刻藻绘，弥不足贵。如彼璞玉，磨砻成器。奢者为之，错以金翠。美质既雕，良宝斯弃。"此为文之大者也。

作者所引的《文箴》是他自己的精心创作，援引此处，既成为《文章论》本论主旨的缩影，又是对原文在理论上的充实、深化和提高，对表达文章的中心思想起到了升华作用。而这首《文箴》也成为颇具文采的纭陈珠玉，具有一定文学和理论价值。

再看看郑振铎《桂公塘》一文的结尾：

太阳从东升起。和蔼的金光迎面射在他们的身上、脸上。有一股新的活力输入肢体。

山背后还是黝黑的，但前面是片金光。

英雄未肯死前休，风起云飞不自由。杀我混同江外去，岂无曹翰守幽州！

郦道元的《三峡》也是这种结尾方式：

每至晴初霜旦，林寒涧肃，常有高猿长啸，属引凄异，空谷传响，哀转久绝。故渔者歌曰："巴东三峡巫峡长，猿鸣三声泪沾裳！"

以上两段文字都是以引用诗歌作为文章的结尾，前者引用文天祥的《纪事》诗以壮其志；后者以渔者歌殿后，给文章带上一种忧郁的色彩，但对表现《三峡》全文的内在表现力上还是颇有功效的。其表现力在于：从大自然的描写中，去体现人类的生命、意志、气质和精神。

以上是援引诗歌的结尾。下面，再看看引文的结尾。引文的目的，在于证明自己的论断、立意，从而增强表达效果。刘禹锡的《陋室铭》结尾云：

南阳诸葛庐，西蜀子云亭。孔子云："何陋之有？"

文章以其志高行洁的德性而以陋室自誉，援引孔子"君子居之，何陋之有"的寓意，以明持节的坚定，效果极佳。

邓小平的《军队整顿的任务》一文中的结尾部分是这样写的：

以上几点意见概括起来，就是毛泽东同志说的："发扬革命传统，争取更大光荣。"

吴晗的《说谦虚》一文的结尾也是如此：

总之，在任何工作中，都要记住："虚心使人进步，骄傲使人落后。"

这两段结尾都引用了毛泽东同志的话来印证文章所阐述的道理，增强了说服力。

鲁迅先生的《"友邦惊诧"论》的结尾又呈出另一种情况了。

写此文后刚一天，就见二十一日《申报》登载南京专电云：

"考试院部员张以宽，盛传前日为学生架去重伤。兹据张自述，当时因车夫误会，为群众引至中大，旋出校回寓，并无受伤之事。至行政院某秘书被拉到中大，亦当时出来，更无失踪之事。"而"教育消息"栏内，又记本埠一小部分学校赴南京请愿学生死伤的确数，则云："中公死二人，伤三十人，复旦伤二人，复旦附中伤十人，东亚失踪一人（系女性），上中失踪一人，伤三人，文生氏死一人，伤五人……"可见学生并未如国府通电所说，将"社会秩序，破坏无余"，而国府则不但依然能够镇压，而且依然能够诬陷，杀戮。"友邦人士"，从此可以不必"惊诧莫名"，只请放心来瓜分就是了。

文章结尾援引两则消息加之作者的点金之评，以事实描写揭露了反动政府镇压、诬陷、杀戮青年爱国学生的暴行，突出了文章的中心，同时，也使文章的结构更加完整。

陈广生、崔家骏的《人民的勤务员》一文的结尾是这样的：

> 雷锋就是这样永不停息地、全心全意地为人民做好事，难怪人们一见到为人民做好事的同志，便自然而然地想起了雷锋。
> 毛主席说："一个人做点好事并不难，难的是一辈子做好事，不做坏事，一贯的有益于广大群众，一贯的有益于青年，一贯的有益于革命，艰苦奋斗几十年如一日，这才是最难的呵！"雷锋正是按照毛主席的教导去做的。他在日记中写道："我觉得一个真正的革命者，他是大公无私的，所作所为，都是对人民有益的，他的责任是没有边的。"

作者通过引用毛泽东和雷锋的话来结束全文，从而突出了雷锋全心全意为人民服务的精神，深化了主题。

总之，引诗、引文都必须合乎情理，范于法度，为突出文章的中心服务，而决不可任意而为，信笔由之，以免喧宾夺主、适得其反。

落时犹自舞　扫后更闻香
——谈"首尾呼应式"结尾

刘勰在《文心雕龙》中不止一次的强调过这样一个原则，这就是：必须讲究文章的总体安排，必须注意首尾呼应，必须做到首尾相援、首尾圆合、首尾贯通。在他看来，只有这样，文章才能周密连贯、文气畅达，才能成为一个和谐、匀称的有机整体。这个原则，在今天看来，仍然有着非常重要的理论价值。

要做到首尾相援，必须注意文章的脉络、思路以及对所要描写、论述的事物、问题的实质、内涵及其内在逻辑关系上的确切了解和准确把握。因此，深入了解事实的真相，透过事物的表层现象去剖析它的内在实质是至关重要的。所以，文章形式上的首尾关系，实际上反映着作者对客观事物内在规律把握上的准确程度。

首尾关系，即首尾呼应关系，一般表现有以下两种情况：一种是首尾一致的升华，一种是前后变转的承接。

先说，首尾一致的升华。这种情况，反映着作者对某一问题、某一事物在认识上的一致性，后者较先前在认识的层次、程度和水准上有所提高和深化。鲁迅先生《一件小事》一文的开头和结尾，就是这种关系的经典之笔。文章开头以"小事"否定"大事"，引起读者阅读的愿望，为正文开拓思路；结尾点明"小事"对"我"所具有的"教我惭愧，催我自新""增长""勇气和希望"的意义，寓哲理于其中，首尾一致而深化。

冯牧的《澜沧江边的蝴蝶会》的开头和结尾也具有同样的效果。它的开头是：

> 我在西双版纳的美妙如画的土地上，幸运地遇到了一次真正的蝴蝶会。
>
> 很多人都听说过云南大理的蝴蝶泉和蝴蝶会的故事……在三百多年前，这位卓越的旅行家（指徐霞客）就不但为我们真实地描写了蝴蝶集群的奇特景象，而且还详尽地描写了蝴蝶周围的自然环境。

它的结尾是：

> 面对着这种自然界的奇景，我们每个人几乎都目瞪口呆了。站在千万只翩然飞舞的蝴蝶当中，我们觉得自己好像是有些多余的了。
>
> 我们在这些集成阵的蝴蝶前长久地观赏着，赞叹着，简直是流连忘返了。在我的思想里，突然闪过了一个念头：难道这不正是过去我们从传说中听到的蝴蝶会么？我们有人时常慨叹着大理蝴蝶泉上的蝴蝶越来越少了，但是，在祖国边疆的无限美好无限丰饶的土地上，不是随处都可以找到它们欢乐聚会的场所么？

文章在描述澜沧江边的蝴蝶会之前，开篇先写了大理和昆明的蝴蝶之会，然而未曾目睹，是为憾事。当写尽澜沧盛会之后，于结尾处，遥相照应了开头的蝴蝶泉及其蝴蝶会，进而赞颂了如此多娇的祖国河山，大抒了其爱国之情，首尾一致，前后呼应，点明了题旨。

在议论文中，这种方法，使用的更加普遍。如，吴晗的《谈骨气》。其开头是这样的：

> 我们中国人是有骨气的。
>
> 战国时代的孟子，有几句很好的话："富贵不能淫，贫贱不能移，威武不能屈，此之谓大丈夫。"意思是说，高官厚禄收买不了，贫穷困苦折磨不了，强暴武力威胁不了，这就是所谓大丈夫。大丈夫的这种种行为，表现出了英雄气概，我们今天就叫做有骨气。

它的结尾是这样写的：

> 孟子的这些话，虽然是在两千多年以前说的，但直到现在，还有它积极的意义。当然我们无产阶级有自己的英雄气概，有自己的骨气，这就是决不向任何困难低头，压不扁，折不弯，顶得住，吓不倒，为了社会主义、共产主义建设的胜利，我们一定能够克服任何困难，奋勇前进。

文章开篇以孟子的话作引导，单刀直入地指出"中国人是有骨气的"的命题，收尾回归开头，要发扬无产阶级的骨气，克服困难，奋勇前进。前后遥相呼应，贯通一气，突出了中心。

再说，前后变转的承接。这种情况，反映着作者对某一问题、某一事物在认识上的差异性，后者往往是对先前认识上的变转或否定，在形式上往往显现出某种不一致性来。杨朔的《荔枝蜜》就是这种情况，在文章开头，作者说他因某种误会，对蜜蜂总是"不太喜欢的"，而到文章的结尾时，却说出了如下的一番话：

> 我的心不禁一颤：多可爱的小生灵呵！对人无所求，给人的却是极好的东西。蜜蜂是在酿蜜，又是在酿造生活；不是为自己，而是为人类酿造最甜的生活。蜜蜂是渺小的，蜜蜂却又多么高尚啊！
>
> 透过荔枝树林，我沉吟地望着远远的田野，那儿正有农民立在水田里，辛勤地分秧插秧。他们正用劳力建设自己的生活，实际也是在酿蜜——为自己，为别人，也为后世子孙酿造生活的蜜。
>
> 这天夜里，我做了个奇怪的梦，梦见自己变成一只小蜜蜂。

文章由写蜜蜂开始，到写蜜蜂终止，写出了作者对小蜜蜂的认识过程和感情变化。开篇先抑，结尾后扬，首尾相应，相辅相承而又曲折地表达了作者的态度、感情，打动了读者，增添了文章中心思想表现力。

苏轼的《石钟山记》是另一种情况。开头云：

> 《水经》云："彭蠡之口有石钟山焉。"郦元以为下临深潭，微风鼓浪，水石相搏，声如洪钟。是说也，人常疑之。今以钟磬置水中，虽大风浪不能鸣也，而况石乎！至唐李渤始访其遗踪，得双石于潭上，扣而聆之，南声函胡，北音清越，桴止响腾，余韵徐歇。自以为得之矣。然是说也，余尤疑之。石之

铿然有声者，所在皆是也，而此独以钟名，何哉？

其结尾云：

> 事不目见耳闻，而臆断其有无，可乎？郦元之所见闻，殆与余同，而言之不详；士大夫终不肯以小舟夜泊绝壁之下，故莫能知；而渔工水师虽知而不能言。此世所以不传也。而陋者乃以斧斤考击而求之，自以为得其实。余是以记之，盖叹郦元之简，而笑李渤之陋也。

文章开头先摆出两种对郦道元说法的不同意见，作者对此均不敢苟同，经过实地"夜泊"小舟于"绝壁之下"的考察，在结尾处点明了自己的看法，批驳了李渤的妄言，指出郦说之正确，然所憾未道其祥，首尾呼应，结构紧凑，生动活泼，妙趣横生。东坡的这种首尾处理，则是在认识上虽前后一致，然始"疑"终"确"，疑而未准，在经过亲自实地考察之后，是使认识不断深化的另一例证。

不管是哪种形式的首尾呼应，都必须以作者对事物的发展方向和趋势的把握为线索，依据这种变化来安排文章的格局，确定它的方向。只有把开头和结尾联系起来加以考虑，才能形成貌似各居一端，实则浑然一体的完整的篇章。

百川终归海　叶茂须培根
——谈"归纳总结式"结尾

归纳总结是文章在进行叙述、论证之后的合乎逻辑的必然结果。它是对问题分析的总括，对记叙事物的综合。这种对事物由特殊到一般，符合逻辑常规的规律性的总结，是建立在对客观事物深切了解、充分认识以及对它进行科学分析的基础上的一个重要环节。因此，这种具有一定科学性的总结归纳，往往给读者以明确、完整的印象和鲜明准确的解答。

一、记叙文的归纳

《马克思的好学精神》的结尾就是这样的：

> 马克思的一生，是光荣战斗的一生，也是刻苦学习的一生。他的勤奋学习的精神，是永远值得我们学习的。

魏学洢的《核舟记》一文的结尾：

> 通计一舟，为人者五；为窗者八；为箬篷，为楫，为炉，为壶，有手卷，为念珠者各一；对联、题名并篆文，为字共三十有四；而计其长，曾不盈寸，盖简桃核修狭者为之。……嘻，技亦灵怪矣哉！

以上两段文字，都是对前面记叙内容的综合。前者综合上文，指出马克思这种勤奋好学精神，永远成为我们学习的榜样；后者则是将人物之多与桃核之小形成对比，以显技能之高超，具体，鲜明，合乎情理。

再看看，《回忆我的母亲》一文的结尾：

> 母亲现在离我而去了，我将永不能再见她一面了，这个哀痛是无法补救的。母亲是一个平凡的人，她只是中国千百万劳动人民中的一员，但是，正是这千百万人创造了和创造着中国的历史。我用什么方法来报答母亲的深恩呢？我将继续尽忠于我们的民族和人民，尽忠于我们的民族和人民的希望——中国共产党，使和母亲同样生活着的人能够过快乐的生活。这是我能做到的，一定能做到的。
>
> 愿母亲在地下安息！

文章在对母亲一生进行了回忆之后，在结尾处加以总结式的概括，指出，母亲是一个平凡的人，但是她代表着创造中国历史的千百万个劳动人民；对母亲的热爱，实际上是对千百万劳动人民的热爱，感情挚诚，蕴意深刻。

秦牧的《花城》的结尾是这样的：

> 总之，倘佯在这个花海中，常常使你思索起来，感受到许多寻常的道理中的新鲜涵义。十一年来我养成了一个癖好，年年都要到花市去挤一挤，这正是其中的一个理由了。
>
> 我们赞美英勇的斗争和艰苦的劳动，也赞美由此而获得的幸福生活。因此，花市归来，像喝酒微醉似

的，我拉拉扯扯写下这么一些话。让远地的人们也来分享我们的欢乐。

这也是总结归纳式的结尾，作者在描写花市盛况、历年过年风习以及"古老的节日在新时代里""充满青春的光辉"之后加以综合，进行思考寻思着其中新鲜的含义并对劳动人民的英勇奋斗、艰苦劳动和幸福生活，加以赞美，深化了主题。

二、议论文中的归纳

这种方法，在议论文中多有使用。比如，毛泽东的《在晋绥干部会议上的讲话》一文的结尾：

让我再说一遍：

无产阶级领导的，人民大众的，反对帝国主义、封建主义和官僚资本主义的革命，这就是中国的新民主主义的革命，这就是中国共产党在当前历史阶段的总路线和总政策。

依靠贫民，团结中农，有步骤地、有分别地消灭封建剥削制度，发展农业生产，这就是中国共产党在新民主主义的革命时期，在土地改革工作中的总路线和总政策。

再如，毛泽东的另一篇文章《论鲁迅》也是这样的结尾：

综合上述这几个特点，形成了一种伟大的"鲁迅精神"。鲁迅的一生就贯穿了这种精神。所以，他在文艺上成了一个了不起的作家，在革命队伍中是一个很优秀的很老练的先锋分子。我们纪念鲁迅，就要学习鲁迅的精神，把它带到全国各地的抗战队伍中去，为中华民族的解放而奋斗！

以上两个结尾都是属于归纳总结式的，它们的共同特点，就在于对上文所论述的内容给以综合性的概括。前篇的结尾，不仅使读者进一步了解了全文的具体内容，而且对当前新民主主义革命的性质、路线、政策有了更明确的认识和深刻理解；后一篇的结尾，强调了学习鲁迅的现实意义，并作出了"我们纪念鲁迅，就要学习鲁迅的精神，把它带到全国各地的抗战队伍中去，为中华民族的解放而奋斗"的结论。

再看看下面几段文章的结尾：

> 总而言之，在看书学习中我们应该重视重复，因为只有对问题"再三研究，反复探讨，从各方面思考，才能获得明白透彻的了解。"

> 读这样的文章，一点也不会觉得它的内容空虚；相反的，倒真的感觉到它的内容非常充实，情感非常丰富。由此推论，其他各种文字难道不也可以写得更精练，更生动一些吗？

> 我们走过了许多弯路。但是错误常常是正确的先导。在如此生动丰富的中国革命环境和世界革命环境中，我们在学习问题上的这一改造，我相信一定会有好的结果。

以上三段文字，尽管出自不同作者，所用笔调和文字风格也不尽相同，但是，他们却有一个共同特点，那就是：它们的这些结尾都体现了这样的一个共同规律——随着问题的逐步解决，事物矛盾冲突的暂时缓解，文章有了归宿，得到终结。第一段文字是巫继学和朱岭同志写的《重复是学习的母亲》一文的结尾，它以总结的方式，重申了"再三研究，反复探讨""才能获得明白透彻了解"的观点，简明，扼要。第二段文字是马南邨《少少许胜多多许》一文的结尾，文字幽默、朴实，以一种反问语气总结全文，表明观点，明确态度，引人深思。第三段则是毛泽东同志的《改造我们的学习》一文的结尾，它干脆、利索，斩钉截铁地总结了全文的精神，又以"我们走过许多弯路。但是错误常常是正确的先导"这一新语境作结，立意新颖，深化主题，不仅使读者理解学习何以要改造，而且还坚定了必须进行改造的信心。

三、说明文中的归纳

在说明文中，也经常使用这种方法来进行收尾。比如，《海底世界》的结尾：

　　海底真是景色奇异，物产丰富的世界。

再如，《赵州桥》：

　　赵州桥表现了劳动人民的智慧和才干，是我国宝贵的历史遗产。

高士其的《庄稼的朋友和敌人》的结尾是这样的：

　　庄稼有了化学朋友，就不怕生物界敌人的进攻了。人们认清了庄稼的朋友和敌人，掌握了它们变化、发展的规律，就能发挥更大的作用，为农业生产服务。

黄沐朋《蛇岛》以这样的一句话，作为文章的结尾：

"可见，蛇岛是我们祖先的一个宝岛。"引人深思，发人深省。

从以上四段引文看，可分两组，首尾为一组，它们都是以一句话收煞全文，对前文所说明的事物，予以概括性的总结，升华了主题。中间两段文字是典型的先分析说明，后综合归纳的方法。其共同处在于，把要说明的事物依照它们的特征、变化、形态等方面的因素分别加以研究、阐述，之后再对其各个因素之间的内在规律，进行整体考察，从而作出总体归纳，把握实质。特别是文中所提到的社会因素，就把说明事物本身的意义加以提升。这样文章不仅具有脉络清晰、层次分明的特点，同时，还收到了印象深刻、说服力强的客观效果。

劝君行为多努力　还有险峰在上头
——谈提出"希望、鼓励与号召式"结尾

一篇文章的结尾，常常因内容表达上的需要而决定不同的结尾方式。比如，在记叙文中，是以含蓄的语言、耐人寻味的意境结束全文以引起人们的深思，还是以强烈的抒情、激昂的议论收煞来感染读者？在议论文中，是以归纳总结、揭示主旨来收尾，还是以展望未来、指出方向或是提出希望来启发人们的斗志？对这些方式做具体选择，都是依据文章内容的内在形势和作者思维定式而自然发展的结果，绝不是单凭作者主观上的臆断。

希望、鼓励与号召性的结尾方式，同样是由上述情况确定的。这种结尾方法，在议论文中多有所见，但在记叙文中也不乏其例。

一、"虎气必腾上，龙身宁久藏"——蕴寄希望的结尾方式

这种结尾方式是把对读者的希望蕴藏于全文特别是文章的结尾之中，以引起人们长久的回味。杨朔的《泰山极顶》的结尾就是这样的：

> 有的同伴认为没能看见日出，始终有点美中不足。同志，你还有什么不满意的？其实我们分明看见另一场更加辉煌的日出。这轮晓日从我们民族历史的

地平线上一跃而出，闪射着万道红光，照临到这个世界上。

伟大而光明的祖国啊，愿您永远"如日之升"！

魏巍的《我的老师》一文的结尾：

……上面，这就是和我一起度过童年的几位老师。今天，当我回忆着他们并且叙述着他们的时候，我并不是想一一地去评价他们。这并不是这篇文章的意思。如果说这篇文章还有一点意思的话，我想也就是在回忆起他们的时候，加深了我对于教师这种职业的理解。这种职业，据我想——并不仅仅依靠丰富的学识，也不仅仅是依靠这种或那种的教学法，这只不过是一方面。也许更重要的，是他有没有一颗热爱儿童的心！假若没有这样的心，那么口头上的热爱祖国啰，对党负责啰，社会主义建设啰，也就成了空的。那些改进方法啰，编制教案啰，如此等等也就成为形式！也许正因为这样，教师——这才被称作高尚的职业吧。我不知道我悟出的这点道理，对我的教师朋友们有没有一点益处。

这两段向读者提出希望的文字，都不是赤裸裸的宣言或空洞的说教，而是把事物的深刻道理和对人们的殷切希望蕴藏于形象的描绘（如太阳的初升）或委婉或含蓄的语言表达之中。这种犹如深水潜蛟的蕴意，一旦得到明眼人的审觉，则必化成呼呼有声的虎啸云龙，升腾其上。

二、"到岸请君回首望，蓬莱宫在海中央"——指出方向

的结尾

这种方式与上边所说的方式略有不同。它往往在热烈的议论和详尽的阐述中，要言不烦地、明确地指出奋斗的目标和前进的方向。比如，《谈礼貌》一文的结尾：

> 有的青少年认为，礼貌是个人生活小节，满不在乎。这种认识是很错误的。礼貌是道德修养的一个重要方面。不讲礼貌，就会滋长妄自尊大，固步自封的骄傲情绪，久而久之，必然脱离群众。人们的思想觉悟的提高、世界观的改造，是通过无数细微的实践活动实现的，忽视小节，必致大患，千里之堤，溃于蚁穴。

再如，《珍惜时间》一文的结尾：

> 时间是宝贵的，但又是无情的。它对任何人都铁面无私，每天给予二十四小时，不多一分，也不少一秒。它在任何时候都按照特定步伐迈进，犹如大江流水，浪复浪，波涌波，拉不住，不回头，毫不停留地赶它的路程。光阴荏苒，日月如梭；机不可失，时不再来。人的一生在历史的长河里是短暂的，怀"感吾生人须臾，慕天地之长久"，是多余的，重要的在于以革命的矫健步伐，和时间赛跑，在有限的几十年里，去为无限的人民事业而奋斗！

这两段文字，语言朴实，浅显易懂，把深刻的哲理蕴于明白晓畅的语句之中，前段指出"忽视小节，必致大患，千里之堤，溃于蚁穴"的道理，必须注意礼貌修养；后段向人们指出爱惜时间的意义，争取时间"和时间赛跑"，把有限的生命，投入到无限的为人民服务中去。

毛泽东的《在中国共产党第七届中央委员会第二次全体会议上的报告》一文的结尾处是这样说的：

……我们有批评和自我批评这个马克思列宁主义的武器。我们能够去掉不良作风，保持优良作风。我们能够学会我们原来不懂的东西。我们不但善于破坏一个旧世界，我们还将善于建设一个新世界。中国人民不但可以不要向帝国主义者讨乞也能活下去，而且还将活得比帝国主义国家要好些。

胡绳的《想和做》的结尾是：

无论什么人，不管他怎样忙，应该抽点功夫来想一想。想什么？想他自己做过的事，想自己做事得到的经验。这样，他脑子里所有的就不是空想，他的行动也就可以不断地得到进步。

这两段文字明确指出了应该如何去做，向什么方向去努力，前段指出必须继续保持艰苦奋斗的光荣传统和优良作风，才能建设一个新世界；后段指出只有不断地想——想自己所做的"事"以及所得到的经验，才能"不断地得到进步"。方向明确，言简意赅。

三、"劝君行为多努力，还有险峰在上头"——鼓励号召式的结尾

这种结尾有别于上面的两种方式，它常在结尾处采用展示

未来的宏伟蓝图以鼓舞人们的战斗意志，起到激动人心的作用。比如，《为了周总理的嘱托——记农民科学家吴吉昌》一文的结尾即属此列。文章说：

历史揭开了新的一页。像吴吉昌这样的遭遇，连同产生它的时代背景，都一去不复返了。但是，斗争仍然存在。吴吉昌那种为了真理，为了祖国的科学事业，为了党和人民的重托，"啥也别想挡住俺"的革命精神，将教育和鼓舞人们去披荆斩棘，进行新的长征！

《反对自由主义》的结尾是这样的：

一切忠诚、坦白、积极、正直的共产党员团结起来，反对一部分人的自由主义的倾向，使他们改变到正确的方面来。这是思想战线的任务之一。

这两段文字都是鼓励、号召式的结尾。前者引用文章所写人物的豪言壮语，总括全文，教育、鼓励人们去拼搏，去拓新科学领域；后者在科学分析之后，指出方向，发出战斗号召。诸葛亮的《前出师表》是这样的结尾：

愿陛下托臣以讨贼兴复之效，不效，则治臣之罪，以告先帝之灵。若无兴德之言，则责攸之、祎、允等之慢，以彰其咎。陛下亦宜自谋，以咨诹善道，察纳雅言，深追先帝遗诏。臣不胜受恩感激。

今当远离，临表涕零，不知所言。

文章于情理恳切之中，蕴藏理义，于劝诫、申白、建议之中，指出方向，于深情感化之中，显透劝勉。情深意切，催人泪下。

鲁迅的《灯下漫笔》的结尾是：

> 这人肉的筵宴现在还排着，有许多人还想一直排下去。扫荡这些食人者，掀掉这筵席，毁坏这厨房，则是现在的青年的使命！

巴甫洛夫的《给青年们的一封信》的结尾说：

> 我们的祖国给科学家开辟了广阔的前途，应该公正地说，在我国，科学正被广泛地应用到生活中去，广泛到了最大限度。
>
> 关于我国青年科学家的地位，还有什么可说的呢？这方面的情形已经很清楚了。给他们的多，但向他们要求的也多。不论是青年或是我们，都不要辜负我们祖国对于科学的厚望，这是有关荣誉的问题。

这两段发出鼓励，号召的文字，都是从间接的文字表达中显现出来的。前者将这战斗号召蕴含于形象的描写之中；后者则把对青年的勉励，潜藏于祖国对他们所寄予的愿望之中。语言恳切，感情动人。

这三段结尾的文字，特别是《前出师表》，不仅有鼓励号召层面的寓义，就其实质而言，更有饱含深情的劝勉、戒警和感化的深层的意义，藉蕴深邃，千古名标。

青山霁后云犹在　此时无声胜有声
——谈"余味无穷式"结尾

费尔巴哈有一段十分耐人寻味的话，他说："聪明的写作方法是先把读者看做是有头脑的人，不要把一切都说出，而是听凭读者自己去想象事物的关系、条件和界限，在这种关系、条件和界限之下所说出的语句才是有效果的和可以想象的。"

费尔巴哈虽是指一般哲学社会科学的写作而言的，但是，它却说明了包括文学以及一般写作在内的普遍规律：即任何作品在写作过程中都要给读者留下充分思索和想象的余地，让读者根据自己的经验、体会去补充、去丰富，从而使它更加完善和充实。

对于写文章来说，这种形式的结尾，会产生余音缭绕、回味无穷的效果。一般说来，这种余味无穷的结尾方式，有以下两种情况：

一、发人深省

清代的方东树在其《昭昧詹言》里说过这样一段话："结句大约别出一层，补完题蕴，须有不尽远想。"这个"不尽远想"就是发人深省的意思。就是说文章中还有作者的许多没有说完的话，留给读者去思考，去体味。柯岩的报告文学《船长》的结尾就属这种情况：

>　　我讲了一个成长的青年的故事,可绝非只为了青年;
>　　我讲了一个海员的故事,可绝非为了海员;
>　　我讲了一个船长的故事,可绝非只为了船长……
>　　那么,我是为了谁呢?是你啊,我的祖国!啊,我的亲爱的,经历了巨大欢乐和痛苦的祖国;我的正在向四个现代化前进,而又困难重重的祖国!我是为你而讲的,你听见么?啊,我的祖国,生我养我的祖国啊……

作者以抒情的笔调、强烈的感情激流打动着读者的心,使人在感情的激荡中,感受到一种深刻的寓意,产生一种遐想,引人深思。

鲁迅的《孔乙己》的结尾也是如此:

>　　自此以后,又长久没有看见孔乙己。到了年关,掌柜取下粉板说,"孔乙己还欠十九个钱呢!"到第二年的端午,又说"孔乙己还欠十九个钱呢!"到中秋可是没有说,再到年关也没有看见他。
>　　我到现在终于没有见——大约孔乙己的确死了。

这个结尾,以一种延宕、间歇、含蓄的语句作结,在多次暗示中显露出孔乙己的悲惨的结局,意味深长,发人深省。

再如,胡万春的《路》的结尾:

>　　人,都在走着自己的路。
>　　将来,总有一天,世界变了,所有的人,走着一条共同的光明的大路……

> 雪还是下着,下着……
>
> 在春根和他的前面,展开了希望。他们走着自己应该走的路,坚决地走着……

作者以含蓄的语言、象征的手法,把人生之路与现实之路巧妙地结合起来,饶有兴味,留有余地。

安徒生的《卖火柴的小女孩》的结尾同样具有这种艺术效果。它是这样写的:

> 第二天清晨,这个小女孩儿坐在墙角里,两腮通红,嘴上带着微笑。她死了,在旧年的大年夜冻死了。新年的太阳升起来了,照在她小小的尸体上。小女孩儿坐在那儿,手里还捏着一把烧过了的火柴梗。
>
> "她想给自己暖和一下。"人们说。谁也不知道她曾经看到过多么美丽的东西,她曾经多么幸福,跟着她奶奶一起走向新年的幸福中去。

作者于结尾处,以"两腮通红""嘴上带着微笑"来写小女孩悲惨地冻死在墙角,蓄意深远,令人深思,具有很强的艺术感染力。

二、耐人寻味

拉辛在《拉奥孔》中曾说过这样一句话:艺术家的艺术创作"不是让人一看就了事,还要让人玩索"。所谓"玩索"就是耐人寻味的意思。文章的结尾,也应该具有这样的特点,才能产生良好的艺术效果。玛拉沁夫的《峨眉道上》的结尾就具有这个特点。文章的结尾写道:

当你登上金顶，放开眼界，纵观天上地下无边壮丽景色而沉入陶醉的时候，如若忘怀了那些铺路人，那么请你切莫下山来，要不然那无数块石板，将从你脚下抽脱出去，让你跌入万丈深涧之中。那将是一场悲剧；悲剧不多，但总是有的。

这个风趣、幽默的结尾，把脱离人民和抽脱石板的悲剧巧妙地联系起来，富于深邃的哲理，读后深觉余味无穷。

杨东明的《摘葡萄的小伙子》的结尾也颇有这个特点：

"嗤——"他立刻张大了嘴，颦起了眉。姑娘送来的葡萄又酸又涩，吃在嘴里，连心里都是酸溜溜的呀……

这个酸葡萄就是不爱劳动小伙子在爱情问题上所得到的结果，寓意深刻，意味绵长。

陶渊明的《桃花源记》的结尾更是如此：

既出，得其船，便扶向路，处处志之。及郡下，诣太守，说如此。太守即遣人随其往，寻向所志，遂迷，不复得路。

南阳刘子骥，高尚士也，闻之，欣然规往。未果，寻病终。后遂无问津者。

作者这段不蹈故常、神而化之的精标妙笔，将一个虚无缥缈的去处，写得活灵活现，如见其景。但它却是个难以寻找到的地方。这种似虚似实、若有若无、真真假假的虚实结合，给人以天衣无缝、无懈可击的艺术感受，作者何以写之，令人深思。

再如，冯骥才《挑山工》一文的结尾：

> 从泰山回来，我画了一幅画——在陡直的似乎没有尽头的山道上，一个穿红背心的挑山工给肩头的重物压弯了腰，他一步一步地向上登攀。这幅画一直挂在我的书桌前，多年来不曾换掉，因为我需要它。

《草地夜行》的结尾是：

> 风，呼呼地刮着。雨，哗哗地下着。黑暗笼罩着大地。"要记住革命！"——我想起他牺牲前说的话。对，要记住革命！我抬起头来，透过无边的风雨，透过无边的黑暗，仿佛看见了一条光明大路，这条大路一直通向遥远的陕北。我鼓起勇气，迈开大步，向着部队前进的方向走去。

这两段饱含激情、耐人寻味的结尾都给人留下深刻的印象，前段文字，使读者产生了以下的联想："我"何以要画此画？何以将此画始终挂在书桌前！何以为此需要它等等一列问题，萦怀其间；后段文字，作者将自然界各种现象的描写同革命中的困难相联结，又以烈士的话语作为鼓励，从而获得了战斗的力量，语意深刻，令人遐想。

刘健同学的习作《搬家》的结尾也同样给人留下深刻的印象。文章是这样写的：

> 上个星期，爸爸从北京出差回来。晚上，我们围住爸爸，叫他讲新闻。

他笑呵呵地说:"告诉你们一个特大新闻。"

"什么新闻?"我们兴趣十足地问。

"咱们又要搬家了。"

我听了这个"新闻",带着留恋的神情问:"爸爸,咱们在这里住下去多好啊。"

"孩子,记住,你是一个石油工人的后代。"

又要搬家了,这一次是搬到什么地方呢?是荒漠的原野,还是偏僻的山谷?

文章以父子对话和丰富的联想而结尾,语言含蓄、简洁,富于时代气息,产生余味无穷的感觉。

清人袁枚的《浙西三瀑布记》,以性灵狂放之笔,描绘"三瀑"鬼斧神工,万千奇象之妙,气韵造极,先声夺人,各具风貌,美不胜收。而文章末尾则以援引唐文作结,似乎费解。文曰:

> 昔人有言曰:"读《易》者如无《诗》,读《诗》者如无《书》,读《诗》《易》《书》者如无《礼记》《春秋》。"余观于浙西之三瀑也,信。

作者以看似与本体殊异无关的引文收束,不可思议;然而仔细品之,却会发现作家的良苦用心在于,他把"耳目所未及者,不可以臆测也"之深微大义的人生哲理,蕴含于文本之中,令人深思,玩味无穷。这种"别出一层""不尽远想"的结尾,乃是"留有余地"的"宏深境界",是令人明辨而静思的"豹尾"雄姿,是杰才流香的绝妙之笔,非常人所能及者。

浮天水送无穷树　带雨云埋一半山
——谈"景物描写式"结尾

借助于形象描绘去感染读者,这是记叙文一般常用的手法。以景物描写来结束全文,就是这种方法所贯有的表现形式。

以景物描写作结尾的方法,一般有以下三种形式:

一、即物喻理

这种方式是指借诸眼前所见之景,以喻晓某种事理的表现形式。它往往给人以浮想联翩、顿晓其理的感受。鲁迅的小说《药》就是这种方式的结尾。它的结尾是这样写的:

> ……路的左边,都埋着死刑和瘐毙的人,右边是穷人的丛冢。两面都已埋得层层叠叠,宛然阔人家里祝寿时的馒头。
> ……
> 微风早经停息了;枯草支支直立,有如铜丝。一丝发抖的声音,在空气中愈颤愈细,细到没有,周围便都是死一般静。两人站在枯草丛里,仰面看那乌鸦;那乌鸦也在笔直的树枝间,缩着头,铁铸一般站着。
> ……
> 他们走不上二三十步远,忽听得背后"哑——"

的一声大叫；两个人都悚然的回过头，只见那乌鸦张开两翅，一挫身，直向着远处的天空，箭也似的飞去了。

作者借助结尾部分的三段写景，一方面，将小说中的人物的安危、荣辱、悲欢、爱憎乃至惊恐、愤怒等情绪以及内容上的曲折、跌宕、冷热、险夷等特征表现得完备无余；另一方面，又从这些景物描写中，揭露了封建社会的罪恶本质，喻示了这种荒恐、阴冷毫无生气的悲凉气势，必将被重新到来的革命形势所代替的必然趋势。

二、借物言人

它是凭借景色或物象的描写来表现人物性格特征的表现方法。《三人行》的结尾是这样写的：

> 王吉文看着，听着，他心里顿时激动起来。他仰起脸，望着天空轻轻地吁了口气。天无边无垠的，好像为了衬托那令人目眩的蓝色，几朵绒毛似的白云轻轻地掠过去。在那白云下面，一长串大雁正排成"人"字形的队伍，轻轻地向南飞去。它们靠得那么紧，排得那么整齐。

镇海县大碶中学张友芳同学的习作《拉鱼晨曲》的结尾也是这样写的：

> 我这时的高兴劲胜过哥伦布发现新大陆，直乐得欢蹦乱跳。爹大概也喜不自胜，放开雄浑的歌喉唱起古老的莲花调……爹爸那高亢、质朴的歌声缭

绕不绝,传得很远、很远……

东方渐渐红了,妩媚的晨曦把象山港染得红彤彤的,我们父子俩对着晨曦都爽朗地笑了,那行将隐却的月亮也笑了。

这两段结尾都是以"物"言人的,前者,于意境深邃的景物描写中,寓含着深刻的事理,耐人寻味;后者一笔写景,为全文增添了诗意,映衬人物,拓宽主题,给读者留下了无穷回味的余地。

金华市第四中学殷勤同学的习作《车铃叮当》一文的结尾是这样写的:

"丁零零……"清脆的车铃声夹着青年人的笑语声把我从睡梦中唤醒,我睁眼一看,将近十点了。窗外,不知什么时候,雪花停了,大地铺上了一条洁白的薄薄的毯子。一辆辆自行车在白毯子上飞跑。在路灯光的映照下,一点红色在凛冽的北风中一闪一闪的,像夜色中的一团火,大概是姑娘插在车头上的红花吧!

这篇文章是讴歌(在夜校的)青年工人勤奋补习文化知识的记叙文,作者以"叮当"的铃声作为线索,浓墨重彩地展开铺叙,突出了刻苦好学的可贵的精神。于结尾处,又以精练、简洁的语言,描绘了富有诗情画意的景色作为收束,意灼情深。

三、寓情于景

作者的一片深情,寄托于外物的描绘之中。请看《桂林山水》的结尾：

> 我攀登过峰峦雄伟的泰山，游览过红叶似火的香山，却从没看见过桂林这一带的山。桂林的山真奇啊，一座座拔地而起，各不相连，像老人，像巨象，像骆驼，奇峰罗列，形态万千；桂林的山真秀啊，像翠绿的屏障，像新生的竹笋，色彩明丽，倒映水中；桂林的山真险啊，危峰兀立，怪石嶙峋，好像一不小心就会栽倒下来。
>
> 这样的山围绕着这样的水，这样的水倒映着这样的山，再加上天空云雾迷蒙，山间绿树红花，江上竹筏小舟，让你感到像是走进了连绵不断的画卷，真是"舟行碧波上，人在画中游"。

方纪的《三峡之秋》一文的结尾也是这样的：

> 夜，终于来了。岸边的渔火，江心的灯标，接连地亮起，连同它们在水面映出的红色光晕，使长江像是眨着眼睛，沉沉欲睡。只有偶尔驶过的赶路的驳船，响着汽笛，在江面划开一条发光的路。于是渔火和灯标，都像惊醒了一般，在水面上轻轻地摇曳。
>
> 也许由于这里的山太高，峡谷太深，天空太狭小，连月亮也来得很迟很迟。起初，峡里只能感觉到它朦胧的青光，和黄昏连在一起。而不知在什么时候，它忽然出现在山上，就像从山上生长出来，是山的一部分，像一块巨大的、磨平发亮的云母石。这时，月亮和山的阴影，对比得异常明显——山是墨一般的黑，陡立着，倾向江心，仿佛就要扑跌下来；而

> 月亮，从山顶上，顺着深深的、直立的谷壑，把它那清冽的光辉，一直泻到江面，就像一道道瀑布，凌空飞降；又像一匹匹素锦，从山上挂起。
>
> 这一天，正是中秋。

这两段文字都是借景以抒发作者情感的托物之笔。前者，借对桂林山水的逼真描摹，将其妙曼风情，笔意酣畅地呈现于读者眼前，给人以美的享受，从而表达了作者热爱祖国山水的挚烈情感；后者，借诸中秋之夜、月光、江景的描绘，抒发了作者热爱祖国山河之情。

明人曹学佺有篇《春风楼记》，是晚明时有名的小品散文，它以构思新巧，风采独具，成为一篇值得人们玩味的小品佳作。文章以议论起首，绘景言人，结尾处又以景作结，新颖别致，堪称一绝。其结尾是这样写的：

> 余一夕与云将泛小艇问其处，西山霞气蒸人，中流闻箫鼓声渺渺自空堕，回视春风楼如在蓬岛，而我辈已神仙中人矣。

这段文字，如轻舟荡漾，任其自然，一派超然旷达的意趣；羽化登仙的神奇、情致，跃然纸上，其意隽远，淡而淳深。

借物言情，是作者主观情感与客观世界达到物我统一时的产物，只有当二者吻合而交融时才能产生。作者要抒革命之情、爱国之情，就必须与时代同步，与形势为伍，唯其如此，才能借诸新时期之景物，抒发出新时代的豪情来。

跋

  现在读者看到的《文酌卮言》，是笔者30年前应友人之约而撰写的一部有关写作的研究专著（合作）的部分存稿。该书因故搁浅，拙笔中的许多文稿，比如，文章"间架结构""布局谋篇""照应承接"以及"过渡安排"等系列要件（仅就记忆所及，其中"理枝循干""清浊体势""编织缝衣"和"段节提顿，轻重急缓"等部分），皆无足而去，没踪难寻。近年来，手捧这涵盖120余位古今中外文学大家和哲人先贤的200余部文献资料中名篇巨著的陈渍旧迹，心怀忐忑，感慨万千。让那些充满贤良智仕思想光辉的风雅异韵，体态万方而又明辨深邃的隽思妙语，白白地沉睡或流失于载浮无常的茫茫故海中而不见天日，似乎有悖于一个读书人的责任与良心。于是，突发奇想，将这些短笛无腔的野老喧话，适心随性地整理成章，便成为不才的一种心愿。深知，这数万字识近才短的断稿残篇，绝非"思风胸臆，言流齿唇"的荣名"佳品"，况愚穷蹇遇拙，似当敛手；然寻其同好，而期高论，亦不失为一计良策。故不揣冒昧，汗颜于世，虽名"文酌"，岂敢张致，仅献"卮言"，竭呈诸公，幸祈尊裁，愿承明教也。

王大仁

  （成稿于1984年8月。引跋于2014年5月。
  连载于2014~2015年《枫叶》杂志）

习读偶得

谈"风度"

"风度"之说，自古而然。《晋书·安平献王孚传论》："安平风度宏邈，器宇高雅，内弘道义，外阐忠贞。"这里是说安平的气度恢宏，识见深远。又据《唐书》记载，张九龄因体弱而寓于蕴藉（含蓄也），故帝每用人曰："风度能若九龄乎？"这里的风度，也无非是指其文采气度而言。封建统治者（包括文人在内），为了超脱世俗，区分格调，便制定了种种不同的形容词，如言风度高岸不俗者，有"风骨"；言丰姿盈然者，有"风致"；言丰韵才华者，有"风华"；言人容之仪者，有"风采"；言风韵姿态者，有"风姿"……诸如此类，纭纭众生。总之，他们制定这些"头衔"的主旨，不外是为了装点门面，抬高他们的身价，借以显赫他们的威严。这对那些已逝千年的古人说来似乎尚且还算说得过去的。

然而，这种千年的余孽，据说在后来的文人中颇有影响。甚至于在今天，也还有人保留了一些这样的余风，这倒是值得深思的事情了。

不是吗？年轻轻的大学生，总要穿上一条裤线笔挺的料子裤，亮光闪闪的尖头皮鞋，上配一件华式绸子小棉袄，脖颈上须围一条毛制的大围巾，鼻梁上架一副金丝小眼镜，油亮亮的大背头……举止总要"落落大方"，言必称"狄更斯""莫里哀""托尔斯泰"。好像只为这样，才能显示他们的风格潇洒，情致飘逸。对人总要摆出一付怡怡然异乎寻常的架式，使人见之而"骇然"。

乍看来,确乎给人以望而生畏的感觉。然而,追其实学,却往往将莎士比亚说成是"法国"有名的"小说家"。

个别女同志,不是在追求曲线突出的长衫、袒胸露乳的奇装和奇形怪状的发型吗?……

不知道,他们如此热心于这种"风度"的动机,但只觉得这与"实现古人所说的,使老有所终,壮有所用,幼有所长,鳏寡孤独废疾者,皆有所养"的人类最崇高最伟大的理想——共产主义,所需要的建设者是极不相称的。更是与以解放全人类为己任的无产阶级优美节操所不相容的。倘要问:"你们追求的是什么?"必答曰:"美!"不知道他们之所谓"美"是指何而言,也许是一种所谓"艺术之美吧"!但决不是无产阶级所需要的艺术美。据我看来,这些人似乎充当了"历史博物馆"中18世纪资产阶级所赏识的"陈列品"。

总之,倒像一个无名肿毒,长在他们身上。不但不以为是个累赘,反倒以为只有自己才能独有的光彩。于是在洋洋得意地大吹其"红肿之处,艳若桃花,溃烂之时,美如乳酪"之余,还要大叫,你们还不配有这种"祖传"荣光的权利呢!……

我们奉劝那些生了肿毒还自鸣得意的人,赶快到"中心医院"外科急诊部去,挂上一号,即刻诊治,免受那能医而不治的痛苦!

(写于1964年10月)

谈 "读"

读，在古往今来的学者中有很多讲究，并在实践过程中，创造了许多行之有效而又灵活多样的形式和方法。比如，传统的圈读、点读、评读、览读，现代的阅读、默读、范读、朗读，等等。尽管形式纷呈，但类型不外两种：一是精读（圈、点、评、默），一是泛读（览、阅）。类型不同，其作用也迥然有异。泛读可使知识广博，精读可促其精当；然前者却时流浮泛，后者则失之窄约。唯有二者兼合，方能获得博大而精深的实际效果。

读（不管是精读，还是泛读），最忌心境浮躁，情不专一。朱熹说：读书要"三到"，即心到、口到、眼到，"三到之中，心到为最"，其重要性不言可知。朱熹的这种主张是符合人们认识规律的。"读"，特别是"精读"，对深化人们的认识，具有非常重要的意义。精读中的默读（又称心读）是基础，朗读是手段；二者对理解文章的意蕴，有着交相辉映而又不可替代的作用。前者便于思考，于凝神静思之中，明哲思辨；后者便于深化，于悟其妙理之中，入室登堂。就此种意义而言，它是做学问的关键，意关宏旨。

王昌龄在谈诗的时候，说诗有"三境"（见《诗格》）：一曰物境，二曰情境，三曰意境。此三种境界，物境外露，情境内蕴，意境深邃，这是三个不同层次的境界。

默读过程往往也须有三个境界需要跨越，即：由"心求通而未得"的"心境"（通义阶段），向"口欲言而未能"和"启开其意，发达其辞"的"悟境"（晓理阶段）发展；进而到达"物之四偶""举一可知其三"的"泛境"（体味阶段）。这种通义、晓理、体味的过程，就是人们认识事物的辩证过程，无疑默读则是完成这项任务的必然途径。朱熹之所谓"读书千遍，其义自见"就是说的这个道理。

　　朗读，特别是那种富有感情的高声颂读，乃是加强记忆、加深理解、实施玩味过程的一种重要的辅助环节和必要手段，它可调动人之脑、口、耳、舌、身等各器官的功能，使之协调一致，共同投入；口之于声，受之于耳，记之于脑；只有启动人体功能的整体运行机能，才能出色地完成信息积累的营运过程，从而获得良好的学习效果。

（原载《天津统一战线》1997年第五期）

谈"三余"

读书，古人常讲"三余"。所谓"三余"，照《三国志·魏志·董遇传注》中的说法是："冬者岁之余，夜者日之余，阴雨者时之余也。"这冬、夜、雨三个时间多是古人用来潜心读书的最好时节。当然，时至今日这些时间已不再成为专供我们读书的宝贵时间了。但是，我们还是可以从中受到启发的。

按中学语文教学进度，初中每周有六课时的语文学习时间，一学期以十八周计，共108课时，平均每三课时教一课书，一个学期至少也可学得二十四五篇文章；这二十四五篇文章，单靠课上的时间学习是远远不够的，何况有的教师还要有意无意地"剥夺"学生的自学时间！

一个中学生，如果把正常学习之外的"课之余""日之余""周之余"这样的"三余"时间，充分利用起来，复习一下课上所学（且不论课外读物），用小纸条或小黑板把其中（包括已学或未学）的精彩部分选取一段（或一首），认真地读上一读；如果可能，再利用欧阳修治学经验中行之有效的"马上""枕上""厕上"这"三上"的办法，进行揣摩、玩味，加以巩固；那么，这些段落、篇首背诵下来还成问题吗？不需多久，数量可观的文章便可卒读成诵。倘若如此，积之时日，语文"关"何愁不过？

（原载《天津青年报》1986年3月5日）

谈"听课"

为了教学研究，同志们都在互相听课，交流经验。有的同志听完了一堂课，赞不绝口，连称："好课！"有的同志则报然一笑说："有待研究！"何以有如此不同的见解呢？究其所以，原来各有不同的标准。

前者的理由是：1.老师对教材领会得"深"，讲解得"透"。2.课堂上形式多样，点子多，花样新。3.老师的口才好，"连我（听课人）都听得入神了"。

后者的理由是：1.教师对教材的理解是"深"了些，但他脱离了实际，无的放矢。2.点子多，花样新，但老师并没有考虑到学生通过这些手段，让学生得到了什么。3.老师的语言生动，口才好，听时觉得热闹，听后不得要领，静心思之，无所得焉。

二者评论，前者限于形式，后者流于空泛。那么，究竟什么是"好课"呢？

其答曰：

一、教学是师生共同战斗的战场；教师好比指挥员，学生好比战斗员。二者必须都得积极地投入战斗，才能战胜敌人。所以，看一个课的好坏，必须看教者是否在教学活动中，启发、诱导了学生主动地思考，积极地活动，做到师生一起活动，一起前进。这就是说，是否采用了毛泽东同志历来倡导的启发式。

二、讲课,不是为了让"听者"看,而是踏踏实实地引导学生展开思维活动的活动,看一个课的好坏,必须看教者是否扎扎实实地教给了学生一点东西,学生是否了解并掌握了教师所教给他们的内容。学生"练"的如何,即效果如何,是检验讲课好坏的唯一标准。那种华而不实、走过场的所谓"形式",花样再多,也不是我们所需要的。

三、一堂课,总有一个教学目的,检查这个课,必须要看教师的教学目的是否明确,确定的教学内容是否符合目的和要求,教师所讲授的知识是否合于学生的实际水平,重点是否突出,等等,这些都是检验讲课成功与否的最基本的原则。

此外,课堂用语是否生动、活泼、幽默、风趣、引人入胜等,也是检验教学好坏的标准之一,但绝不是重要标准。如果,以上三点半点皆无,只是花样繁多,脱离实际,"讲究高深",夸夸其谈,口若悬河,课堂再热闹也决不是我们所应当赞许的"好课"!

(写于1977年3月)

谈"翻译"

教文言文,常讲翻译。且不说"翻译"一词用在文言文教学中是否适宜,是否科学,单就教学而言就不无商榷之处。教师如果把主要精力全然贯注于翻译文句之中,那就难免要出现偏差。

本来古人有古语,今人有今语。在古代的语言中也有"文""白"之分,"口语"和"书面语"之分的。文言,不过是一种古代的书面语言。古代人们的口头语言也是白话。写成文字是白话文,如古代的白话小说、诗话以及朱熹的一些格言语录便是。实际上,远古时代的书面语与口头语的分别是不大的,后来逐步分家,成为相去甚远的两种(语言的)表达方式了。

现代人学习古代的文言,无非是借助这把钥匙打天历史宝库的大门,去了解古代社会的政治、经济、科学、文化等历史状况,而中学的文言文教学正是为学生日后阅读古籍打下一点较好的基础。正如有人提倡学生学习外语不要经过"中间"转换一样,以直接领会含义的办法来学习文言,我看也是可取的。也许效果会好得多。

朱子曰:"学者读书,读得正文,记得注解,成诵精熟。"这为我们教授文言文提供了一个很好的借鉴。因此,我们在教学中应该着力于培养学生理解字义、词义、句义和篇章的能力。

学生读得多了，记得多了，不待解说，自然文意也就通晓了。古人搞训诂、诠释而不搞翻译，是很有道理的。实际上，真正做到直译无误是不容易的。一篇优美的散文——《醉翁亭记》其精炼与完美可谓巧夺天工，天衣无缝，巧与美浑然一体，毫无斧凿痕迹。试想，如果我们把这样一篇散文译写成现代文字去体味，那么，还有什么欧阳修的风格可言？

（原载1985年11月22日《光明日报·教育科学》）

谈"属对"
——一种有趣的教学方式

"属对"是中国传统教学中读写训练的基本方法。清代崔学古曾把自己如何指导学生进行基本训练的经验告诉我们,他说:属对须从增字练习开始,从一字逐增二字、四字、五字至七字不等。"假如出一'虎'字,对以'龙'。'虎'字上增一'猛'字,对亦增一字,曰'神龙'。'猛'字再增一'降'字,对亦增一字,曰'豢神龙'。'降'字上再增一'威'字,对亦增一字,曰'术豢神龙'。'威'字上再增一'奇'字,对亦增一字,曰'异术豢神龙'。以此类推,自一字可增至数字……"(见崔学古《幼训》)最后得到的两联是:奇威降猛虎,异术豢神龙。这种"属对"的基本训练,具有以下几点好处:

第一,有利于严格的读写训练,为学好语文打下坚实的基础。"对句"本身有着非常严格的规定,学生必须按照"天对地,雨对风。大陆对长空。山花对海树,赤日对苍穹"的要求进行讲对,随便不得。(语见《笠翁对韵》)蔡元培先生说:"这一种工具,不但是作文的开始,也是作诗的基础。"(《我在教育界的经验》)。

第二,有利于打开学生的思维通路,可以展开丰富想象的翅膀。由于练句的需要,不得不开启平日紧闭着的"素材信息"仓库,去寻求贴切、工稳的联句材料,不全力以赴地努力思考是不行的。

第三，可激发学生的浓厚兴趣和学习的积极性。由此可见，"属对"的训练，对培养学生的发散思维，是具有多么重要的作用呵！

在现代的语文教学中，曾有人试用此法，取得了意想不到的教学效果。其做法如下：

老师首先在黑板上写出一副残缺的对联：

翩跹蝶舞春光好，花开景色新。

要求学生依据词性相对，语意相关的原则，选取恰当的词语填写在下联的横线上。同学们积极思考，争先恐后地写出了对句。他们选出了"万树""牡丹""烂漫"三个词语，但是，哪个最好，意见不一，经过争论、类比、推敲，最后以"烂漫"最切作结，好不热烈。

这种训练（对偶填空），自始至终使学生广开思路、情绪饱满，饶有兴致，不但学生的学习积极性被调动起来了，同时也获得了丰富的语文基础知识，提高了语文课的教学水平。

谈"教法"

在很长的一段时间里,我发现许多中学生,特别是高中生,对语文课缺乏兴趣,甚至有的学生还产生了厌烦情绪,对此,很有感慨。于是在有感之余,便诌了一首顺口溜,其云:

文章气义在,久读方知新。　　学者固自破,何劳尔伤神。
师也何为者?宜作引路人。　　路明已领略,岂容再品频。
津津苦乐道,闻者屡欠伸。　　几度恹欲睡,捉肘强听闻。
言之纵成理,神逃不可寻。　　欲得下神笔,会当法古今。

另诗前有序曰:"近听数课,与人交谈,颇有争议,感之语文课究竟如何讲法,皆感茫然,今姑以之作答。"

我想,学生对任何一门学科的喜爱与厌烦,都有其主观和客观两个方面的原因。当然,语文学科也毫不例外,主观暂且不论,其客观上的原因,除现行教材体系尚待修订和充实之外,恐怕就是语文教学不甚得法的缘故了。

培养具有现代社会中科学管理和建设能力的人才(具有开发和创造性),是我们学校工作的重要目标;要培养这样的人才,就要开展与之相适应的具有创造意义的活动。而我们目前的语文教学,就缺乏这种可供学生充分发挥其内在潜力和调动学生积极思维活动的良好条件。由此,我联想起我国传统语文教学中的一些令人深思、值得注意的方法。比如,在识字教学上，古人采用"韵语集中识字"法。他们深知，如果让小学生死记一个个枯燥无味的单字是十分困难的，也不容易取得良好的效果。为了解决这个难题，提高效率，他们创造性地把一个个毫无关联的个体（单字），按照一定的意义组合成一句句语言连贯、条理清晰、明白通畅、句式工整的群体（韵语）；以这种韵语联句的形式进行教学，受到了学生的普遍欢迎。

由于这种形式，文字整齐，读来上口，听来悦耳，易于理解，便于记忆，因而，激发了学生们学习的兴趣。这样的语文教学，自然既可达到集中识字的目的，又可收到学得简单常识的效果。《三字经》、《千字文》便是这种教学方式的典型教本。有人说《千字文》是"绝妙文章"，就其可读性和知识性而言，这种赞誉并不过分。

传统教学中的某些方式之所以至今仍对人们有所启发，其主要原因，就在于他们创造了符合少年儿童年龄特点和心理要求的教材以及与之相适应的卓有成效的方法。

笔者曾借鉴此法，在语法知识教学和引导学生积累词汇问题上，曾编写过《词类歌》《句子成分歌》《复句诀》以及《成语集句》等韵语教本，深受学生的喜爱并取得甚为理想的教学效果。

在现代语文教学中，北京景山学校为我们提供了很好的经验。他们把语文教学搞得绚丽多彩。课堂上既识字、读书、看报、作文，又看画、唱歌、讲故事、欣赏文艺作品……这个经验之所以成功，原因就在于，他们把教学的科学性与艺术性巧妙地结合起来，使课堂充满诚挚而热烈的气氛，让学生在丰富多彩的活动中受到严格的语文训练。教师在整个教学过程中的每个环节上，都注意为学生提供开展各种富于创造性活动的良好条件，使学生逐步感受到在语文学科世界里有着无限广阔的天地。在既有读与思，又有讲与练的竞赛中，获得愉悦；在既有老师画龙点睛的点拨，又有学生寻根溯源的摸索中，获得前所未有的新知识：在教者津津乐道，听者饶有兴味，民主、和谐的氛围中，渗透艺术的熏陶，从而诱发学生沿文以晓其理，潜心以致顿悟，采博其华实，咀嚼其膏味，享受着学习语文的那种快乐。

当然，他们在紧紧抓住这个中心环节的时候，还注意根据学生的不同年龄、不同程度、不同需要而分别采取不同层次的教学步骤，以利于调动他们每个人学习语文的主动性。试想，如果我们都采用如此纷繁多样、环环相扣、由此及彼、由表及里的方法和手段，都让学生从严肃的语文知识教学中，展开积极思维，从事创造性的活动并从中获取教益。获得艺术细胞，那么，激发学习兴趣，提高教学效率，还成问题吗？

实践证明，当学生一旦视自身为学习的主人之后，便立即全身心地投入到语文学习的活动中去。那种"津津苦乐道，闻者屡欠伸。几度恹欲睡，捉肘强听闻"的局面，便一扫而空。

可见，从教学内容入手，对教学方法、教学方式乃至教学手段进行大胆改革具有何等重要的意义！时代要求我们必须在教学质量观上有新的突破，而语文质量观也必须改变"以高考分数"为标尺的偏见，否则，语文教改就要陷于进退维谷的境地。我们必须通过实践，不断探索，逐步总结一套既要符合教学规律，又要适合教学实际的好办法、好经验、好典型来。

辨"勤奋"与"勤勉"及其他

一、"勤奋"与"勤勉"

"勤奋":《现代汉语词典》中注释为"不懈地努力","勤勉"则解释为"勤奋"。这就是说,它们是一组同义词了。但仔细分析起来,却发现它们在意义上是不尽相同的近义词。"勤":即勤劳或勤苦的意思。它是指人们在不间断地从事着某种活动。"奋":是指人们鼓起劲来,振作精神去进行某种活动,即"发奋"的意思。因此,我们对"勤奋"一词的解释就应该成为:发奋地不间断地从事某种活动。比如:"李明在勤奋地学习""小张在勤奋地工作"。

"勤勉":这个"勤"字,不仅含有前词中"勤"的一些意义,如"勤劳""勤苦",而且还具有前词中的"奋"的意义。也就是说,这个"勤"字,乃是"勤奋"之"勤"。"勉"是"努力"的意思。所以,"勤勉"的意思是:勤奋而努力地去从事某种工作。比如:"他(指祖冲之)能批判地接受前人的科学遗产,利用其中一切有用的东西,并且经过勤勉的实际工作和实际考核,敢于怀疑前人的陈腐的学说,敢于推翻前人的错误结论……"

可见,这两个词都是形容词,都可以作动词前边的修饰成分(状语),在意义上也有很多相似之处,但毕竟不是一组同义词。它们的区别就在于:前者只有勤劳(或勤苦)地不断地从事某种活动的意思,它往往是不大考虑"从事"以后的结果怎样，有时是被动的甚至带有某种程度的盲目性。而后者，它不仅是勤奋地不间断去从事某种活动，而且还要竭尽全力地努力做好这项工作。显然，它们在所表示的程度上是有很大差别的。为了说明这个问题，不妨看看这个例子："他（指巴尔扎克）这样勤奋地默默地工作着，在开头的十年，几乎没有人了解。他写的作品很难发表，但是他并不灰心，继续以'狮子般的勇敢'工作着，每天完成二十页、三十页乃至四十页的写作任务。巴尔扎克就是这样勤勉地劳动，数十年如一日。"

作者在选用这两词时，是很有分寸的。巴尔扎克在开始时是"默默地工作"，他所从事的工作既无人了解，也未得到别人的支持，更无立即发表的奢望。所以，作者在这里只用了"勤奋"一词，以表示他的"勤劳""勤苦"和"发奋"之意。十年之后，虽遭失败，并未灰心，更以"狮子般的勇敢"，努力地竭尽全力地去做好这项他认为是伟大的事业（创作）。因而，取得了成功，终于成为名震世界的文豪。所以，作者在这里选用了"勤勉"一词。可见，作者在选用词语上是经过精心选择的。

二、"陈旧"与"陈腐"

这组词，也是有区别的。两词中的"陈"字都是"时间久"了，"旧的"的意思。

"陈旧"是指人们的思想、意识或事物已过时，已旧了的意思。

"陈腐"则不仅是旧了，而且还有"腐烂变坏"了的意思。就是说，它（指某种事物）不仅是旧的，过时了的，而且已经腐烂变坏了。

这两词的区别在于：前者既可指人的思想、意识，又可指物体、东西，如："这套家具已经很陈旧了。"后者多指人们的思想、言论，如："他能批判地接受前人的科学遗产……敢于怀疑前人的陈腐的学说……"

三、"考核"与"考察"

"考核"：考查、审核之意。"考"是"衡量"的意思。就是说，用一定的标准去衡量某种行为、活动，或言论的好坏、对错，等等。"核"是"审核"的意思。如："他……对过去的科学家的工作反复考核，就是对何承天也不曾放过。"

"考察"：是指人们对事物的实地观察或检查，或作细致、深入的勘察。"考"是检查的意思。"察"是亲自察看，即观察。

二词的区别是，前者一般指对人们的行为、活动、言论等等的衡量与检查。后者指人们对事物（如现场）的实地观察、研究等等，多指科学研究工作。

四、"严谨"与"严密"

"严谨"，即严密谨慎的意思。"谨"：小心。一般指人们做事、治学或文章的构思等严密的特点而言。通常称为"谨严"。

"严密"指事物间结合得紧密无空隙，或指办事周到无疏漏。

此二词，虽"叶徒相似，其实味不同"。它在意义及使用的对象方面，都是不同的。

（写于1979年10月）

谈复句中的"相对"与"相反"

复句中的"相对"与"相反"是目前初中语文课本第五册中所讲述的语法内容之一。"相反"关系复句,书中业已谈到,它是属于偏正复句范围的。至于"相对"关系复句,并没有明确地说明它的归属。

究竟"相对"关系,应该归属在哪一类型复句中比较合适,以及"相对"与"相反"关系是否可算作同一类型复句,这是我们必须弄清的问题。我们先看看下面几个例子:

（1）哥哥参军,姐姐上大学。
（2）风停了,雨住了……
（3）农业是基础,工业是主导。

这几个复句,有一个共同的特点,那就是:它们都是由几件既有关联又有区别的事情构成。各个分句间的关系是平列的,是无主次、无轻重之分的。各分句间在意思上是"相对"的。在这里,它们之间毫无哪个分句重要,哪个分句不重要一说。因此,"相对"关系复句是一种平列关系的联合复句是毫无疑义的。这些句子,你能认定它是偏正复句吗?显然是不能的。

"相反"关系复句,就不能简单地一概而论为偏正复句了。因为它有两种情况:

1. 各分句间,只是在所表达内容的意思上相反,而它们之间的关系则是平列的。如:

(1) 学校办工厂，工厂办学校。

(2) 我来了，他走了。

(3) 腐朽没落的旧世界，必将在人民革命中灭亡；光辉灿烂的新世界，必将在人民革命中诞生。

这种在分句间没有轻重、没有主次之分的平列关系复句不是联合复句又是什么呢？因而，在"相反"关系中的这种情况归为联合复句中，是确定无疑的了。

2. 各分句间在意思上，不仅是相反而且还有了转折意义，其特点是它们在分量上、意义上是有轻重、主次之分的。如：我来了，他却走了。

这里，"来"与"走"在意思上是"相反"的，在句义上却有所侧重，因为它强调了"走"而从轻了"来"。因为，实质上句义已有了转折的意思。所以，相反关系中的此种情况，应该属于偏正复句范围。必须指出，转折关系的偏正复句与并列关系的联合复句，本没有不可逾越的鸿沟，二者之间经常在一定情况下互相转化。因此，我们必须把二者区别开来。区别它们的根本办法，就是看各分句在意思上有无转折意思。如果有转折意思，那就是转折关系的偏正复句；如果没有，那就是并列关系的联合复句。

为了清楚地说明这个问题，我们再看下面两组复句的前后变化。

{ 哥哥参军，姐姐上大学。
{ 哥哥参军，姐姐却上了大学。
{ 我来了，他走了。
{ 我来了，他却走了。

从这两组例子看，在意思上，第一组第一句是"相对关系",第二组第一句是"相反关系"复句。不管是"相对"还是"相反",它们都属并列关系的联合复句。而它们两组中的第二句则是转折关系中的偏正复句了。为什么呢?因为,它们都是借助于转折连词"却",将后面的分句强调加重了。因而,它们就有了转折意思,便成了偏正复句。

基于如上见解,我将该书中几种关系复句,拟定一表,以供参考。

附:"相对""相反""相关""相承"关系归属表

类型	关系		意义	关联词语	例句
	语法术称	现称			
联合复句	并列	相关			这篇很好的文章,是一位著名科学家写的。
		相承(1)	1.时间上相承		下午在地里干活,晚上听书记介绍学大寨的经验。
			2.意义上相承		华主席亲手奠基"毛主席纪念堂"已经竣工,它凝聚全国人民诚挚的心愿。
		相对(1)	两句义相对,无主次		哥哥参军,姐姐上大学。
		相反(1)	两句义相反,无主次		你来了,他走了。
	递进	相承(2)	3.进一层		我们不但自己要这样做,还要教育我们的子孙后代也这样做。
偏正复句	偏正复句	相对	两句义虽相对,但有侧重,有主次		哥哥参军,姐姐却上了大学。
	偏正复句	相反	两句义相反,有侧重,有转折		你来了,他却走了。
	偏正复句		前句表原因,后句表结果		
			前句表根据,后句表论断		
	假设 条件				
					此表旨在说明"相对"、"相反"以及"相关"、"相承"诸关系的归属。其它从略。

"惟弈秋之为听"的"为"字有意义吗？

翻开词源、词海，你会发现"为"字的种种不同讲法。有是、有做、有而……不下十几种。在这些讲法里，很恰当地选取一种，用在某一句子中，有时会遇到一些困难。因而不可避勉地引起争论。不管它有多少种讲法，但总不外乎两种意义：即具有实在意义的实词（以动词为多），无实在意义的虚词（以介词为多，其实它也是由动词转化而来的）。具体在"惟弈秋之为听"一句中，究竟属哪种意义，现在仍有不同看法。

有人认为：这个"为"字是助词，与"之"合作，起前置宾语的作用，想是有一定根据的。不过我以为，它在这里并不完全是这个意义。因此，想谈谈自己的一点认识。

一、从"为"字的本身意义来看。它是具有相当强的实在意义的实词。"为"字本来有"做的意义"，如："子游为武城宰""高岸为谷，深谷为陵""山树为盖，岩石为屏"等等，不可胜举。从这些例子来看，"为"字是一个动性非常强的动词。而动词"为"字，在文言词里，其含量是相当大的。至少现代汉语中的成为、变为、学习等等许多动作的意义，它都能表示出来。因而，"惟弈秋之为听"的"为"字是动词，便有绝大的可能。因为，它是"弈秋"的"动作""行为""作为"的表现。如果少了这个"为"字，这句话便不能完满地表达意思。更何况"为"还有一种相当于现代汉语"帮助"之意的解释，例如，《论语·述而篇》的"冉有曰：夫子为卫君乎"的"为"字即帮助、辅佐之意。

根据这个意义,"惟弈秋之为听"可以这样诠释:"专听弈秋的帮助","为"字由帮助又可引申为"教导"了。

二、从这句话的意思分析,惟:只、专;听:以耳受之声也。根据上文,这句话的意思是:专听弈秋的教导。如果单单说是"专听奕秋",那么,没有人不往下问"听什么"这样的问题。其结果,就必然使这句话中"听"的中心,成为"奕秋"了,而实际上是听从教导。显然,那样解释是不明确的。那么,这个"教导"的责任由谁来承担呢?我想无疑由"为"字来承当了。

三、从结构分析。不管哪样解释,这句话的词序,总要是这样的:"惟听弈秋之为"。试根据上面的意思来分析一下结构:动词"听"是这句话的谓语。听什么?听从教导。听谁的教导呢?听弈秋的教导。可见"为"是这里的宾语。弈秋则是"为"的定语;"之"无疑是"助词"的"了。很明显看出,"为"字,不但是一个实词,而且还是被物化(用法)了的动词,在这一句中还充当宾语。如果将"为"字与"之"字合起来作提宾助词,或将"为"字作为提宾助词,恐怕就不够合适了吧。

四、从与"唯利是图"一句的比较看。人们知道,"唯利是图"是一个前置宾语的"名句"。它的动词(在这里作谓语)是"图",宾语是"利"即"唯图利",而它的宾语则是被助词"是"给提前了。本文这句的宾语是被谁给提前了呢?我想,同样是助词"是"的功劳,不过这里给省略罢了。换言之应是:惟奕秋之为(是)听。是否能省略助词呢?在现代汉语中,当然是不大可能的。但在古汉语中,莫说是一个助词可略,就是一个很重要的动词,也皆大可有之的。如:《左传》中的"他邑唯命",本应是"他邑唯命是听",这里岂但省略了助词"是",就连动词"听",亦然省略了。如果仅因为"惟弈秋之为听"与"唯利是图"的格式相似,又后者"是"为提宾助词而推想"之为"即"是"之功,未免过于牵强了吧?所以,这句的"是"字被省略掉了,而"为"字无疑担负起"教导"的职责来。

(写于1964年1月)

"衹"字何意也

原初中语文第二册《马说》一文中有"虽有名马，衹辱于奴隶人之手，骈死于槽枥之间，不以千里称也"之句。

这句中的"衹"字究竟是什么意思？注释云："[衹（zhī）]当作'祗'适（是以）"；为什么"衹"当作"祗"，注者未加说明，衹字译成"适"或"是以"能否讲通，也未交待。近年来在《语文》第四册中，此文注解做了如下修改："[衹（zhī）同'祇'，只是]。

根据注释，似乎给人以两字相通的感觉，是否相通呢？非也。其实，"祗"和"衹"是形、义皆不相同的两个字（或只能说是形近、形似）。

"祗"，音（zhī）支，敬也，从示氏声旨移切（见《说文解字·示部》），是恭敬的意思。如：《书·大禹谟》："文命敷于四海，祗承于帝。"又《荀子·非十二子》："案饰其辞而祗敬之曰'此真先君子之言也'。"另有敬仰之意，如：《元史》："密云左右，皆祗仰其德……"

而"衹"字就不同了。它起码有以下几个义项：

1.从示氏声，地之神曰祇，《说文解字·示部》："地祇，提出万物者也"，指地神。

2.它是"只"字的异体字，音（zhǐ），是"仅、不过"之意，如杜甫《示侄佐》："衹（只）想竹林眠"，是也。

3.它还有恰巧之意。如："大福不再，衹取辱焉。"这时应读 zhī。

现在，我们再回到《马说》中来，究竟"衹辱于奴隶人之手，骈死于槽枥之间，不以千里称也"中的"衹"作何解释呢？我以为，取"仅、只"之意为妥。即："只是埋没在一般人的手里和一般马一样老死在马厩，不用'千里马'称呼它罢了。"

由此可见，此版原句中的"祗"是"衹"之误而毫无可疑了。一字之差（这里只是一笔之差），可谓谬之千里了。

(写于1978年)

谈《羌村三首》的艺术特点
——读诗心解

杜甫是我国最负盛名的伟大诗人,世称"诗圣"。他的诗歌,突出地表现了对国家命运的极大关注,对人民苦难的真挚同情。由于它广泛而深刻地反映了唐代由盛而衰的社会现实,而被称为"诗史"。《羌村三首》是诗人刚刚就任左拾遗的当月,因上书援救房琯,触怒肃宗,险而被杀,责令其归乡省亲,从凤翔回鄜州老家的所见所闻,有感而发的感遇之作。它生动地再现了作者当时的生活情景和那种悲喜交加的复杂心情,因而,从一个侧面反映了安史之乱给人们带来的巨大灾难,具有强烈的人民性。仅就写作方面的一些特点,谈几点感受。

情景交融　以物衬情

宋子京《新唐书·杜甫传赞》谓其诗"浑涵汪茫,千汇万状,兼古今而有之",这大概是就其气势而言的赞语。至于作者寻常写景则非有意而用惊人之句,常常是看似"不甚经意",实则"已十分圆足"的白描手法,足见其独到的"才力"。仅以《羌村三首》为例便可见其一斑。比如:

"峥嵘赤云西,日脚下平地。"远望实景,既交代了归客近家的时间;又为游子此刻的心情,渲染了一种气氛。从"夕阳"可见诗人似箭的归心,急切盼望在天黑之前要赶到魂牵梦绕的家中,好早一会儿见到家小的心情。"柴门鸟雀噪,归客千里至"则是近描写。前者,门前似可罗雀,寂静无声,鲜有人至;后者,点明原因——因客至而宿鸟惊喧。从这一幅"归客图"中可以看到,当时农村的萧条、冷落和凄惨景象。诗人以鸟雀之噪,衬其荒村之静,充分体现作者的想急见亲人的心理。"千里至",更见归客"可到家啦"的惊喜而又心酸的心态。"萧萧北风劲,抚事煎百虑",可说一是写景,一是抒情,二者密不可分。抚念家事,满目凄凉;抚念国事,则胡骑猖獗而忧心如焚。这百事的煎熬,犹如尖利"寒风"刺在身上而疼在心上的难耐之忍。

"群鸡正乱叫,客至鸡斗争。驱鸡上树木,始闻叩柴荆。"这富于农村气息的生活景象,则生动地表现出父老乡亲们的醇情厚义和浓浓乡情。前边以鸟雀噪声衬其荒凉,这里又以鸡叫乱争,衬其"抚事煎百虑"的烦乱情绪,而以"驱"字足见其不耐烦的复杂心境。

生活细节提炼　纤毫入微描写

1. 离乱初逢的情态。动乱的年代,旅外漂流的游子,乍一还乡,亦惊亦喜,势出必然,更何况乱离中死里逃生的家人。"妻孥怪我在,惊定还拭泪。"亲人突然重逢,必先惊愕而后喜,惊魂既定,心性复常,喜极而生"悲"(落泪)。

"娇儿不离膝,畏我复却去。"这是说作者此时,内心烦乱而又愧疚;而孩子们则对盼望已久的父亲回家,心里高兴,很害怕爸爸再次离开而远走他乡!这"不离膝"的"纠缠",是多么亲切而自然,其情意之浓,跃然纸上。

2. 父老登门的举动。通过父老乡亲携酒接风的行动,从侧

面反映出了动乱的社会情景:

"兵革既未息,儿童尽东征。""手中各有携""问我久远行",在黍田无耕、兵革未息、民不聊生的时刻,诗人骤然而至,轰动四邻,聚而观望,父老乡亲手提"味薄无清"的礼品来欢迎,来接风。可见,诗人与农民大众亲密、和融的深厚情感和友好的关系;同时,也说明劳动人民纯厚的优良品质,对诗人所具有的感化力量。

3.款待暖心的话语。一边是"苦辞酒味薄""倾榼浊复清",热情慰问和屡致歉意;一边是"艰难愧深情"的感激和惭愧。这来之不易的酒水,味薄而情深,使受之者感激涕零。

总之,作者正是通过诗人与父老桌前的亲切对话以及前边"客至惊逢""携酒慰问"等场面活灵活现的精微描摹,细意熨贴的"镜头特写"和绝妙深刻的细节"写真",则把一唱三叹、意味悠长而思力深厚的忧国思想精警透辟地表现出来,并深刻地揭示出安史之乱给人们带来的痛苦、凄凉和极惧不安的悲惨现实。三首诗,表面似乎是写诗人个人的境遇和感慨。其实质,则反映了时人的共同呼声和时代强音。

清人赵翼曾说:"盘空硬语,须有精思结撰。若徒摭奇字,诘曲其词,务为不可读以骇人耳目,此非真警策也。"杜甫正是"不烦绳削而自合"的一代"圣手",其"才力独至",非常人可及也。

(写于1962年7月)

《醉花阴》浅析
——学词点滴之一

李清照,我国宋代杰出女词人,号易安居士,济南人。父亲李格非以文章受知于苏轼,母王氏知书能文。丈夫赵明诚,金石学家,太学士。清照少有诗名,工诗能文,词名尤著。夫妻琴瑟协合,生活美满。聚时,同校古籍,鉴赏书画;离时,诗词唱和,思情至笃。

其词分前后两期,以南渡为界。前期,词风轻快开朗,富有生趣,偶有别离,则有相思苦闷之郁;后期,经遭国破家亡之难,则流于忧患低沉。

《醉花阴》即为作者前期思夫之作,标题"九日",即指重阳。重阳佳节,饮酒赏菊本是古代文人雅事情趣,而诗人因思夫之切而觉异常苦闷。全词虽不言情,而思夫之情却更加浓烈。今试作如下分析:

作者一开始,以淡淡的几笔,将读者带入到一个剔透玲珑、婉然清新的意境中去,使我们看到:浓墨云雾,染于天空。在天将降雨的时刻,一位充满悲凉、孤寂和缠绵相思的妇人,闷坐在绣房之中。可以想见,她决不是一般的因天气的阴郁而烦闷;也不是因天要下雨,不能"就秋千"而叹怨。可以看出,她是"别有一般滋味在心头的"。作者在这里,有意识地将主人公心中淡淡的愁雾同自然界的阴沉天气交织在一起的。用一种情景交融,有托寄入的方法,把形象描绘得异常鲜明。"薄雾浓云"固然是对天气阴郁的描绘，岂不更是妇人愁思的形象的表现？"愁"是这首词的中心所在，无疑正是词人的内心所在。然而，作者却更巧妙地把这阴郁天色同晴和日丽的矛盾，用形象的拟人手法表现了出来。以云雾之愁，言相思之苦。她快乐喜悦的心情，犹如那晴和的天空、爽朗、清彻；而她愁苦相思的心绪，更像这浓黑的云雾，阴沉、郁闷。此时此景，不正是词人内心世界的极恰当的表露吗？

"瑞脑消金兽"，这是词人孤寂心绪的具体描绘。她没有更好的办法摆脱这种缱绻忧思的缠绕、寂寞孤独的心情。无可奈何，只得以瑞脑炉中的幽香来排解其"剪不断，理还乱"的愁苦、情思。

作者用这种百无聊赖的描写，来显其忧之苦、情之切。

这是晨思，也可以说是往日之思。突然笔锋一转，写到夜思。今夜是重阳佳节，观赏黄花之际；不能不使我们这位多情的诗人，缅怀起昔日之快乐。然而，今日之空寂，又给诗人心中增添了一层更加浓郁的愁雾。所以，她无心赏花，也无意就睡。就在这迷乱的愁思之中，缓缓地进入了梦乡。

昔日，她可能和爱人，在今夜赏花、说爱，那是何等的欢悦、甜蜜；今日，又是何等的寂寥、空虚！这怎能不使她伤感，甚而落泪呢？

不料，忘记了盖被子，放下帏帐，由于寒风的"侵袭"（这可恶的寒风）而惊醒。无意的小睡，虽不是极大的慰藉，总算是暂时的解脱。然而，毕竟还是美梦不长的。于是，离愁的"救主"又降临了！（哪里是什么"救主"！）她眼巴巴地看着淡淡的月色，"转朱阁，低绮户，照无眠"。在这重阳团聚之夜里，是何等的寂寞无聊，烦乱凄凉啊！感情是多么真挚，意境是多么哀宛，风格又是多么清新！读者怎能不被这真切的苦思、缠绵的离愁所感染，甚而引起同情呢！

这是夜思。较昼思又深一层。可以说，这是相思的高潮所在。后来的"人比黄花瘦"，同样由此而来。昼夜的相思，尤其是夜间的失眠，乃是消弱健康的重要原因。在除"愁"是根本原因外，这便是其"瘦"的重要因素了。

在"日暮黄昏近"的时候，她"把酒"消愁，竟将这"路远莫致之"的"馨香""情思"逼到了"消魂"的妙喻。这正是这首闺怨之词的点睛之笔。不知道什么事情又引起了她那撩乱的春愁。她独自在那里痴想，紊乱的思想早已飞驰他"乡"。她沉浸在"浊"酒的清香和菊花的幽香之中，已进入了另一梦镜去了。可说是，人在院中，心在"外"，周围的一切已不在目中。这是她无意的举动。酒，本来是她想作消愁的"慰品"。然而，非但不能消减忧愁，反而更增添了翩翩痴想。这又是怎样的悲哀啊！

突然的风起，惊醒了她那痴呆的酣梦，不觉产生一种女子常有的羞涩之感，但毕竟还是易安先生，即言道："莫道不消魂"。不要说这忧愁不伤人啊！当思想回到了目前的现实以后，看到了被西风吹落的黄花，叹道："人比黄花瘦"。黄花凋零了，而我比黄花更加憔悴。这里，作者"人""物"相托，以花自比，"借花瘦，喻思苦"，不言情而情愈烈的含而不露的笔法，在形象塑造上是有创造性的。以"瘦"言其相思苦之长，借物言人，精练贴切，使词中之情更加深刻动人。这是即景而生情的自然流露，毫无勉强、雕琢之迹。这是通篇之妙处所在，没有了这句，词意就索然无味了。正是有了这句，便一举抵过她丈夫赵明诚苦心孤诣、匆匆草就的几十首同类词作，成为千古佳话。①

---

①伊世珍《琅环记》载：易安以重阳《醉花阴》词函致明诚，明诚叹赏，自愧勿逮，务欲胜之，一切谢客，忘食忘寝者三日夜，得五十阕，杂易安作以示友人陆德夫，德夫玩之再三，曰："只三句绝佳。"明诚诘之，答曰："莫道不消魂，帘卷西风，人比黄花瘦。"正易安作也。

总之，作者通过具象描绘，表达相思之苦，感情真挚，语言畅达。通篇无一"情"字，然而，句句尽言"情思"。以"愁"为枢，萦损柔肠，飘然入梦，催人泪下。这正所谓"本深而末茂，形大而声宏，行峻而言厉，心醇而气和"之势耳！（韩愈《答尉迟生书》）不以"雕琢"为工，而以气势为力也。

（写于1963年6月）

从《醉花阴》的艺术特色
看李清照对词学发展的重要贡献
——学词点滴之二

对美好理想的热烈追求

  《醉花阴》是李清照前期的代表作,它以含蓄、纯熟的笔法形象地表现了词人对爱情的灼热追求和执着记忆。她以黄花自比,"借花瘦,喻思苦",在不点明言情而情思愈烈的过程中,崩发出爱情火焰。这在漫长的封建社会环境中,对爱情生活作出如此强烈的表露、歌颂乃至追求,须具有何等的魄力,才能面对强大的(封建)固垒,进行英勇的挑战!如此举动,必然为当时社会伦理、道德所不容。就实质而言,这种激情文字的表达,在客观上具有极其强烈的反封建(礼教)束缚的社会意义,尽管作者主观上并非意识到。这种大胆的表白,"理所当然"地遭受到被理学思想严重桎梏的同时代某些文人的诋毁和中伤。王灼就曾在其《碧鸡漫志》中说她:"闾巷荒淫之语,肆意落笔,自古搢绅之家能文妇女,未见如此无顾忌也。"这无疑从反面证实了它所具有的历史价值和深远的社会影响。从作者现存词作中,可以清楚地看出它所具有的独特风格和所表现出来的积极向上的精神风貌、社会价值,以及对词体创作的独到见解及其所做贡献。

独具特色的语言风格

李清照在秦观之后的婉约派词人中,是一位抒情高手,词作大家。她所塑造的感情炙烈又而不失高雅、个性鲜明而又栩栩如生的艺术形象,之所以如此生动、鲜活地感染读者并产生久远影响,正是作者纯熟而巧妙地使用其独特的富于魅力的艺术载体——优美明快、生动活泼的文学语言的结果。

她以白描手法,创造优美而真实的清新意境,以浓烈的感情注入,形成绚丽多彩的(描摹)状景,其用词少有堆砌雕琢之病(尤其是后期),更无滥用典(故)套(语)之嫌。常以廖廖数语,点成经典之篇。其语言,往往把常人所贯用的口语、叠字,纯熟而完美地运用在创作之中,"守着窗儿,独自怎生得黑?""这次第,怎一个愁字了得?"以及又叠字"寻寻觅觅,冷冷清清,凄凄惨惨戚戚"(《声声慢》)等等,这些寻常百姓之口语的巧妙运用,便构成先生词作中所独具特有而又清新自然的语言风格。

这种文学语言是作者精心凝练、酌锯量工而创造出来的别具一格的艺术表现形式(工具)。它创造性地把文雅、深邃的(文人)书面语和朴素、通俗的(百姓)口头语二者溶化、锤炼、铸就而成为一种"愈强有力"的富于表现的"文学(的)武器"(高尔基:《给青年作者》)。这种婉中显豪,俗中见雅,雅俗共赏又接"地气"的独特性,便成为李氏艺术特色的一大创举。仅此一端,便远远地超过宋代词家前辈的艺术成就,更非后尘余脉继承者所能企及。

炙热真实的情感表达

《醉花阴》词中所呈现出来的艺术形象,不仅是天真、活泼、爽直、可爱的少妇的典型,更是一位挚钟于情、憧憬于景而又敢于表达,大胆追求爱情生活,敢做敢为的坚强"斗士"。

易安居士是"中国文学史上一个最有天才",最有胆略、最具文彩、"才气纵横"而又"颇遭一般文人之忌"的"女才子"。(胡适语)她感风吟月,为情所使,她伤离恨别,流雁动鸿,冬雪春花,亦为情所使,海棠黄花,绿肥红瘦,缘情而至,自然风光,境域景物等等均成为诗人惹恼情思、寄情于物的客观诱因。无论是虚实相济、别前愁思的《凤凰台上忆吹箫》,念远思人、妙喻点睛的《醉花阴》;还是表里如一、悱民忧愁的《声声慢》,聊赖百无、心事难寄的《念奴娇》以及南渡异乡漂泊之后,历尽沧桑、辞情酸楚的《永遇乐》:这一切,直感表达的优秀之篇,便造就了清照先生在文学艺术上的巨大成就,成为中国两千年封建社会、乃至民国甚至现代社会中,最为强烈讴歌爱情生活的杰出代表、时代先驱,中国历史上要求个性解放的第一人,是封建时代向礼教宣战的唯一女性!

自负识力的理论阐述

如前所述,清照先生不仅是卓有成就的"婉约派"正宗词坛大家、历史上杰出的女词人,而且还是"才气纵横"的词学理论专家。

《论词》是她根据自身的创作体验和时代情势所总结、升华的一部重要词学专论,在这部词论中,她率真、中肯、公开地对前辈作家晏殊、欧阳修、苏轼等词坛老宿进行了尖锐的批评和无忌指责，同时更深刻地阐明了自己对词学的见解和要求。她提出词"应别是一家"的观点，并认为词体应具备：高雅、浑成、协乐、典重、铺叙、故实等六大要素和声、音、律、韵诸方面的严格规定。这些要求或称基本论点的提出，是有着非常明确的针对性的，她对诸如柳永"虽协音律，而词语尘下"，晏殊、欧阳修，尤其是苏轼"以诗为词"，其词"皆句读不葺之诗"又"往往不协音律"等等词坛"弊端"，有感而发。这部出自中国文坛寥若辰星而又文才卓越的"未之或闻"的女词人之手的第一部词论，为此后千百年来词体创作和广大读者的阅读、欣赏产生着重要影响，并几成词创潮流中不可或缺的主流趋向。

对"题材窄小""自我表现"及"别是一家"诸论的浅见

清照先生工诗能文，词名尤著。其作原文有《李易安集》、词有《漱玉集》，南奔之后，又有《金石录后序》散文名作，但上述专集尽已失散，现行只有后人所辑之《漱玉词》50余首的词作大观。

不可否认，作者前期作品，虽清新明快、晓畅易懂，但题材不宽，多以自我感受为其创作内容。这些是由她所处（活动）环境和社会背景决定的。由于受社会安定、生活舒适、气氛和谐而又具艺术天赋和艺术氛围等因素制约，其作囿于"寂寞深闺"，其情聊于抑郁，词风妍丽丰逸。而南渡之后的动荡、离乱，乃至贫困、孤单的社会现实，便使她的创作内容，艺术风格发生了巨大变化。于是这种生活环境和个人境遇便成为她生活、思想乃到创作的主旋律。国破之痛，民生之炭，倾述笔端，进而升华为慷慨激越的爱国（的战斗）诗篇。后期之作，再不是委婉、舒缓、缠绵凄零的相思之苦，而是融入家国之恨、傲骨沉哀的情感表达。这些豪放遒劲的优秀之作，便与原来所主张的"婉约之词"分道扬镳。这出于一人之手的情婉意切与豪放遒劲的两种风格，便成为清照先生所独具的思想风尚和艺术特征。

至于，先生先前所倡导的"别是一家"的词论主张，自然迎刃而解，自不待言了。存在决定意识，实践表明，她前期生活环境所决定在词体认识上的某些"偏见"，那种对于诗与词划界过于严格、过于死板的限制，已不适应现实的需要；正因如此，所以其后期，《声声慢》《武陵春》等优秀作品，已再无先前她所提倡的"着力雕琢"的痕迹，而是于平淡中显见深沉的感情表露了。这一在创作实践中得以修正的结果，便形成了李氏词论与创作适不相应的文学奇观。

总之，无论是柔和晓畅、淡如潺水的前期之作，还是风涛浪涌、雄建深远的后期诗篇，其"抗逸周柳"的词格风范，都给人以深沉、凝重的心灵感受和情感激励。无怪乎，宋末爱国诗人刘辰翁读到《永遇乐》①一词时，被她那为国家兴衰而沉痛的深愁所打动，无限感慨地说出：易安词每每使人"为之涕下"的痛切感受。

（写于1963年10月）

---

① "余自乙亥上元，诵李易安《永遇乐》，为之涕下。今三年矣，每闻其词，辄不自堪，遂依其声，又托之易安自喻，虽辞情不及，而悲苦过之。"（刘辰翁：《永遇乐序》）

读《菩萨蛮·大柏地》
——学词点滴之三

　　这首词是 1933 年毛泽东主席重过大柏地时所作。

　　作者开始以互不相干的"赤、橙、黄、绿、青、蓝、紫"七种颜色泼洒纸面，好像是凝滞、呆板。然而，却出人意表的以神飞彩动的艺术直觉，赋色彩以生动的灵魂，使人惊讶！作者对天发问道："谁持彩练当空舞？"即刻将读者先前多余的担心冰释全消。很自然地想到：呵！原来是写彩虹呀！这句话，不要紧，把那纸上的七色一跃而至"雨初晴"的青天上去了。请看，这似真似幻而又交相射映的世界是多么美丽，多么清爽呵！七色交织的彩虹，在晴空上悬挂，花草树木被霖雨洗过，显得格外翠绿、火红，流水是多么清澈，被那金黄的夕阳一照，何等幽寂、宁静！这关山，在远处看，确实有忽而明翠，忽而幽暗的姿色。所以作者说："雨后复斜阳，关山阵阵苍。"毫无疑问，这是雨后的山景，这种意境有多么清新，想象有多么奇特呵！尤其值得提出的是："谁持彩练当空舞"的"舞"字，将这"静景"写"动"了。

　　"关山阵阵苍"便是佳句。之所以称之为佳句，则在于它的前句以"复"字引领，次句以暮色点染，极其自然地将晴雨交替、明亮幽暗的物色变换与夕阳西下的晴空挪移，綮然而至地展现出来。请看，这"七上"（天空之虹）"一下"（苍茫山色）意象复合的神采八色，便把色彩煊然，态浓意远，绚丽夺目而又富于生机的神奇画面，生动跃然地呈现在读者面前，从而突出了一个"超美"的艺术境界。

这个雨后初晴之景，为后来所抒之情打下了稳固的基础，创造了有力的条件。这里饱含爽朗、开阔、畅快的感情。从立意、气氛和所示的情感来看，是怡然的、喜悦的。

如果说，这上片还有蕴蓄深义的话，那么这雨后彩虹之飘，夕阳之照，翠绿苍红之景，可说是革命胜利后的象征，因为革命在此扎了根，结了"果"。自然，使这景物更加美妙出奇了。

在令人陶醉的景色中，又怎能不缅怀过去呢？于是，想到了"当年鏖战急"的激烈场面，想到了我军打败国民党军队取得战争胜利的历史。又看到了村壁上的弹洞，这不是当年战争的痕迹吗？这个痕迹是我们光荣历史的"见证"，是我们胜利的踪影。因此，很自豪地将这"弹洞"当作一种大自然的美丽装饰。所以，作者最后说："装点此关山，今朝更好看。""弹洞"，固然是装点关山的一种饰品，但更重要的"装饰"，还是在革命胜利后，人民的幸福生活和精神面貌。只有今天，才能使得我们的江山"分外娇"。因此，作者说："今朝更好看"，而不是"昨天"或"前天"。

这种以彩虹苍山、相互映衬，"当年""今朝"系相联结的"好看"之景其深长蕴意，不就油然而生了吗？

（写于1963年5月）

读《清平乐·会昌》
——学词点滴之四

毛泽东的这首词,写于1934年夏天。1934年7月,国民党军重兵开始向我根据地中心地区进攻,形势十分严峻,第五次反"围剿"败局已定。此词是为鼓舞革命士气而作。

"东方欲晓"即以象征手法指明,在这黎明前黑暗的时刻,人民所孕育着的革命烈火,已到一触即发的地步。"欲晓"二字,意味着又一次革命高潮的必将到来,革命者要充满乐观精神。

"莫道君行早",则是诗人以根据地建立的事实和人民要求解放的斗争力量,来劝勉那些因革命失败而丧失斗志和对建立农村革命根据地丧失信心的同志们:应该认清形势,看清前途。"莫道君行早"应是"君莫道行早"的词序变更。或许有人说,这是常语"莫道君行早,更有早行人"的借用。但是,从整个词的内容来看,我觉得是"君莫道行早"平仄的调换,将君字后置,恰巧与之相合。它的意思就是说:你们不要说,来得太早了(实际上已然不早了)。这两句中的"欲"字很有分量,从这一字中,仿佛看到一种喷薄欲出的崩发力量。"早"字,是对保守同志的劝勉和鼓励:已经不早了。"君"当指其人,非全体红军战士,更非诗人自己。

"踏遍青山人未老,风景这边独好"。诗人以形象的语言,描绘了红军战士所走过的革命道路,从而表现了他们此刻的心情。虽然踏遍崇山峻岭，精神仍是焕发，情绪仍然乐观，斗志仍然昂扬。虽经风雨，仍似当年。"踏"字可见其形象（群象）之巨大，颇有遍踏高山，如履平地之雄浑气魄。"青山"，这里有三层意思：①形象地显示出革命的足迹。②可说是我军在革命进程中，所遇困难的形象"表现"，视艰苦如泥丸，一一被克服。这岂不是革命乐观主义精神的充分体现？③显示了他们对祖国山川的无比热爱。

"风景这边独好"，这一句是概括描写会昌的自然景色，与下片的具体描绘相互关联。"风景"，是抽象其景。"独好"则是与其他地方的风景比较而来，显得更加壮丽。"这边"点明会昌。

对自然景色的状描，往往因"有性情而后真"（不是绝对的），它是与人们的主观意识有着互为表里的密切关系。当我们痛苦、惆怅的时候，所见的草木，仿佛也"为之含悲，因而变色"。当我们心旷神怡、喜气洋洋的时候，所见之景又将是另一番姿色了。这叫作"情景交融"。可见，"风景这边独好"，充满诗人和战士的自豪心情；人们那种，处变不惊，安之若素的革命情怀和磊落潇洒的达观心境，尽寓其中。

下片紧扣上片的"独好"来具体描绘：远望会昌城外，被峰连山，山连巅，绵延至海边的峻岭所环绕。这里仅用十二字，写山势。它却给我们带来多么辽阔海面的联想。在这远望会昌的海岸上，有着逶迤、绵延的高山，这山是多么高峻。那一峰一岭的波迹，犹青龙舞动一般，这是一动。"连""接"二字，将山水联系起来，似山浸水中，水衔山象。这又多么雄伟、壮丽，是写景，又饱含着对祖国山川的深爱之情。

在胜利时刻，并无因取得会昌而满足，而是立即想到

"郁郁葱葱"的南粤。缅怀起昔日"打南雄""下潮汕"的革命历史，因而，更激起了进攻南粤的豪情，这种豪迈的气势，从"指看"二字便可看出。"更加郁郁葱葱"，这是多么形象的描绘！表面上是南粤的"林深似海""浓绿如潮"的景色；实质上，是畅想胜利之情。当革命胜利之后，这个景色岂不更加壮观！这里"有气象，有佳景"，更有读者想象的空间。"郁郁葱葱"则是以"别出一层""不尽远想"的多彩之笔，描绘出"林深苍郁"的壮丽风景，含蓄而蕴藉地表现出对革命胜利美好生活的憧憬。这种热情澎湃的诗句，给人以精神上情感激励和强烈的力量感召。言短意长，慷慨激昂。

就此词而言，其突出特色，似有以下两点。

1.浑涵汪茫，远近相兼。作者以雄浑气势，采用近描远接之法，状物写景。如果上片描写战士在拂晓行军是近景，那么，下片会昌之极目瞭望，则是远状。"东方欲晓"是通过大地的苏醒象征着革命高潮的即将来临，胜利就在眼前。"欲"字颇有力量。这种亦近亦远，浑化无痕，境界超旷，气势壮观的景色描绘，充分展示了作者那种"旷远"汪茫的艺术气质和超然豪放的博大胸襟。

2.虚实相接，前后呼应。"风景这边独好"是虚写，是概括"写生"，后面，林深似海、浓绿如潮则是实景描绘，而"独好"与"更加"则遥相呼应。这种虚实相间、景中见情、意象复合的表达方式，言外意深，充分抒发了战士的乐观精神和诗人的革命情怀。

刘辰翁曾说："词至东坡，倾荡磊落，如诗，如文，如天地奇观。"（刘辰翁《辛稼轩词序》）毛泽东同志的横放杰出，气势澎湃而又舒展自如的优秀诗篇（研读毛公诗词三十七首，便可得知），不仅拓展了诗词这一文学式样的表现内容和题材范围，而且更以其豪劲雄放之笔力，文思丰涌之才情，以奇幻意象，出人意料的夸张手法，充分展现了浓郁、深厚的浪漫主义色彩。其神识超迈，不屑雕饰的艺术气质和雄健品格，则远超"夺苏李，吞曹刘"之李杜、苏辛而卓然一家！

(写于 1963 年 5 月)

读列宁《马克思主义的三个来源和三个组成部分》

1. 马克思主义的三个组成部分是什么？他的来源如何？

列宁说："马克思的学说是人类在19世纪所创造的优秀成果——德国的哲学、英国的政治经济学和法国的社会主义的当然继承者。"又说："他的学说的产生正是哲学、政治经济学和社会主义极伟大代表人物的学说的直接继续。"

马克思主义是人类创造优秀成果的集大承者。不仅是继承而且是作了创造性的发展。

2. 马克思在他的学说中对他所继承和捍卫的三部分都作了哪些创造和发展呢？

首先，在哲学方面，马克思和恩格斯最坚决地捍卫了哲学唯物主义。但是他并没有停止在18世纪的唯物上。（如忠于一切自然科学学说，仇视迷信、伪善行为及其他，等等。）

"他（马克思）用德国古典哲学的成果，特别是用费尔巴哈唯物主义哲学能以产生的黑格尔体系的成果丰富了哲学"，这些主要成果即辩证法。

马克思不仅把德国费尔巴哈的唯物主义坚决地继承下来，并且把黑格尔的优秀成果"辩证法"也继承下来，更重要的是将二者科学地综合起来，建立了自身独立的科学的辩证唯物主义。

"黑格尔是德国古典唯心主义哲学的代表。他从运动中从辩证发展中考察'绝对精神'。他认为一切现象都是由'绝对精神'派生出来的。"

辩证法的创始人是黑格尔。然而，他是彻头彻尾的唯心主义者，它的哲学体系则是建立在以永恒观念为依据的形而上学的基础之上的。（斯大林语）

费尔巴哈坚决批判了黑格尔的唯心主义哲学，恢复了唯物主义者的权威。他是19世纪德国资产阶级哲学家中杰出的唯物主义者。

然而，马克思把以人类对自然界、自然科学认识作为基础的哲学（辩证）唯物主义，又加深了，又发展了，即"把唯物主义对自然界的认识推广到对人类社会的认识"。这个发展即马克思主义的历史唯物主义的形成。它的基本核心是，由于生产力的发展，促使社会的不断更换和替代。阐明了政治制度与经济基础的辩证关系。所以，我们可以看到，马克思主义哲学，包括两个大部分，即辩证唯物主义和历史唯物主义。前者，阐述人们的"认识"与"存在"的关系；后者，阐述人类社会的不断变革的主要动力。

其次，在政治经济学方面，他继续了古典政治学家亚当·斯密和大卫·李嘉图的"劳动价值论"。他明确指出：任何一个商品的价值，都是由生产这个商品所消耗的社会必要劳动时间决定的。

马克思从资产阶级经济学家看到的物与物的关系上，揭示了人与人之间的关系。比如，商品的交换构成了各个生产者之间的联系（关系）。货币已经把各个生产者的全部经济生活不可分割地联结成一个整体。

资本：劳动力成为商品，剩余价值成为资本家剥削工人的罪证（利润的来源和资产阶级财富的来源）；资本主义社会的假象发展，必然导至它自身的衰败和灭亡。因为"生产本身日益社会化，使几十万以至几百万工人联成一个有条不紊的经济机体，而共同劳动的产物却归一小撮资本家所有。生产的无政府状态愈来愈严重，危机日益加深，争夺市场的斗争愈来愈疯狂，人民生活愈来愈没有保障，这样人们就必然起来反抗，当劳动者结成一股不可抗拒的巨大力量的时候，资本主义社会就面临着摇摇欲坠的地步了。

再次，在社会主义方面，马克思继承了法国的空想社会主义学说，但作了重要的发展。

"乌托邦"是在资本主义社会出现了严重的压迫与剥削的时候，出现的批评资本主义社会的一种思潮。他只是"指斥它、咒骂它、幻想消灭它，幻想有比较好的制度出现，劝导富人说剥削是不道德的"等等。但是乌托邦并不能指出真正的出路，它看不到资本主义社会中雇佣劳动的本质，也看不到资本主义发展的规律，更找不到成为新社会的创造者的社会力量。

马克思天才般地得出了全世界历史提示的结论——关于阶级斗争的学说。他指出：任何一个旧制度，都是依俯于某一个统治集团的势力，要改变旧制度，重建新制度，必须进行斗争。

只有马克思的哲学唯物主义，才给无产阶级指明了摆脱奴役的出路。

只有马克思的政治经济学，才阐明了无产阶级在整个资本主义制度中的真正地位。

（写于1967年5月）

函丈宗风尽纳简　目治心受业宏深
——敬复函丈书（两封）

致于老伯

伯父钧鉴：

伏奉赐书，诚惶诚恐，为玩小技，竟承盛意，溢美如此，生焉敢领受，愧哉！愧哉！公言昔慰之事，驹影经年，犹以为念，愚甚汗颜。拜望前辈，应尽之责，何劳挂怀于此，诚见老伯情稠意厚之深、之重也。晚生感佩不已。

老人家之"忘年投分""能下于后辈"①之语，则令生愈自难容；若能以师生相待，则三生有幸，而赐书云雨之恩，其泽惠，功莫大矣，将终身感念，定以圭臬，既往前行。文末"顿首"之词，岂敢承哉！折煞晚辈矣。有罪！有罪！

小作篇什，向不示人，虽偶有得意，仅为挚友，尝意付梓，又恐遗患于人，为识者所讥，故数十年来，仅为一己把玩之艺耳。今逢出版，曾欲速呈求教，然念拙作虫浅，柔翰稚嫩，有玷高目，况九旬老人，恐又劳神，思之良久，御览迟呈，谨致歉怀。

大人素好清修，学识渊博，慧眼洞达，兼练世故又幽意高远，耆宿鸿儒。故不揣冒昧，斗胆伏呈，以博一笑耳。公虽伯

---

① "如是能下于后辈，如是所以教之也。"（曾巩《答孙都官书》）

乐，然所鉴识者，乃驽钝之马，竟至错爱，誉盛有加，羞愧之极，况性素愚钝，穷蹇迂拙，区区小作，今人犹恐不及，焉敢与古人为伍，更何敢以承传之务为自任，是为，无非使世人知之，此道若再无人顾及，中华诗誉衰微，必将势之所趋也。学生仅此，荧火添薪，略尽微薄而已，如此美誉，生当无地自容矣！愧甚！愧甚！

秋风袭来，天气转寒，望自珍摄。

敬祈大安！

后学王大仁诚恐顿首再拜
2010 年 9 月 16 日

附：原函

闻足下大名久矣，会逢其适，患采薪之忧。蒙足下亲临病院看望慰问，稠情厚意铭感至今，依然在念。事过十余载，日月交替，斗转星移，逝者如斯夫。

顷晤：得挹芝宇，不蒂鸡群中，矫然一鹤，令人钦佩。平时向往，几如士仰荆州，天缘不假奉教无从。即荷忘年投分，久睽终踪，梦雨离云，乃友声之情乎？

今春乍暖还寒，专诚寄下《风物集》一部，多蒙馈赠厚承杰作，尤以礼遇有加，转益欸怀。

初试领略杰作，是以古诗、乐府、格律之体裁，创造诗篇。内容丰富，包罗广泛，风格不同，情景交融，意境高雅，文辞流畅，便于吟诵，脍炙人口，自成体系。堪于《昭明文选》《诗三百篇》并列诗坛。

为诗文之发展起到承前启后,继往开来之作用。广为流传,理所当然。殊觉所云,可谓管中窥豹,盲者摸象,坐井观天,窦孔荧光,班门弄斧,妄下雌簧,有辱斯文。综观足下:才华横溢,满腹经伦,才工月露,博古至今,雅什如珠,深远兴致,令人折服。

春去堂堂,花事匆匆,居离司夏,烈日炎炎,热浪滚滚,诸宜珍摄,颐养天年。

谨此
王大仁先生台照

老朽顿首
2010年5月下浣

致献廷部长

廷公如晤:

奉教函丈,心受俱宏。拙作《风物集》蒙公厚爱,阅审劳神,感佩之至。尤惠评过誉,实不敢当,愧甚!愧甚!

明公大作("和诗")虽谦称"戏辑",然高远意境,达观情怀,则飘然而至矣。历来,"和诗"往往拘泥原韵而束缚性灵,先生以"辑句"唱和,"借彼之意,写我之情""典意已出",而思力沉厚,与时人("唱和"之作)以韵害情者,大相径庭。彼,虽或工力悉敌,或尽搜籍典,然与公"言无浅语",爽心豁目,溢情于文者,不可轻轻比肩。于诗之情与境中,自可了然于胸矣。

览物集

　　王维之"桃源"仙境（古淳朴世），若虚之纤尘不染（月色春江），皆明澈透谷，宁甜清雅，这种净化性灵，得而忘返，怡然自乐之情态，是何等高远惬意，人之所至，名利双刃之世念俗规，弃而全消矣。

　　然此理想境界又岂能垂手可得？只有自律、自洁、自好、自强、自尊、自力，在不懈的追求奋斗之后，方可到来。禹锡之"万木春"则只有在"病树"的前方，才能出现，这是光明前途之所征也。

　　老一辈革命者，对此是充满信心和希望的！

大仁上
2010 年 2 月

附：马部长"和诗"

　　承赠之诗已拜读，意韵悠长，吟赏久之，感悟良多，戏辑前人同韵诗句奉和：

　　　　两岸桃花夹古津，江天一色无纤尘。
　　　　老来悟得忘名意，病树前头万木春。

原诗：赠马部长

　　　　色劲云山望路津，长天风啸乱浮尘。
　　　　涓涓溪水泠泠下，向问瑶池几度春。

山野养生园小记并序

携伴春景，时在清明。同窗旧雨，共踏翠青。梨花艳园，满树奇莺。非为新客，却属顽龄。

自西历一千九百五十八年以降，迄今已值五十有一年矣，恰逢戊子清和之际，胜友故交三十余零，驱车百里，会聚渔城，明贤高朋，俊采驰星。此乃人生之一大幸也。

此地，傍山缘径，林廓溪清；虽无华堂雀跃之喧，丝竹管乐之盛；更杳燕舞莺歌之欢，酒觥交错之兴；却有围坐拼牌之悦，幽然畅怀之情。

惠风和煦，天朗气清。仰视宇宙之大气，俯察尘世之争名；游目强怀，溪远宁静，足以极其视听之乐也。庄子曰："必静必清，无劳汝形，无摇汝静，乃可长生"，诚是也。

呜呼！人生苦短，其奈我何？万念挥去，何以为争，似极竟人情之乐，尽享天地之性，方为智尚之人也，老子有言："上善若水""居善地，心善渊。与善仁，言善信，正善治，事善能，动善时。夫唯不争，故无尤"者。

杏坛忆昔，同学少年；峥嵘岁月，已历百半。今者，时过而境迁，虽瞳滟鹤发，霜鬓华髯，然并无朽老之态，不闻颓废之声，诚如义山所云："夕阳无限好""白发老红颜"。正是：前程缘似锦，华光万丈新。同志们，要努力哟！

是言所望，诚谒诸公，且莫笑焉。聊述余怀，不知所云，爰赋小绝以代结语，并冀共勉。

初雨换身心，
千花万朵云。
夕阳无限好，
岁晚竟如春。

戊子三月十一（2008.4.16）

游蓟县山野养生园

戊子仲春来此踏青，故人相聚，畅言无拘，远近观玩，甚趣，聊书小诗以记。

坝齿峪

由来坝尺峰，灵气赋流形。
飞鸟林阴静，鸣悬报晓钟。①

半壁山

晓旷绕山行。凌云半壁空。
谁人持利剑，造化铸天工。

---

①此处鸡栖走于山崖之上，破晓啼鸣犹钟司晨者。

飞来泉

小逾路潺溪,莺黄翠玉啼。
腾兀临仙境,桥过荡飞奇。

梨 花

梨花遍树开,艳目色泠白。
不是迎新客,何来畅笑怀。

合 唱

村人万巷空,云遏断流虹。
请问来询者,歌声震宇洪。

拣石

沉沉蔽霭空,料峭伴风行。
声阵随人去,淘金满点星。

寝眠

室卧寂无声,涓涓细水鸣。
桃寒风浪起,霹雳破天惊。

习读偶得

后记

　　本书是从现存已发表的学术文章中选录而成的论文丛集,其中涉及文艺学、教育学、民族宗教等诸多学科领域中的理论和实践问题。笔者试图以马列主义的认识论和方法论对先后所从事的众多学科进行理论探讨和"科学"总结。由于受时代和水平的制约,其中恐有许多不当和谬误,望见之者诸公批评、指正。

　　全书收录了《芸斋絮语》《门外杂谈》《杏坛文录》《文酌卮言》和《习读偶得》五部作品中的部分文章,其中"杂谈""絮语""文录"几成笔者数十年人生轨迹的实录;"卮言"乃"写作研究"专著中部分连载存稿的合集,所涉内容似可为读者,特别是初学写作者提供涉水津梁和实际写作的参考之篇;"偶得"则为频年即兴所制,多为随笔小记兼及学术探讨,终因"年久失修"故所录者甚少,些许所得,虽无鸿篇大意,亦为行程之旅中的几点记印。

　　需要说明的是,在本书创始过程中,承蒙国家民委俸兰先生等诸多友人、方家,特别是导师怀瑾教授、师长献廷先生、宁夏人民出版社及本书责任编辑的热情关怀和鼎力支持,使文集得以成型并顺利出版;另外,在某些学术观点上,对先贤、学者各家之说,亦多所斟酌,或择善而从,或弃旧立新,或诠释拓展。奈文翰浩繁,难于一一标注,故统此致忱,敬谢不一。

王大仁

2015 年 5 月 8 日